戦後日本の女性教員運動と「自立」教育の誕生

――奥山えみ子に焦点をあてて

木村 松子

学文社

はじめに

> 19 世紀半ば以来，女性運動ほど教育運動として理解された社会運動はほとんどない。教育によって社会的状況が改善されうるとこれほど固く信じた社会運動もほとんどなかった。女性運動が提起したものは，20 世紀の教育学に持ち込まれた多様な改革討議の一つである。　　アンドレーアス・フリットナー（Flitner, A.）*

日本の教育学は女性運動の提起に十分に関心を向けてきたといえるだろうか。本書は，女性運動が提起したものを教育運動として理解し，学校教育学の課題として再考することを意図するものである。

戦後の女性教員運動が提起したものは何か。労働運動としてだけではなく教育学の課題として女性教員運動へ注目することによって，そこから生み出されてきた新たな教育の模索の過程と成果を明らかにすることができると考える。当時の歴史的必要性や国内的・国際的運動との関連，我が国の教育運動とフェミニズムとの関係もまた把握することが可能になると考える。

幸いにも，1950 年代から 80 年代の女性教員運動のリーダーであった奥山えみ子さんにお会いし，お話を伺うことができることとなった。すでに 80 歳代になられていたが，当時のことをまるで昨日のことのように語られることに驚かされた。彼女は，講演等も求めに応じて続けていた。

「男女共同参画社会基本法」(1999 年）や「女性の職業生活における活躍の推進に関する法律（女性活躍推進法）」(2015 年）をもつ現代社会は，戦後を生きた女性たちの目にどのように映るのだろうか。基本法は，性別にかかわりなくその個性と能力を十分に発揮することができる男女共同参画社会の実現は緊要な課題であるとし，職域，学校，地域，家庭その他の社会のあらゆる分野において，この社会の形成に寄与する努力を国民の責務とした（第 10 条)。実質的な平等の実現が未だに不十分であり，女性の人権尊重や方針決定過程への参画の機会，性中立的な社会制度や慣行の実現が重要な課題であるとしている。

奥山さんは，教師自身の意識改革がまず必要であること，教育を変えていかなければならないことを繰り返し語ってきた。

現代の人々が，その声に耳を傾け，これまでの人々の願いに気づき，今を理解し，そして再び未来に向けて歩み出すことに，本書が少しでも役に立てることを願う。

2017年3月

木村　松子

---

* Flitner, A., *Reform der Erziehung. Impulse des 20. Jabrhunderts*, R. Piper GmbH & Co., 1992. ［邦訳］アンドレーアス・フリットナー，森田孝 監訳『教育改革20世紀の衝撃イエーナ大学連続講義』玉川大学出版部，1994，p.144.

目　次

【図表一覧】

〈図の部〉

序　章

〈表の部〉

序　章

序　章　　女性教員運動とは
—本書の意図と方法—

> 学校内の公式・非公式の知識と，学校をとりまく不平等な社会との間には非常に強固な連関がある。しかし，教育における再生産に対する対抗的傾向・抵抗・闘争とよばれる活動をおこなっている人々や運動もみられるのである。（略）
> 階級間の力関係と同じくジェンダー・人種の問題が重要である，と私は近年ますます確信するようになった。　（マイケル・W・アップル*1 1986）

第1節　本書の意図

1．女性教員運動に注目する意味

戦後直後から1950年代にかけて，法律上の男女平等と平等教育が明示されたものの，実質的な平等にはほど遠く，その実現を求めて女性教員たちの議論と運動が始められた。女性教員たちによって女性校長の積極的な登用等が要求されていたのが1950年代であり，働き続けられることを求めた労働権運動が起きたのが1960年代，それを契機に女子教育を見直す運動が盛り上がりを見せたのが1970年代である。

しかし，このような労働権運動・教育運動はこれまであまり注目を受けず，教育学的な検討も教育史上の位置づけも充分であるとはいえない。運動の内容と意味は当事者以外には未だに不明瞭のままになっている点が多い。

女子差別撤廃条約以後の国際条約はジェンダー（gender）平等に向けた教育の課題や責任を明記し，国連女性の地位委員会は我が国に対してその改善を再三勧告している。今日の学校現場においては，「男女混合名簿」が男女平等教育の中心的な運動であるかのように受け取られたり，一方で「ジェンダー・フリー（gender-free）」教育という言葉の登場によって，更衣室やトイレなどの男女別も無くしてしまうかのような誤解から批判や攻撃も起きてきた。そこには強固な反対者だけでなく，未だ充分な議論を経ないまま，男女平等教育を迫られたことへの素朴な疑問や不安をもつ人がいることも考えられる。

男女共同参画社会の実現に向けた議論が不充分であり，理解と納得が広く得られていないことは，各種の国際比較データが示している。

世界経済フォーラムが発表するジェンダーギャップ指数ランキングでは，毎年，日本の順位の低さが指摘されており，2016年版 *The Global Gender Gap Report* によると，144の国と地域の中で日本は111位となっている。アジアの中では，インド（87位）や中国（99位）よりも低い状況である。また，男女賃金格差は，経済協力開発機構（OECD）加盟国34カ国の実態を調査したレポート「男女賃金格差ランキング2016」によると，最も格差の大きい韓国に次いで2位である。これらは日本の女性の地位について依然として大きな課題があることを示している。

学校教育に着目すると，2010年の女性の大学進学率は45%で，男性の56%より11ポイント低く，OECD各国平均の69%より24ポイント低い*2。女性の大学進学率が男性より低いという国は他にほとんど無く，日本の特徴的なところとなっている。

教員構成に目を向けると，下図のとおり小学校から大学までのすべての段階で女性教員比率はOECD各国平均より低く，特に中学校より上の段階では男性教員比率が高い。女性管理職（校長・教頭）比率は，2015年で小学校21.0%，

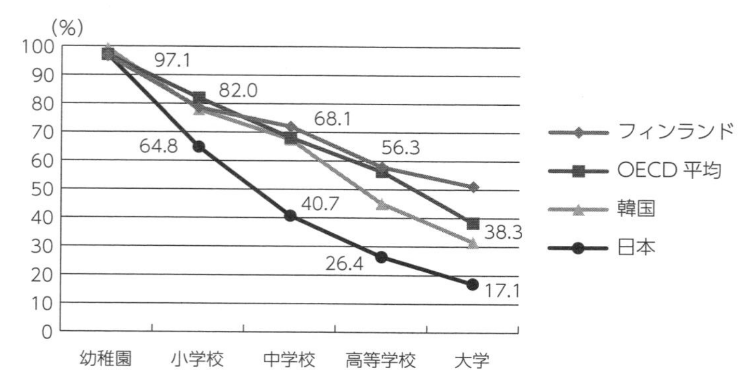

図序－1　女性教員の比率　国際比較（2010年）

（出所）文部科学省『教育指標の国際比較　平成25（2013）年版』p.39より筆者作成

中学校7.6%，高等学校7.9%であり[*3]，2020年までに初等中等教育機関の教頭以上に占める女性の割合を30%とする第3次男女共同参画基本計画（2010年）の成果目標にはるかに及ばない。女性教員運動は無力だったのだろうか。

2. 運動の見えにくさ

女性教員による労働権運動や教育運動が，充分な評価を受けてこなかった理由として，教職員組合の内部が見えにくかったことがあげられる。

1977年に日本教職員組合婦人部長 奥山えみ子らが30年史をまとめるまで，女性教員運動に関しては，教職員運動史にも労働運動史にも，充分な記述はなされてこなかった。この時，高田なほ子（日教組初代婦人部長）は，「多くの労働組合史を紐といてしみじみ思うことは，婦人部が組織されてそれぞれに婦人解放への歴史をとどめながら，組合運動史と呼ばれるその大部分は，婦人解放闘争の歴史の部分だけは残念ながら空白になっている。しかしこの空白は，組合運動史というからには埋められなければならない重要な部分なのである」[*4]と述べている。日教組10年史，20年史に続いて30年史を出版した槇枝元文を委員長とする当時の執行部は，「婦人部の30年史はいらない」と主張していたと奥山は語る。「婦人部運動を付け加えた日教組史で代表できる」という考え方があった，という。

当時，教職員組合運動の理論的指導者であり，教育史，教育理論史，教育政策史，教育実践史等の著書を著していた教育研究者の多くが，労働権すら確立していなかった女性教員や自立教育が必要であった女子に対する教育にはほとんど関心を向けていなかった。

奥山や高田らによる女性教員運動の独自性は，教職員組合組織のもつ男性代表性の影響下で語り手をもたないまま不明瞭になり，正当な位置づけや評価がされてこなかったといえる。

歴史の記述がないことで「存在しない」という意味を生成していたり，記述のされ方が異なる意味を与えてきた可能性がある。そのことが，女性教員運動に対する教育学者の無関心を生みだしていたり，女性学研究者やフェミニストからの誤解や反感をも生みだしていた可能性も考えられるのである。

3．本書の目的と課題

本書が焦点を当てるのは，日教組婦人部の記録と21年間リーダーを務めた奥山えみ子の記述や語りである。日教組は，1950～70年代には約50万人の教職員を組織した我が国最大の教職員組合で，その一専門部である婦人部は，約24万人の女性教職員を組織した。前述のとおり，教職員組合とその中の婦人部との関係は，記録からは必ずしも明瞭ではなく，女性運動の主体性や独自性，運動の推進や障碍の様相は外部からは知ることはできなかった。

そこで，1962年から82年まで日教組婦人部長を務め，運動のリーダーであった奥山えみ子に焦点を当て，約60編にわたる奥山の論文や発言記録と，2003年から2007年の5年間の内の8日間計34時間実施したインタビューの記録から調査・考察することとした。

インタビューは，奥山自身の自由な語りを中心としたものである。これらを通して，日教組という組織の壁を越えて当時の女性教員運動・教育運動の実像を明らかにする。その中で，奥山自身や奥山に関わる人々がもつ運動理論や教育理論の誕生や変遷の過程を把握する。具体的には以下のような検討を行う。

第一に，戦後の女性教員が問題にしたことは何か。

第二に，女性の労働権問題とは何か。

第三に，「女子教育問題研究」が明らかにしたことは何か。

第2節　先行研究の検討

1．女性教員運動とフェミニズム運動

2014年，河上婦志子は，『二十世紀の女性教師 周辺化圧力に抗して』を著し，戦前・戦後を通じた我が国の女性教師をめぐる「問題」状況を明らかにした。1900年以降のおよそ100年間に渡って存在し続けた「女教師問題」言説の内

実を分析しており，注目すべき研究である。特に，戦前の女教員会が女教師の存在意義として主張した「母性」によって，逆に見返りを求めないサービスや戦争協力に駆り立てられてしまった事実を指摘した。しかし戦後の女性教員運動の考察は部分的である*5。

加納実紀代がいうように，戦後の婦人解放は社会主義婦人解放であり，1950年代から60年代にかけて女の生産労働への参加とそれを保障する「母性保護」「育児の社会化」を求めて運動が展開された。加納は，「戦後の母親運動にみられるように，つねに『母性』は，女の運動を促す最大の切札であったが，そこで言われたのは『子供のために』であって，女自身の解放の基軸としてではない。日本の婦人運動には，ずっと『母性』がつきまとっている」*6，としている。

その運動の中心にいたのが確かに日教組婦人部ではあるが，基本的人権としての労働権確立運動として位置づけていた育児休暇運動も，岩本美砂子*7や鹿野政直*8は母性保護運動であるとする。これは，労働組合による労働運動であってジェンダー平等を求めるフェミニズム運動とは異なると受け取られている。

1970年代に登場した我が国のウーマン・リブ運動（Women's Liberation Movement）は，「女であること」のアイデンティティや自我を問題化するという未踏の課題に踏み込んだという点でフェミニストに注目され語られてきた一方で，労働組合による従来の母性保護運動や職場での平等要求運動は，制度化された母性と男並み化平等*9要求として否定される傾向にあった。

塩田咲子は，我が国のこのようなフェミニズム運動の傾向について，「1970年以降の現代フェミニズムは，働く女性を担い手とするフェミニズムではなく，被扶養者の妻による『主婦フェミニズム』に変容せざるを得なかった。日本の場合，フェミニズムは，性差別の現場である職場の中からの改革というよりも，むしろ主婦による『市民運動』に象徴されるような外からの運動にとどまったように思われる」*10，としている。その市民運動も，深谷昌志がいうように「これだけ欧米の影響を受けやすい日本が，婦人問題だけ傘の外におかれたのは理解に苦しむ。もちろん，日本でも昭和50年の国際婦人年を中心として，婦人問題への認識が高まりを示した時期があった。しかし，フリーダンの

NOW（全米女性組織）のような広範な市民運動にまで，対象が拡大されることがなかった」*[11]と述べている。

我が国では，女性の運動組織としては労働組合婦人部の存在は大きなものであり，その中では日教組婦人部が最大の組織であったが，上述したように日教組婦人部による女性運動はこれまでフェミニストの側から語られることはほとんどなく，その婦人部指導者もフェミニズムを軸とした女性史*[12]にも登場しない。その理由として，フェミニズム研究者の側から見ると，教職員組合の中の女性運動が不透明で，日教組組織との関係やフェミニズム運動との関連がつかみにくかったことが考えられる。また，ジェンダー秩序の再生産の場である学校やその秩序の体現者である教師，常に男性を代表としてきた労働組合（教職員組合）をフェミニストが敬遠してきた面があったことも否定できない。

ただ，70年代フェミニズム運動を経て興隆した女性史研究において，各地の女性の歴史が発掘される中で，その地域の女性教員の運動が評価されるようになってきた。戦後の女性教職員及び婦人部の労働運動や母親運動が，地域の女性解放の推進母体となっていたというのである。

掘り起こされた女性史の理解の仕方は，フェミニズム理論の進展によって変化していく。例えば伊藤康子は40・50年代の運動を反「封建」の運動とし，法制上男女平等となっても変わりにくい現実の課題が残されたとしている（1987年）*[13]。奥山も晩年まで自らが関わった当時の運動を反「封建」と捉えている。しかし，反「封建」という問題の捉え方に疑問が提起されるようになる。なぜ反「封建」なのか，「封建」とは何だったのか，その捉え方はどこから生まれ何をもたらしたのかが検討に付された。

井上輝子によると，「封建」と捉えるような社会通念は女性学によって転換されることになった。井上は，封建遺制を払拭し近代市民ならば享受できるはずの「権利」を「婦人」も獲得できるような「近代」をめざした「婦人問題」研究や運動を「近代主義的背後仮説」と呼び，それに対し「近代」そのものの抑圧性を対象とした女性学を提示している*[14]。

我が国においては，教職員組合とその運動が女性学やフェミニズム研究者による直接の研究対象とはほとんどされてこなかったため，ジェンダーの視点による教職員運動の再検討が未だ不充分な状態にある。教職員運動の中に，70年代のフェミニズム運動がどのように関わり，どのような影響と意味を与えたのか，今日，依然として教育の場をはじめあらゆる場で意思決定過程への女性の参画が不充分なのは何故なのか，といった疑問が解明されていない。

2. 教育運動とジェンダー*15研究

ジェンダー研究は人文・社会・自然科学の領域から，人間に関わるあらゆる分野をジェンダーの視点で重層的・総合的に考察していこうとするものであり，これは国連により各国に勧告されてもきた*16。教育や雇用の場での男女格差など，今日言われるジェンダー問題は，戦後直後から教師たちが主張していたことである。学校教育の中や教職員相互の関係の中で，ジェンダーがどのように立ち現れていたのか。

女性教員たちは，これまでに女子と女性教職員の現実生活の問題やそれに対する運動について毎年記録を残し，決して研究の対象となることを拒んではいなかったのである。我が国の学校教育学や教育実践学においてジェンダー研究が充分に蓄積されていくことが望まれていた。

(1) 教員運動史・教育運動史におけるジェンダー研究

戦後の教育界において，文部省と日教組を中心とする政治的な二極対立が常態化し，教育研究者のイデオロギー的立場や戦後史を研究の対象として扱うことへの疑問などがネックとなって，戦後教育史の研究は充分行われてきたとはいえない*17。教員運動については，多くの記録が残されているものの研究対象とされることは少なく，女性運動についてはさらにその傾向が強い。

例えば，奥山らが始めた女子教育問題研究会に関わった小川利夫は，『戦後日本の教育理論』(1985) を編集し，教育運動史について述べているが，その小川も女性教員の運動や女子教育運動については記述していない。同書中の「教育史論」を執筆担当した柿沼肇によると，1940 年代後半，敗戦によって低調だった教育史研究は 1950 年前後から再開され，1960 年代になると「勤評反対のたたかい」と「新安保反対の国民運動」の経験を「教育実践」にいかに生かすべきかが中心的に書かれ，教育史研究の一つとして教育運動史研究が発表されるようになった，という。1970年代には教育労働者の闘いを捉える教育労働運動史が登場し，また，障がい者や被差別部落民など，社会の中で差別されている人たちの教育問題を追究しながら「教育権」を歴史的に明らかにしようという方向からの障害児教育史や同和教育史の研究成果が現れてくる。しかし，柿沼のまとめた教育史の中には，女性教員の労働権確立運動やその運動とともに生まれた女子教育問題の指摘と自立教育の模索は登場してこない。

小川・柿沼らが盛んに執筆していた1980年代は，女性運動の興隆期であり，かつ彼らは女性教員運動の最も近いところにいたはずであるが，教育史，教育運動史の対象とすることはなかった。歴史叙述における女性の不在傾向は，歴史の書き手であった男性研究者をもたなかったことから生じていたのである。

1990年代になって，「歴史」叙述のあり方が問われるようになった。1995年，教育史学会は，「これまでの教育史は，ジェンダー（性別）を隠した教育史＝男性教育史となるか，あるいは，それを補完するために，女性だけを周縁的に囲い込んだ女性教育史を生み出してきた」という認識で一致し，大会シンポジウム「教育史における女性～ジェンダーの視点から教育史を問い直す～」を開催した。そして，家族の中にジェンダーの視点をいれることが課題であり，教育史においても，社会史や女性学・女性史の研究方法とその成果を取り入れることを提言したのである*[18]。

(2) 教育学におけるジェンダー研究

ルソーが『エミール』の中で，自由人の教育について述べながら，その対象は男性であって女性には夫への従順を勧めていたことに気づき問題提起されたのが1970年代である。各国で興隆してきたフェミニズム運動によって学校教育の中の顕在的・潜在的カリキュラムの問題が指摘され始めた。当時，マイケル・W・アップル（Apple, M. W.）は，不平等社会における階級，人種，ジェンダーの問題に関して，教育における再生産と対抗的な活動としての教員運動や女性運動に注目しその重要性を指摘したが*[19]，我が国では日本教職員組合と文部省との対立構図の中で，そうした運動に研究関心を向けることが敬遠されてきた面がある。

90年代後半，ケアの倫理を提唱したネル・ノディングス（Noddings, N.）は，ソクラテスやプラトンにまで遡り，ルソーやデューイを経て，アップルらに至るまでのフェミニズムによる哲学・教育学批判を行っている*[20]。その中で，これまでの発達段階論と発達主義が，ジェンダー間の差異を発達の阻害要因と捉え，女性は男性より劣っている，としてきたことに対する批判を行った*[21]。従来の教育理論を全面否定するのではなく，性別役割分担社会に貢献してきた部分を，男女平等社会に向けて改善していこうという運動や研究が続けられている。

我が国の教育研究者によるジェンダー研究は，教育社会学*[22]において比較的早くから取り組まれたが，先行していた教育社会学会でさえも，1985年に「女性と教育」を特集した時には，「1970年代から80年代にかけて，欧米での女性学の台頭を横目でみながら，学会紀要編集部が特集を見送ってきた判断基準の１つには，この問題のむずかしさと複雑さの自覚があった」*[23]という。

神田道子は，1970年以降，女性に関する研究には二つの流れがあり，一つは主に男性研究者による「女性を」研究する流れであり，もう一つは，国際的動向の中で主に女性研究者による女性問題意識をもった「社会的存在としての女性」研究であるが，後者は教育社会学という枠をこえて女性学の必要性を浮かび上がらせている，と指摘した*[24]。

前者の「女性を」研究する流れの中では，武内清のように，それまでの論議が暗黙のうちに男子中心であったという認識から女子高校生の生徒文化の特質を明らかにしようとしたものがある。1980年代の状況について「女子は情報の収集と処理能力ではまだ男子に劣る」が，それは「生来の能力差というより社会的期待の産物である」という結論を導き出している。女子と男子に対する親や教師の期待の差が，女子の能力の伸び悩みやアスピレーションの低さを招いていると指摘している*[25]。

後者の「社会的存在としての女性」研究に属する論文では，女性の職業達成のためのキャリア接続の重要性の指摘や，日米比較による管理職への女性の進出条件などが述べられている。西村由美子は，これまでの女性教師研究の中から天野正子らの分析や視点を紹介している。教職内部において女性は職業階層の下部に位置づけられ，活動領域にも偏りがあること，半専門職としての現状に満足せず，女性解放を実現するためには，女性教師自身の自覚によって専門職業化の進展が必要であること。これらを受けて西村は，専門職業化の阻害要因を女性教師の現状分析を通して構造的に明らかにすることが必要である，と指摘している*26。

中西祐子・堀健志は，これまでの研究がエリート女性を対象とした「達成」や「平等」物語に傾斜していたという批判は免れない*27，と述べている。教育社会学における女性研究・ジェンダー研究が，研究主体および研究対象ともに高学歴エリートによる高等教育に関わるものに向けられた傾向があることは指摘できる。

男女に異なる作用を及ぼしている学校教育や女性教員に研究関心が向けられたが，女性教員運動やそこでの女子教育問題研究については充分な研究はみられない。

(3) 我が国の女性学（women's studies）における教育研究

日本女性学会における学校教育に関する論文は決して多くはなく，ジェンダー・フリー教育バッシング発生前の1998年とバッシング発生後の2003年に書かれている。

教育を特集した1998年は，舘かおる「学校におけるジェンダー・フリー教育と女性学」でジェンダー・フリー教育の試みが開始される経緯，小学校での「ジェンダーを再生産する文学教材」の検討，私立女子高校でのジェンダー・フリー教育の実践が報告されている。

2003年には，ジェンダー・フリーバッシングに対して亀田温子が，ジェンダー・バイアスから自由であることとする「ジェンダー・フリー」という用語に対する誤解・曲解からの攻撃は，男女共同参画社会づくりとは矛盾する国家主義・心理主義を内包する教育改革の動きの顕在化である*28，と指摘した。女性学が積み上げてきた知は，研究分野だけでなく広く社会政策に影響を与えてきている一方で，セクシズムは巧妙に潜在していることに敏感である必要があると，指摘している。

ジェンダー研究が学校内部に入っていく必要性があるが，他の教育研究と同様に学校内部をつかむことはたやすいことではなく，ジェンダー・バイアスに関わる研究は特に警戒される可能性が高い。ジェンダー研究と教育実践との距離や溝を埋めることが課題である。

第3節　本研究の方法

1．教育研究への新たなアプローチ

本研究は，戦後の女性教員運動の記録を収集し，女性教員たちが訴えていた問題に対する当時の解決理論と展開された運動について再検討し，その内容と意味を明らかにする。その際の認識論と方法論について明確にしたい。

デイビッド・スコット（Scott, D.）とロビン・アッシャー（Usher, R.）は，教育を含む社会科学研究において認識論と方法論の関係についての考察が不充分であったことを指摘している。認識論とは，誰がどのように知を組み立てるのか，どんな基準を使って意味や方法論を作るのかについての考察のことである。ここには，知は，客観的普遍的で中立なものであるとする啓蒙主義や，主観・客観の二分法を通して知のヒエラルキーを構成する実証主義への疑問がある。社会科学研究の目的は，絶対的なものの発見ではなく社会的意味の解釈であって，必要なのは新しい真実ではなく複数の観点であると主張する*[29]。

我が国においても研究のあり方について次のような指摘がある。まず，「歴史」の叙述を担ってきた戦後歴史学が，1990年代に入って検討されるようになった。その契機となったのが，「従軍慰安婦」という出来事を隠蔽してきた「歴史」叙述のあり方が問われたことである。このことは，教育研究のあり方にも影響を与えた。平井貴美代は，教育経営研究の方法の一つとしての歴史研究に「新しい歴史学」の意義を認め，その方法論を導入した。すなわち，政治史に限定された歴史から人間活動のすべてに関心を注ぐ「全体史」へ，事件の

物語ではなく，「構造の分析」へ，上からの視点ではなく「下からの歴史」叙述へ，文書史料に限定せず多様な史料を，一つの回答ではなく複数の回答を，唯一の客観性ではなく多義的解釈を，というものである*30。増井三夫も，戦後教育史学は国家と教育とのマクロな関係の究明に大きな力を注いできたこと，しかし，今日，教育という具体的な実践が，個人及び集団の日常的行為や意識的・自覚的行為の変容を通して社会的・文化的秩序の変容にとっていかなる意味を有したのか，という問い直しを迫られてきた，と指摘する。そして，新たな視点からの課題として，第1に，社会的・文化的秩序の変容をナショナルな枠組みとは別に設定すること，第2に，その設定と同時に，教育史研究において，対象と方法の多様性・複合性と教育史研究の伝統的な研究領域を越えて文化史および社会史との境界領域を埋めていく試みを求めた*31。

本研究が対象とする日教組婦人部の運動は，主に女性の側が長く抱えてきた矛盾を解決しようとする取組みであるが，これは決して女性だけの問題ではない。すべての人が自立して生きることができる社会，自由と主体性が育まれ尊重される社会の形成の問題であり，働く者が必ず直面する社会的責任と家庭的責任に関する問題である。「人はどのように働いて社会的責任を果たし，家庭的責任を果たすのか。そして，すべての人が自立できる望ましい社会に向けた教育はどうあればよいのか」ということについての新たな歴史史料と知見を得ることができるものと考える。

2. 教育研究へのフェミニズム・アプローチ

教育研究においても，現代的パラダイムシフトの一つとしてフェミニズム・アプローチが取り入れられて久しい。フェミニズム・アプローチは，すべての理論や知の構築に疑問をもち，これまでの知の形成過程で女性や女性の関心事が締め出されてきたと主張する。フェミニズム・アプローチの分析カテゴリーがジェンダーであり，すべての理論と同様に一つのパースペクティブ（見方）である。すべての学問に入れることができると同時に，その学問を問い直すことになる。アッシャー（Usher, P.）は，知識を作り出すパースペクティブは，利害関係とは無関係ではあり得ない，これまでの家父長的な理論はジェンダーの違いをつぶしてきた，と述べている。そして，社会組織と構造はジェンダー化された個人の周りに組み立てられているのであり，分析カテゴリーとしてのジェンダーは，多様な経験についての理解を可能にする*[32]，と主張している。

ジェンダーは，分析カテゴリーであると同時に，スコット（Scott, J. W.）がいうように性差に関する知・肉体的差異に意味を付与する知であり，さまざまな文化や社会が人間と人間の関係について生み出す理解，社会的に構築された理解である*[33]。

こうしてフェミニズム・アプローチは，社会科学に「女性を加え」ようとする初期の試みから，男女間の社会的な関係性として理解されるジェンダーが経済的・政治的・社会的・制度的な諸実践からどのように構築されるのかを明らかにする，より洗練された説明へと変化してきた*[34]。上野千鶴子は，歴史に女をつけ加えるだけの女性史ではなくジェンダーの視点で歴史を書き換えるジェンダー史であるべきだとする*[35]。ミッシェル・ペロー（Perrot, M.）は，「男女両性の関わり方の問題を中心軸に据え，歴史を見る眼差しの方向を変えることなしに女性史はありえない」*[36]と述べている。

ジェンダーの視点から歴史を再解釈する試みが必要であり，すべてのフェミニズム・アプローチがそうであるように，まず，女性が従事する活動とジェンダー関係を「可視的にすること（unveiling）」が必要である。

本書は，教員運動史の中で女性の活動や経験を研究の焦点とし，ストーリーの主題として考察する。それにより，教職員組合の諸実践の中にジェンダーがどのように表れ，またどのように構築されているのかを明らかにする。

対象とする主な記録は，運動体である日教組婦人部の年史，研究協議会の発言記録，蓄積されてきた婦人部長の記述である。特に，奥山は，長く「女性の問題」とされてきたことの解決に向けた模索と抵抗について多くの記述を残している。この個人に焦点を当て，個人をとりまく状況と個人の言動・運動の変化を明らかにしていくことにより，組織の中の内実をつかむことができると考える。

なお，学術分野において依然として女性学やジェンダー研究が敬遠あるいは嫌悪される傾向があることは指摘しておく必要がある。その主な理由として寺尾美子は，フェミニズムそのものへの反感，アイデンティティ・ポリティクスへの反感，男女の性的関係という主題の公共空間への持ち込みに対する反感，この3点にまとめられるという。

まず第1に，女性学・ジェンダー研究がフェミニズムの政治的主張と密接に結びついているとして，それを研究に取り入れることは学問として客観性に欠ける，というのである。○○イズムとは，現状の改革，変革を要求する政治的主張であり，その主張を研究や教育に取り込むことに対する反感である。

第2に，既存の学問が，たとえ正義や平等を論じていても，あくまでも男によるものに過ぎず人間全体を語りえていないという主張に対する反感である。

第3に，ジェンダー研究が重要なテーマとしている「性と生殖」「女性への暴力」など人間の性的行動に関わる私的領域に属することを，公共空間に持ち出すことに対する反感である。しかしこの私的空間にこそ，女性の従属の根源があるという認識にフェミニストたちは立っている*[37]。

近年，女性学からジェンダー学への言い換えは進行しており，そこには，戦略としての「非政治化（depoliticise）」や男女の二分法・女性カテゴリーの構築性を指摘するポストモダン・フェミニストの影響があるといわれる*[38]。しかし，フェミニズム運動とともに発展してきたのが女性学であり，ジェンダー学は女性学の代わりになる得るのかという議論は続いている*[39]。

本書では，通常「女性」という言葉を使用するが，日本教職員組合は，1990年以前は，「婦人」という言葉を使用しているため，当時の記述については，そのまま「婦人」を使用する。なお，「女性」への名称変更の理由は，「婦人」が「成人女性」「既婚女性」を示すものと受け取られること，女性全般を指し示し多様なライフスタイルに対応する運動が求められるようになってきたこと等によるものと説明している*[40]。

3. 奥山えみ子の記述と語りを通した歴史研究

(1) ライフ・ヒストリーの可能性

本研究は，個人の記述や語りを通して個人の経験を理解し，それを記述するライフ・ヒストリー法を加えた質的研究である。ライフ・ヒストリー法は，問題の歴史性と社会過程の把握や社会的現実を理解する一つの方法として，社会の担い手であると同時に社会の構成と解釈の主体である個人を探究の対象とし，個人の価値観，知識，体験をとおして獲得したルールなどにアクセスするものである*41。人間は関係的な存在であり，個人はそうした関係が複雑に集積する場であり，その場には主体的に外界に働きかける行為者である個としての人間と，そうした個人を規定する社会構造とのあいだに生ずる緊張関係をみることができるのである*42。

個人を物語る研究は，1960年代から70年代のフェミニズム運動が「個人的な問題は政治的な問題である」をスローガンにして以来，欧米のジェンダー研究やフェミニズム研究に取り入れられてきた。他の研究手法では得られない女性の経験を記述し，差別や偏見を明らかにしようとした。しかしグッドソン(Goodson, I.)らは，ライフ・ヒストリー研究がこのような社会正義を対象にした研究者によく用いられたこと，フェミニスト研究者は，人々をエンパワーメントし，解放すると主張してこの手法を賛美する傾向があることを認知しておく必要がある，と指摘する。「語りを感動的で魅力的なものにしようという誘惑」「劇的にしようという衝動」が生じることを自戒し，このようなジレンマを克服しなければならない*43，という。これは，記述とそれが述べているものとの間のギャップという困難な問題を指摘するものである。確かに，対象者を選定した時点で，研究・記述者にはすでに書こうとするものがある。さらに，他者の経験を理解するとは，対象者の記述や語りから悲しみや苦しみ，喜びなどに対する共感を含むイマジネーションの働きは不可欠である。しかし，研究者の都合のいい誤った記述を許さず，リアリティーを見つめた解釈をするためには，研究する側とされる側の間の関係が重要となってくる。

本研究では，相互主体性の尊重と記述の共有，記述に関する会話的共感的かみ合わせを重視し，両者の省察に基づいた慎重な記述を行う。そのうえで，この手法でしか得ることのできない対象者の経験に迫り，理解していく。

一方，奥山には，本人自身の十分な記述とそれを裏付けることのできる組合史等の史料があることから，史料から読み取り考察する実証研究が可能である。

これらの方法によって，個人をその時代との関係で見ること，そしてその時代の社会に現れたさまざまな動向からの影響やそれへの対応を検討することが可能である。

収集した奥山の生涯にわたる記述は，そのほとんどが教員運動の当事者，組織のリーダーとして他者に働きかけるための公的意図的な記述であるが，回想や述懐など個人の内面を伺い知るものもある。これらの記述や語りから，これまでほとんど知られていない組織の内部に入り込み，リアリティに接近し，形成され変遷する運動理論・教育理論にアクセスできるのである。

⑵ 奥山えみ子を対象とする意味

奥山えみ子は，高田なほ子・千葉千代世・山本あや・木村俊子につぐ5代目の日教組婦人部長であるが，1962年（43歳）から1982年（62歳）までの21年間という長期在任者はそれ以前にも以後にもいない。しかも，この期間は，我が国にも大きな影響を与えた第2波フェミニズム運動の興隆期である。奥山は，高田・千葉らが基礎作りをした1950年代の婦人部運動を，1960・70年代に引き継ぎ，婦人部運動の第2世代と位置づけることができる。また，女子差別撤廃条約をめぐる大きな国際・国内潮流の中で女子教育を課題とする「自立」教育運動を開始した人物である。

戦前・戦中・戦後と生きた奥山自身も当然，ジェンダー観を変化させ，そこには変化の契機，新たな認識の誕生と阻害，運動理論の変更と組織内外からの歓迎あるいは反動があった。また，奥山の運動に常に関与してきた日教組組織内のジェンダー構造もある。奥山がジェンダー問題をどのように捉え，どのような理論のもとに運動を展開してきたのかをつかむと同時に，奥山と奥山の運動をとりまくジェンダー関係を把握する。

⑶ 奥山の記述や語りの特徴

主な対象期間を，1952年から1982年とする。この期間は，奥山が県婦人部長として第1回全国婦人教員研究協議会に参加した年から日教組婦人部長を退任するまでの間で，婦人部運動にリーダーとして直接関わっていた時期である。最初の10年間については，奥山の発言や記述はほとんど残されていないが，この時期を無視してその後の奥山を理解することはできない。そこで，奥山が参加した婦人教員研究協議会での教師たちの発言や，奥山の回想をもとに，当時の女性教員の状況と奥山の体験を理解する。

奥山の論文は，1962年から発表され近年まで続いてきた。約60編の著書や論文のうち，1982年までの日教組婦人部長としての運動当時の論文は約40編，その後の記述やインタビュー記録が約20編ある。自身の著書や日教組機関誌『教育評論』，『季刊 女子教育もんだい』での著述を多く残し，挨拶・講演・司会・パネルディスカッションへの登壇も多い。回想・インタビュー記録も比較的多く見られる。1982年以降の退職後の記述は，在任中の運動のための記述とは異なって回想が主となり，運動の意味づけが行われている。回想は，本人の記述というより，インタビューや対談，鼎談，シンポジウム，講演等の依頼を受けて語られたものが多い。特に記念大会等で求められて発言する場合は，運動の歴史や意義を語る一方，運動経過をよく知る者の少人数の集まりでは，当時の内部状況を本音に近い言葉で語る傾向がある。回想は，奥山自身の中で整理されたり，新たな情報を取り入れて修正されていることも予想され，現在からの解釈を通して過去の情報を提供しているものと考えられる。

以上述べたとおり奥山の記録は，婦人部長在任中の記述と，それ以後の回想を中心とした記述とに大きく分けることができる。在任中の記述の多くは，全国の教職員・組合員に運動を働きかけるという意図をもっているものである。奥山は運動を支える理論研究を重視し，女子教育運動では大学研究者を中心とした研究会を組織している。その時々の運動や研究についての著述は多く，これらは当時の集会等で直接，教職員に語りかけられていることも多い。

筆者は2003年から2007年の5年間に8日訪問し約34時間の面接と時々の電話インタビューを行った。奥山が，83歳から87歳の間である。この間も奥山は，依頼があると執筆をしたり，84 歳で日教組本部での「女性部学習会」の講演も行っている。かつての女性運動を知る重要な人物として奥山の語りは求められていた。

筆者による初期のインタビューは，これまでの記述にない生い立ちや奥山個人の生活体験，当時を知らない筆者の予備知識としての質問とそれに対する回答が中心となっていたが，3・4 回目のインタビューでは，一つの話題を契機に奥山が自由に語りを続けるようになった。4 時間以上続くこともあったが，87 歳になってからは体調を崩し 2 時間，さらには 1 時間が限度となった。

過去の運動に関する口述は，多くの場合，同じ内容の記述資料が見つかることから，すでに文章化したり対談等で語ったことがほぼそのまま記憶されて語られたものと考えられる。そこで，本書の執筆に当たっては，既存の記述がある場合にはそれを主に示し，生い立ちや私的な経験などこれまで記述のなかった点については，語りを基に記述する。

奥山が所蔵する本や資料には，いたるところに奥山自身によって引かれた赤線やメモをみつけることができる。奥山は，文章を書く時も読む時も赤ペンと黒ペンを用意しそれらを使い分けていたという。それらを労働権運動や教育運動の各時期のテーマとつき合わせてみることにより，どこからどのように情報を取り入れて運動を進めていったのかを知ることができる。

本研究は，奥山の記述や語りを追いながら，奥山自身と奥山を取り巻く諸言説に注目する。「言説」とは，「述べられた事柄」であり，中村雄二郎は，「言説」には，「言」という要素と「説」という要素が不可欠なものとして存在しているという。すなわち，発音され，語られ，論述されたもので，さらに，記録という物質性をもつ。さまざまな教員たちによって繰り返されるいくつかの表現が，ある一つの言説編制に属していると考えられるものがある。それらは決して厳密な理論に基づくものでも書物から正確に引用されてきたものでもない。しかし自律的な領域をもつ言説は存在している*44。例えばマルクス主義や社会主義，フェミニズムに関わる言説などがそれで，「封建」「階級」「性別役割分業」等の言葉が奥山らを取り巻いていた。

日教組は，全国教育研究集会（以下，教研という）での講演や教職員の発言を大量に記録に残し公開している。すべての全体会・分科会に書記をおき，発言はすべて速記され，報告書にはほぼそのまま載せられているといえる。発言を記録することに対しては，「この真剣な研究のあとが，そのまま写し出されるようでなくてはならない」（第3回教研大会）という記述もみられるくらい重要視されている。

なお，本書は，2006年1月に草稿がほぼ完成した後，それを奥山さんに送付して誤解や誤りがないか確認を依頼した。正確を期するためと承認を得るためである。インタビューの際，奥山さんが関係者の氏名を記録することには特に慎重であったからである。しかし，何よりも本研究が奥山さんとの共同作業であり，記述は共有される必要があると考えた。2006年4月，第3回目の訪問を行い，記述に関して直接伺うことにより，筆者の理解が充分でなかった点や正確に聴き取っていなかった点，奥山が過去の経験など明言を躊躇したために筆者の記述が誤ってしまった点を知ることができた。

奥山の字句訂正は，運動期のあるいはその後の奥山自身の考え方やこだわりに基づくものであることから，それらを明記することも必要であると考える。訂正を指摘された点を含め，直接インタビューによって得られた回想については〔　　〕で示すこととする。

3回目の訪問時の最初に，83歳の奥山は筆者に次のように語った。

最初にあなたが話を聞きたいって来られた時，その意図がわからなかった。でもこれを読んでやっとわかった。『女子教育もんだい』もよく読み込んでいる。運動をしてきた人じゃないでしょ。でも，一緒にやってきた人のような感じがする。
村田泰彦先生がね，奥山さんがあちこちに書いているのをまとめましょうって言ってくださった。でも，あの方ももう亡くなった。（インタビュー，8-③，2006）

全体の内容をつかんだ奥山は，一緒に仕上げていこうという意向を示し，語りはより積極的で率直になっている。奥山が，「あなたはそう考えるのね」と言う場面も数カ所あり，お互いの考え方の違いやその違いを理解したうえでの批判は両者が受け入れている。研究における奥山と筆者との関係は，対等で相互主体的なものであると考える。

本書では，奥山の言葉や文章はゴシック体で示し，引用元を章末の**表序－1**に示した番号で示すこととする（**表序－1**にないものは，その都度示す。）

4．国際組織との関係理解

本研究において，我が国にもたらされたジェンダー関係に関する知が，教師たちの間へ空間的にどのように伝播・発展するのかを理解することが可能であると考える。理解の仕方がローカルな場において，ナショナルな場において，そしてグローバルな規模で，どのようにして教師間に伝播され構築され維持されるのかを日教組婦人部組織と他の組織・機関との関わりから探求することができると考える。そうすることによって，逆にその知を変化させることができる道筋とは何かについて考察することが可能となると考える。

日教組婦人部と関係のある国際的な組織として，主に国際労働機関 ILO（International Labour Organisation）と国際教員組織である世界教育者団体総連合 WCOTP*45（World Confederation of Organizations of the Teaching Profession）という二つの組織を挙げることができる。ILO は，政府間組織（International Govermental Organisation，IGO）であり，WCOTP は非政府間組織（International Non-Govermental Organisation，INGO）である。

両組織と日教組との関係は，前者が，加盟国の代表三者（政府・労働団体・使用者団体）の中の労働団体代表としての関係であり，後者は日教組と連携関係にある加盟組織としての関係である。ILO による女性労働に関しての労働団体への働きかけは，総評（日本労働組合総評議会）を通してその中の主要組織である日教組婦人部が受け皿となる場合が多かった。また国際教員組織 WCOTP による女児や女性教職員に関する教職員団体への働きかけは，日教組婦人部が直接の受け手となってきた。奥山が婦人部長を務めた時期は，これらの国際機関や組織が国際社会でのフェミニズム運動を受けて大きく変化していった時期に当たっており，奥山もこれらの影響を受けて労働や教育に関する理論や運動を変化させている。両組織のジェンダー関係に関する観念が，奥山によってどのように伝播されたのかを追跡することにより，我が国の労働及び教育に与えたフェミニズムの影響を理解することができる。

労働や教育の場でのジェンダー関係は，国内の法律や制度，労働条件や慣行などに規定されるが，これらを変化させる重要な契機の一つが国際機関からの条約や勧告である。条約や国際勧告が決議されるかなり以前から，ILO やWCOTP などから日本国内へのさまざまな働きかけや議論が続けられていた。このような国際的な働きかけに対する教職員組合執行部の態度や反応，また婦人部のアクセス可能性はどうだったのかを探る。それはまた，その組織内部のジェンダー関係を照らし出すことにもなる。

国際組織 ILO や WCOTP の勧告の変遷と日教組の取組みを検討することにより，外圧でしか進展しないといわれてきた我が国の女性政策とそれに向けた女性運動に対して，実像を把握することができると考える。

5．本研究の意義

本研究は，戦後の女性教員運動の歴史を，主にそのリーダーの記述や語りを通して再検討し，育児期の労働権の確立過程とそれを契機とした女子の「自立」と「自立」教育概念の形成・獲得過程について明らかにしようとするものである。これは，教職員運動に与えたフェミニズム運動の影響と社会主義女性解放論から性別役割分業解消論への移行を把握することでもある。

これまで，ウーマン・リブ運動もフェミニズムもその運動の担い手としては，主に若い女性や主婦層，市民の運動によるもの考えられてきた。その理由は，従来の労働運動や女性解放理論がフェミニズムとは異なるものと受けとられたからであるが，本研究によって，教員運動とその運動理論に与えたフェミニズムの影響関係を明らかにすることができると考える。

また，奥山らが開始した「女子教育問題」研究が，自らの人生の選択・決定の権利の問題であり個人の自己決定・自己実現の視点からの教育運動であったこと，男女教師自らの労働と家事労働の捉え方を変えるものであったことを明らかにする。このような教育史上・学校教育学上の意義を有するだけでなく，教育実践学上の意義として，教員が捉えた現実とその理解，問題解決の理論と実践（運動）の関係について事例を示すとともに，そこから明らかになった課題を，「女性の参画」をキーワードに提示することができると考える。現実の理解の仕方も問題解決の理論や道筋も時として誤りやすいことが示された。しかし，それをどのようにして修正するのか本書はいくつかの事例を示すことができると考える。

第4節　本書の構成

1. 章構成

本書は，序章および，第1章から第3章までの全4章構成である。

第1章では，主として1950年代に注目し，戦後の教師の発言内容から，女性たちがどのような体験をし，問題の要因をどのように捉えたのか，またそれに対する日教組教研講師の指導の方向性に着目し検討する。

第2章では，育児期の勤務継続を可能にする労働権確立と，育児と労働との関係の模索期であった主に1960・70年代に注目する。家庭内労働の中でも省力化・効率化できない，しかも教職人生の前期に直面する育児についての多様な議論，運動の検討，国際的な合意や勧告と，当時の教職員組合内部の様相を明らかにする。

第3章では，労働権運動の中から浮かび上がってきた「女子の自立」を教育運動にしていく過程を，主に1970・80年代に注目して明らかにする。「自立」の柱の捉え方，フェミニズムの導入と組合組織内部の問題，国際機関・国際教員組織での議論と我が国に与えた影響について明らかにする。

最後に，1950年代から1980年代にかけての検討を総合して，成果と今後の課題を述べる。

2. 用語の規定と説明

本書で頻繁に使われる用語，「戦後」「女性教員運動」「教育研究（運動）」「ジェンダーの視点」「フェミニズム」「性別役割分業（分担）」についてその概念を規定し，事前に説明を付け加える。

(1)「戦後」と教育及び教職員

本書における「戦後」とは，1945年の敗戦と約6年間の被占領期を経た1950年代から1980年代までのことである。1945年，ポツダム宣言の執行のため連合国軍最高司令官総司令部（GHQ）が設置され，その中の一部局として民間情報教育局（CIE）が置かれた。CIEは，占領下の日本の教育・報道・宗教などについて情報収集と指導監督を行っていた。

戦後の教育は，軍国主義・超国家主義教育が改められ，民主主義教育・男女平等教育が開始された。教育制度の中に組み込まれていた性差別が，「女子教育刷新要綱」（1945年）によって改められ，女子への高等教育の開放，教材の男女格差廃止，男女共学が了解された。

一方，戦後の教職員の多くは，戦前・戦時下の教育を担い，生きてきた教職員そのものである。教職適格審査はあったものの不適格者は教員全体の0.5%にとどまり*46，戦後の教育の担い手は戦前とほぼ同一であったといえる。戦場・軍隊を経験した復員教員・引き揚げ教員のほとんどは，帰国後1カ月以内に学校に復職している。政府の復員者就業対策は，「現在就職セル女子等ヲ家庭ニ復帰」させることによるものであった*47。

このような教職員にとって，民主主義教育の指針となったのが，『新教育指針』である。第1分冊が1946年に発行され，最終の第5分冊が1947年に発行されている。現在のように学習指導要領がなく，新教育の方向を模索していた現場の教師に文字通りの“指針”として迎えられたという。全国の学校に約30万部配られ，これをもとに教師の輪読会が行われている*48。『新教育指針』序論は，戦争の原因や敗戦の原因として「日本人の封建性」を強調していた。

戦後の教職員組織に関しては，大日本教育会の解散，日本教職員組合の結成が，中央・地方で起きているが，教職員組合が教育会の慰霊施設を含め財産・その他を引き継いでいるという面があり，構成員もほとんど同じであったといえる。教育会が解散しても財産を持った財団は残っており，財団と教職員組合とは別組織ではあるが，財団役員と教職員組合執行委員とが同一であったというところもある*[49]。そのため初期においては，大日本教育会当時の有力者が組合幹部であったり，校長が執行委員になっていたりした。青森県では，1947年の2・1ストライキに向けて，教育会長から労働組合未加入の校長・教員に対して加入勧誘の文書が出されている*[50]。同じく青森県で2・1スト中止当時の思い出として小学校教頭が若い教師について嘆く次のような文章が青森県教組30年史に記録されている。「若い教師たちは辞めたがっていた。下駄の減り賃にもならない。（略）もともと若い教師たちは，戦時中，防空監視所や徴用をのがれるため学校に教師として逃避して来た人たちである」*[51]，という。

戦争協力も組合加入も2・1ストも，上からの指示や動員による一連のものであったことを示しているといえる。戦後の学校も教職員組合も，戦前・戦時下の教育を遂行した男性組織の縦構造が母体となっている面があることは軽視できない。教員組織も教員の意識や行動も戦前と戦後で完全な刷新が行われたのではなく，連続している面が多分にあることを見逃すことはできない。

(2) 女性教員運動（開始期）

マッカーサー5大改革の一つ「労働の組合化促進」により占領軍の支援を受けて，「教師の労働組合」という性格をもつ教職員の全国単一組織として日本教職員組合が1947年に結成され，同時に婦人部も結成されている。

1948年，連合国軍最高司令官総司令部（GHQ）は「婦人部は，執行委員，婦人部委員と二重権行使をしている」という理由で婦人部解体指示を通告したことから，他労組の婦人部の大部分が婦人対策部に切り替わっている。日教組婦人部と国鉄労組婦人部のみが存続したが，後者の方は女性は少なく，日教組婦人部が総評婦人対策部の中核体となっていく。

婦人部結成時の基本方針は，「日教組自体の運動方針の線に沿って決定されるが，先ず婦人の労働条件の維持改善並に政治的・社会的・経済的地位の向上に主力を注ぐ」，とした。さらに，「婦人解放運動の組織の前衛的役割を持つ婦人部は，この重大な本質的使命を一人一人に積極的に浸透させ，主体性の確立によって実質的な男女同権を獲得しなければならない」としていた。ここでの婦人解放とは，同じく基本方針の中に書かれている「封建的束縛から婦人が解放されること」を意味している*52。「封建的」であることが問題であると受け取られていた。

(3) 教育研究運動

日教組は，全米教育協会（NEA）からの働きかけによってWOTP（世界教員連合）への加盟を求められ，それを機に「教師の倫理綱領」を作成して職能団体としての性格をもつこととなった。1951年から全国教育研究集会（教研）を毎年開催し，教職員組合の運動は，大きく労働運動と教育研究運動の二つとなった。

教育研究運動の基本的立場について，1951年の日教組定期大会で次の3点を決定している。第1に，働く者の解放のための教育文化の建設を目標とするものであること，第2に，協力的，組織的，自主的な教育研究活動であること，第3に，教育労働者の歴史的役割を果たすべきものであること，である。

教研報告『日本の教育』が毎年発行され，各都道府県教職員組合の推薦を受けた教師の実践報告や発言，講師や執筆者の意見，中央執行委員長の挨拶，書記長の基調報告，記念講演会等が記録されている。教科別分科会と問題別分科会が設定され，各分科会の記録係（執行委員や教員）の記録をもとに，当日の講師（大学教員等）が報告や発言を分類・整理し，当日の流れがわかるようにまとめている。教研集会には毎年1万人以上の参加があることから全国的な学校の一般的状況をつかむことができる。提出される教師のレポート数も最大であり，それをもとにした討論内容が執筆者による選択を経てはいるものの，よく記録されており，他に類をみない。

(4) ジェンダーの視点

ジェンダーとは，生物学的性別（sex）とは異なり，社会的・文化的に構築された性役割のことである。1970年代の女性運動の中で，ジェンダーとその非対称性が発見されると同時にその解消が目指されたが，社会の全体構造は，ジェンダーとその非対称性に緊密に結びつき相互に支え合っていることがわかった。

戦前・戦時下の軍国主義国家においても，戦後の経済大国に至る政策路線においても，男女は異なる性役割を与えられ，社会に振り分けられてきた。生産活動に男性を振り分け経済的にも優位に，再生産活動には女性を振り分け自立が脅かされる劣位に位置づけられた。そこには学校教育も荷担していたことが指摘されるようになった。

女性学は，このジェンダーの視点すなわち近代に編成されてきた「性役割とその非対称性」という視点から性差別のあり方を明らかにしようとするものである。

(5) ウーマン・リブ運動とフェミニズム

1960年代後半にアメリカで生まれ，全世界に波及したウーマン・リブ運動は，婦人参政権の獲得を主要な目標にした第1派フェミニズムと区別して，第2波フェミニズムと呼ばれ，制度上の平等にもかかわらず現実には変わらない女性の従属的な位置を問題とした。日本でウーマン・リブ大会が開催されたのは1970年である。それまでの主婦や母という性役割に基づく運動を否定し，「性と生殖」の問題を重視した。

我が国におけるリブからフェミニズムへの移行について，天野正子は「1975年の『国際婦人年』を境に，リブは運動として終息にむかい，女性運動はリブという呼称ではなく，広義の『フェミニズム』として新たな流れを構成しはじめた」と指摘する。そして，フェミニズム運動として，「家庭科の男女共修の実現，男女雇用平等法の制定，買春観光反対など個別具体的な目標を掲げる地道な運動」*53を例示している。

戦後の日本教職員組合婦人部は，結成時の運動方針に「婦人解放」を入れ，母性保護運動，母親運動，労働権運動等に取り組んでいた。第2波フェミニズム以前のこれらの運動も，「母性主義」的フェミニズム運動と呼ぶ歴史研究者*54もいる。本書においては，第2波フェミニズムとその刺激を受けた運動を「フェミニズム」と呼ぶ。なぜなら，運動としても理論としても第2波フェミニズムの前後では，異なる面が多々あるからである。

(6) 性別役割分業（分担）

フェミニズムによって性差別と性別役割分業の関係が指摘された。「女子差別撤廃条約」（国連採択1979年，日本批准1985年）は，各国政府に「男女の定型化された役割に基づく偏見及び慣習・慣行の撤廃」のための必要な措置をとることを求めた。性別役割分業の撤廃が国際的に合意された目標となり，社会的労働も家事労働も男女が協働して行うものとなった。しかし，「女であること」「男であること」の観念は，日常社会の隅々にまで浸透し，人々の行為の基礎になり，性別役割分業は社会制度ともなっていることから，容易に達成可能な課題ではなかった。

マルクス主義フェミニズムは，マルクス主義の理論を踏まえつつ，マルクスが捨象してきた資本主義社会における女性の抑圧の分析を試みた。そして性別役割分業制度のもつ根源的な問題を，「家事労働の無償性」とそれを基盤に成り立つ「家父長制」（男性による女性支配）であるとする。

女性役割が無償であることから「なりわい」という意味をもつ「業」を使わず，「分担」を使うことも多い。奥山は，「分業」という言葉を使用している。本書では同じ意味で両方を使用する。

表序ー1　資料　奥山えみ子の著述文献リスト

1　奥山えみ子の編著書・雑誌掲載論文

番号	著　述　文　献
1-①	奥山えみ子「婦人教職員の育児休暇制度について」『労働経済旬報』649，1966年6月.
1-②	奥山えみ子『婦人教育労働者1共働きのもんだい』明治図書出版，1971.
1-③	奥山えみ子「育児時間・育児休暇制へのとりくみ」『季刊教育法』9，1973年9月.
1-④	奥山えみ子「女子教育と女教師」「あとがき」一番ヶ瀬康子・奥山えみ子編『婦人解放と女子教育』勁草書房，1975，pp.134-160，pp.377-382.
1-⑤	奥山えみ子「あとがき」退職婦人教職員全国連絡協議会編『美しき生涯を　退婦教十年のあゆみ』1976，pp.153-156.
1-⑥	奥山えみ子「あとがき」日教組婦人部『日教組婦人部30年史』労働教育センター，1977，pp.553-556.
1-⑦	奥山えみ子「女子教育問題研究推進のために1.入門講座」日教組女子教育もんだい研究会『女子教育もんだい研究資料No.3』1980，pp.3-17.

1-⑧	奥山えみ子「女子教育運動」奥山えみ子・藤井治枝編『女子教育女の自立を求めて』現代婦人問題研究会，労働教育センター，1982，pp.155-213.
1-⑨	奥山えみ子「婦人差別撤廃条約と女子教育の課題」国民教育研究所編『別冊国民教育⑥女子教育読本婦人差別撤廃条約を中心として』労働旬報社，1983，pp.1-3.
1-⑩	奥山えみ子「婦人労働者と女子教育」国民教育研究所編『別冊国民教育⑥女子教育読本婦人差別撤廃条約を中心として』労働旬報社，1983，pp.65-75.
1-⑪	奥山えみ子「退職女教師との座談会の中から」全国退婦教第三次訪中団編集『連帯の誓いあらたに全国退婦教第三次訪中報告書』1984，pp.50-55.
1-⑫	奥山えみ子「基調報告　21 世紀をめざす婦人の課題　平和・平等達成のために」第 4 回日ソ婦人セミナーと交流の会実行委員会『第 4 回日ソ婦人セミナーと交流会報告』1985，pp.17-24.
1-⑬	奥山えみ子「あとがき」退職婦人教職員全国連絡協議会編『美しき生涯を退婦教 20 年のあゆみ』ドメス出版，1987，pp.316-318.
1-⑭	奥山えみ子「基調報告　社会・経済・生活・平和運動における婦人の役割」第 5 回日ソ婦人セミナー実行委員会『第 5 回日ソ婦人セミナー報告』1987，pp.19-25.
1-⑮	奥山えみ子編著『対話女子教育もんだい入門 自立を育てるために』労働教育センター，1993.
1-⑯	奥山えみ子「女性の働く権利確立をめざして」月刊労働組合編集部編『戦後労働運動を生きる』労働大学，1995，pp.103-119.
1-⑰	奥山えみ子「台湾の味，豚肉のデンブ」平凡社＋未来社編『新編十代に何を食べたか』平凡社，2004，pp.266-270.
1-⑱	奥山えみ子「身の毛のよだつような恐怖感」がんばれ社民党・支える鹿児島の会『戦争体験記―非戦・77 人の証言』アート印刷，2005，pp.196-198.

2　日本教職員組合機関誌『教育評論』掲載論文

2-①	奥山えみ子「母親大会と女教師の役割」『教育評論』1962 年 8 月，pp.54-55.
2-②	奥山えみ子・三原大乗「ILO87 号条約批准闘争をめぐって」『教育評論』1963 年 4 月，pp.50-57.
2-③	奥山えみ子・大町多喜子・遠藤幸子・坂巻貢・北岡照子「誌上討論・育児休職制度をめぐって」『教育評論』1966 年 2 月，pp.54-65.
2-④	奥山えみ子他「特集，婦人教育労働者の権利確立のたたかいと展望」『教育評論』1969 年 7 月，pp.12-66.
2-⑤	奥山えみ子「教育労働者としての婦人教師」『教育評論』1969 年 7 月，pp.17-19.
2-⑥	奥山えみ子「退職年令引上げのたたかい」『教育評論』1973 年 6 月，pp.30-32.
2-⑦	奥山えみ子「国際婦人年を迎えて改めて，婦人部活動のあり方を問う」『教育評論』1975 年 8 月，pp.26-29.

2-⑧	奥山えみ子「母と女教師の会民主教育確立の原動力に」『教育評論』1976年9月，pp.55-58.
2-⑨	奥山えみ子司会「座談会日教組婦人部30年の歴史の上に」『教育評論』1977年7月，pp.26-35.
2-⑩	奥山えみ子「いまなぜ女子教育を」『教育評論』1978年5月，pp.20-25.
2-⑪	奥山えみ子「日常実践のなかから積み上げを」『教育評論』1979年1月，pp.31-32.
2-⑫	奥山えみ子「WCOTP『教育における婦人に関する綱領』の意義と私たちの課題」『教育評論』1979年2月，pp.25-29.
2-⑬	奥山えみ子「つらい日曜日―婦人教師の生活時間調査から」『教育評論』1979年2月，pp.35-44.
2-⑭	奥山えみ子「分科会報告第18分科会人権教育・同和教育・女子教育問題成果と課題」『教育評論』1979年3月臨時増刊，p.146.
2-⑮	奥山えみ子「深まる『女子教育問題』の実践」『教育評論』1980年11月臨時増刊，pp.71-73.
2-⑯	奥山えみ子「私の教育実践全国教研レポートから女子教育もんだい紹介にあたって」『教育評論』1981年5月，pp.81-82.
2-⑰	奥山えみ子司会「座談会職場のいまと婦人教職員」『教育評論』1982年11月，pp.24-33.
2-⑱	奥山えみ子「インタビュー奥山えみ子元婦人部長に聞く『母女』の足跡をふりかえって」『教育評論』2003年8月，pp.18-21.

3　女子教育もんだい編集委員会『季刊 女子教育もんだい』労働教育センター掲載論文

3-①	奥山えみ子・村田康彦・佐藤洋子・一番ヶ瀬康子・星野安三郎「これからの女子教育のために」『季刊 女子教育もんだい』No.1，1979，秋，p.1.
3-②	奥山えみ子司会「座談会・現代の若者について考える」『季刊 女子教育もんだい』No.1，1979，秋，pp.44-66.
3-③	奥山えみ子「巻頭言女子教育が求めるもの」『季刊 女子教育もんだい』No.2，1980，冬，p.5.
3-④	奥山えみ子「日ソ婦人セミナーに出席して」『季刊 女子教育もんだい』No.3，1980，春，pp.177-178.
3-⑤	奥山えみ子「日教組第29次教研―女子教育分科会」『季刊 女子教育もんだい』No.4，1980，夏，pp.167-171.
3-⑥	奥山えみ子編集後記『季刊 女子教育もんだい』No.5，1980，秋，p.164.
3-⑦	奥山えみ子「女子教育問題への日教組の取組み」『季刊 女子教育もんだい』No.7，1981，春，pp.15-20.
3-⑧	奥山えみ子「ILO第67回総会に出席して」『季刊 女子教育もんだい』No.9，1981，秋，pp.89-91.
3-⑨	奥山えみ子司会「座談会沖縄・ベトナムと女たち」『季刊 女子教育もんだい』No.10，1982，冬，pp.44-51.

3-⑩	奥山えみ子「巻頭言時代の後戻りを許さない」『季刊 女子教育もんだい』No.12, 1982, 夏, p.1.
3-⑪	奥山えみ子「巻頭言労働権の確立を」『季刊 女子教育もんだい』No.18, 1984, 冬, p.1.
3-⑫	斉藤茂男「歴史をジェンダーで読む③ 奥山えみ子さんに聞く 日教組婦人部のたたかい」『季刊 女も男も』1998, pp.52-56.（『季刊 女子教育もんだい』No.77 改題）
3-⑬	斉藤茂男「歴史をジェンダーで読む④ 奥山えみ子さんに聞く 日教組・婦人部（女性部）のたたかい②」『季刊 女も男も』No.78, 1999, pp.46-50.
3-⑭	奥山えみ子（談）「男女同一労働同一賃金実現へ，血のにじむ努力」『季刊 女も男も』No.104, 2005, p.13.

4 奥山えみ子へのインタビュー記録

4-①	奥山えみ子「女子教育の課題全国教研女子教育分科会の記録から」阿部欣一編集『月刊ホームルーム』8月号, 学事出版, 1980, pp.6-15.
4-②	奥山えみ子他「座談会女性部のたたかいの原点とこれから」日本教職員組合女性部『日教組女性部 50 年のあゆみ』2002, pp.64-77.
4-③	奥山えみ子「元日教組婦人部長奥山えみ子さんに聞く結成 50 年のあゆみ」日本教職員組合『日教組教育新聞』2003 年 7 月 22 日付。

5 奥山えみ子の座談会・鼎談記録

5-①	奥山えみ子・暉峻淑子・日下部禧代子・重石美代子・三浦和子・山崎公江「家庭科の男女共学を実現するために」日教組女子教育もんだい推進委員会『女子教育もんだい研究のために』資料 No.5, 1984, pp.48-92.
5-②	奥山えみ子・佐藤洋子・中嶌邦「戦後 40 年と女子教育（鼎談）」日本教職員組合婦人部『女子教育もんだい研究のために』資料 No.6, 1985, pp.74-105.
5-③	奥山えみ子「座談会女性部のたたかいの原点とこれから」日本教職員組合女性部『日教組女性部 50 年のあゆみ』2002, pp.64-77.

6 奥山えみ子の執筆による教研報告書

6-①	奥山えみ子他「第 25 分科会 女子教育問題」日本教職員組合編『日本の教育 第 29 集』1980, pp.553-568.
6-②	奥山えみ子・藤井治枝他「第 20 分科会 女子教育問題」日本教職員組合編『日本の教育 第 32 集』1983, pp.469-486.
6-③	奥山えみ子「第 34 次教研『女子教育問題』分科会報告」日本教職員組合婦人部『女子教育もんだい研究のために』資料 No.6, 1985, pp.117-132.

7 集会での講演，シンポジウム，パネル・ディスカッション

7-①	奥山えみ子・藤田恭平・千葉千代世・伊藤文子・橋口和子「今日の教育の問題と婦人」日本教職員組合婦人部『母と女教師の会 20 周年記念中央集会報告』1973, pp.4-38.

7-②	奥山えみ子「第27回WCOTP総会テーマ『明日の世界における教職』発言要旨」日本教職員組合第27回WCOTP総会報告書，1978.
7-③	奥山えみ子（司会）・星野安三郎・永畑道子・大脇雅子「平和をまもり，差別をなくすために再び“あやまち”をくりかえさない」第26回はたらく婦人の中央集会実行委員会『第26回はたらく婦人の中央集会報告集』1981, pp.12-68.
7-④	奥山えみ子「50周年記念行事母女50年のあゆみ」日本教職員組合女性部『母と女性教職員の会全国集会報告書2003年・50周年記念』アドバンテージサーバー，2003, pp.44-67.
7-⑤	奥山えみ子講演「日教組女性部学習会『21世紀教育労働者の課題と役割～戦後の女性労働運動に学ぶ～』」日本教職員組合，2004年10月22日。

8　筆者（木村松子）による奥山えみ子へのインタビュー記録（一部録音）

8-①	2003年12月25日 10:00～12:00, 13:00～17:00, 12月26日 10:00～12:00, 13:00～15:00　場所：ホテルウエルビューかごしま（鹿児島県鹿児島市与次郎）
8-②	2005年8月27日 10:00～12:00, 13:00～17:00, 8月28日 10:00～12:00, 13:00～15:00　場所：奥山えみ子自宅（鹿児島県鹿児島市小川町）
8-③	2006年4月29日 11:30～12:30, 13:00～18:00, 4月30日 10:00～13:00, 14:00～15:00　場所：奥山えみ子自宅（鹿児島県鹿児島市小川町）
8-④	2007年8月3日 16:00～18:00, 8月5日 15:30～17:30　場所：奥山えみ子自宅（鹿児島県鹿児島市小川町）

表序－2　奥山えみ子の生涯区分と文献

	年	年齢	主な内容	文献番号
垂水	1920年	0歳	鹿児島県垂水に誕生	
	1926年	5歳	垂水で育つ	
台湾	1927年	6歳	台湾に移住。日本人小学校に入学	
	1938年	18歳	台湾人小学校に赴任	
	1940年	20歳	日本人小学校に勤務	
	1944年	24歳	職業軍人と結婚	
鹿児島	1946年	26歳	女児出産・台湾から引き揚げ・夫死亡	
	1947年	27歳	垂水中学校国語教師として就職	
	1948年	28歳	鹿児島県教組結成・市教組婦人部副部長	
県婦人部長	1950年	29歳	県婦人部長・ジェンダー問題の噴出期	
	1952年	32歳	第1回全国婦人教員研究協議会議長団	
	1954年	33歳	第3回婦研協アピール文朗読担当	
	1954年	34歳	谷山中学校教師	

東京	1960年	40歳	日教組婦人部副部長	
	1962年	42歳	日教組婦人部長・労働権確立運動期	2-①
	1963年	43歳		2-②
	1964年	44歳	第2回世界婦人労働者会議（ルーマニア）出席	
	1966年	46歳		1-①，2-③
	1968年	48歳	退職婦人教職員全国連絡協議会結成	
	1969年	49歳		2-④，2-⑤
	1971年	51歳		1-②
	1973年	53歳		1-③，2-⑥，7-①
日教組婦人部長	1975年	55歳	女子教育職員等の育児休業法成立	1-④，2-⑦
	1975年	55歳	女子教育問題運動期 国際婦人年 第25回	1-④
	1976年	56歳	第25回WCOTP（ワシントン）で発表	1-⑤，2-⑧
	1977年	57歳	第26回WCOTP（ナイジェリア）で発表	1-⑥，2-⑨
	1978年	58歳	第27回WCOTP（ジャカルタ）で発表	2-⑩，7-②
	1979年	59歳	第1回日ソ婦人セミナー（モスクワ）団長 『季刊 女子教育もんだい』創刊	2-⑪，2-⑫，2-⑬，2-⑭，3-①
	1980年	60歳	「女子教育もんだい」小分科会を特別分科会として開催	1-⑦，2-⑮，3-②，3-③，3-④，3-⑤，4-①，6-①
	1981年	61歳	第67回ILO（ジュネーブ）総会労働団体代表	2-⑯，3-⑥，3-⑦，7-③
	1982年	62歳	第29回WCOTP（モントリオール）参加	1-⑧，2-⑰，3-⑧，3-⑨
	1983年	62歳	退職	1-⑨，1-⑩，6-②
退職後	1984年	64歳	中国婦女連訪中（北京）代表団副団長	1-⑪，3-⑩，5-①
	1985年	65歳		1-⑫，5-②，6-③
	1987年	67歳	第5回日ソ婦人セミナー（モスクワ）団長	1-⑬，1-⑭
	1991年	71歳		9-①
	1993年	73歳		1-⑮
	1995年	75歳		1-⑯
	1998年	78歳		3-⑪
	1999年	79歳		3-⑫
鹿児島	2002年	82歳		4-②，5-③
	2003年	83歳		2-⑱，4-③，7-④，8-①
	2004年	84歳	日教組本部女性部長研修会で講演	1-⑰，5-④，7-⑤
	2005年	85歳	大阪府教職員組合女性部研修会で講演	1-⑱，3-⑬，8-②
	2006年	85歳	鹿児島県教職員組合女性部学習会講演	8-③
	2007年	87歳		8-④

（注）奥山えみ子の著述や記録およびインタビューより作成

【註】

＊1　Apple, M. W., *Ideology and Curriculum,* Routledge & Kegan Paul Ltd., 1979.［邦訳］アップル，M. W.，角倉正美他訳「日本語版へ向けて」『学校幻想とカリキュラム』日本エディタースクール出版部，1986，pp.iii-v.

＊2　文部科学省『教育指標の国際比較　平成 25（2013）年版』p.10.

＊3　内閣府「本務教員総数に占める女性の割合」『男女共同参画白書　平成 28 年版』p.70.

＊4　高田なほ子「はじめに」日本教職員組合婦人部『日教組婦人部三十年史』労働教育センター，1977，p.iv.

＊5　河上婦志子『二十世紀の女性教師―周辺化圧力に抗して―』御茶の水書房，2014，p.200.

＊6　加納実紀代「『新しい女』の誕生から戦後までの軌跡」別冊宝島編集部編『わかりたいあなたのためのフェミニズム・入門』JICC 出版局，1990，p.51 参照。

＊7　岩本美砂子「女のいない政治過程 日本の 55 年体制における政策決定を中心に」日本女性学会『女性学』新水社，Vol.5，1997，p.30.

＊8　鹿野政直『現代日本女性史』有斐閣，2004，p.146.

＊9　金井淑子「ウーマンリブ登場から 80 年代論争まで」別冊宝島編集部『わかりたいあなたのためのフェミニズム・入門』JICC 出版局，1990，p.56 参照。

＊10　塩田咲子「現代フェミニズムと日本の社会政策」井上輝子・上野千鶴子・江原由美子編『日本のフェミニズム④権力と労働』岩波書店，1994，pp.115-117 参照。

＊11　「米国においては全米女性組織（NOW National Organization Women，1975 年）がベティー・フリーダンによって組織され，職場での機会均等，中絶の権利，託児所の設置などの広範なセクシズム（男性優位の見方）打破の運動を展開している。主として，中流の主婦が運動母体となって，NOW の組織化が進み，この間，1972 年，200 部から出発したウーマンズ・リブの代表的な雑誌 “Ms” が，45 万部の発行部数を示すにいたった」深谷昌志『女性教師論』有斐閣新書，1980，pp.159-160 参照。

＊12　鹿野政直，前掲書＊8.

＊13　伊藤康子「現代社会と女性」脇田晴子・林玲子・永原和子編『日本女性史』吉川弘文館，1987，pp.276-277 参照。

＊14　鹿野政直『婦人・女性・おんな』岩波新書，1989，pp.128-130 参照。

＊15　国連文書にジェンダーという言葉が登場したのは 1993 年世界人権会議以降であると考えられる。女子差別撤廃条約（1979）は，「男女の平等の権利（the equal right of men and women）」と表現していたが，女性に対する暴力の撤廃が注目された世界人権会議ウィーン宣言では，「女性に対する暴力」を Gender-based violence と表現している。『人権教育のための国連 10 年』（1994）は，「女性差別」ではなく「ジェンダーによる差別（gender-based discrimination）」と表現し，また，「男女」ではなく「女性および男性（women and men）」として女性への注目を強調している。この表現は，ユネスコではもっと早く「学習する権利」（1985）で採られている。『人権教育のための国連 10 年（1995 ～ 2004 年）行動計画』（1994）では，ジェンダー平等（gender equality），ジェンダーに関する偏見（gender bias），ジェンダーに敏感な意識を高める研修（gender sensitive training）という言葉を示し，『平和の文化に関する行動計画』（1999）は，「あらゆる国際文書の適用にあたってジェンダーの視点（gender perspective）を織り込むこと」を明記している。

我が国の『男女共同参画社会基本法』(1999) はジェンダーという言葉は採用せず，男女の人権・男女の共同参画が強調され，ジェンダーの構築性への注目は弱められているといえる。しかし，『男女共同参画基本計画』(2000) は「女性学・ジェンダーに関する調査・研究等の充実」というジェンダーという言葉が唯一登場するこの一文を入れて，研究の奨励は見られる。しかし，『人権教育・啓発に関する基本計画』(2002) では，「人権教育・啓発の推進に当たって，外来語を安易に使用することは，正しい理解の普及を妨げる場合もあるので，官公庁はこの点に留意して適切に対応することが望ましい」とし，おそらくジェンダーという言葉について述べているものと考えられるが，この言葉の使用を抑える姿勢がみられ，地方自治体においても自粛されていた。

*16 1995年第4回国連世界女性会議が全会一致で採択した「行動綱領」は，「教育」の項目の中で，「あらゆる教育段階，特に大学院レベルにおけるジェンダーの研究及び調査を支援し開発して，大学のものを含む教科課程，教科書及び教材の開発，並びに教員の訓練にそれらを適用すること」という戦略目標を示している。

*17 高橋史郎・杉原誠四郎『戦後教育改革通史』明星大学戦後教育研究センター，1993参照。

*18 滝内大三「『教育における女性—ジェンダーの視点から教育史を問い直す—』シンポジウムの趣旨」教育史学会『日本の教育史学教育史学紀要』第38集，1995，pp.332-333参照。

*19 アップル，M. W.，前掲訳書*1 pp.i-vi.

*20 ノディングス，N.，第10章「フェミニズムと哲学と教育学」Noddings, N., *PHILOSOPHY OF EDUCATION*, Westview Press, 1998.［邦訳］ノディングス，N.，宮寺晃夫 監訳『教育の哲学』世界思想社，2006，p.302.

*21 ノディングス，N.は，コールバーグ，L.が道徳性の発達にみられるジェンダー間や文化，階級間の差異を，発達の阻害要因と捉え，女性は男性より道徳的に劣っている，としたことに対して，それは発達段階論への反証であると捉え，その発達段階論と発達主義を理論分析を通して批判した。ノディングス，N.,同上訳書，pp.252-262参照。

*22 日本教育社会学会は，学会大会課題研究テーマに1980年「女性と教育」を，1989年には「教育とジェンダー」を設定し「ジェンダー」という新しい枠組みをもつようになった。今日，大会ではジェンダー研究は複数の部会が設けられている。

*23 原芳男「『女性と教育』—特集にあたって—」日本教育社会学会編『女性と教育—教育社会学研究—』第40集，東洋館出版社，1985，p.7.

*24 神田道子「『女性と教育』研究の動向」，同上書，pp.88-89参照。

*25 武内清「女子の生徒文化の特質」，同上書，pp.23-34参照。

*26 神田道子・亀田温子・浅見伸子・天野正子・西村由美子・山村直子・木村敬子・野口真代「『女性と教育』研究の動向」，同上書，pp.94-95参照。

*27 中西祐子・堀健志「『ジェンダーと教育』研究の動向と課題」日本教育社会学会編『教育社会学研究』第61集，東洋館出版社，1997，p.90.

*28 亀田温子「教育装置のつくりかえ—社会を見る眼を奪い，心理主義化をすすめる教育改革とは—」日本女性学会学会誌11号編集委員会編『女性学』Vol.11，新水社，2003，pp.20-22.

＊29　Scott, D. and Usher, R., *Understanding Educational Research*, Routlege in London, 1996. pp.1-5.

＊30　平井貴美代「15 章 歴史研究」日本教育経営学会編『教育経営研究の理論と軌跡』玉川大学出版会，2000.

＊31　増井三夫「シンポジウム『歴史研究における社会的・文化的秩序の変容―教育史研究の対象と方法の多様性・複合性―』シンポジウムの趣旨」教育史学会紀要，2002, pp.283-284.

＊32　Usher, P., "*Feminist approaches to research*," Scott, D. and Usher, R.（eds.）*Understanding Educational Research*, Routlege in London, 1996. pp.120-141.

＊33　Scott, J. W., *Gender and the Politics of History*, New York: Columbia University Press, 1988.［邦訳］スコット，J. W., 荻野美穂訳『ジェンダーと歴史学』平凡社，1922.

＊34　Whitworth, S., *FEMINISM AND INTERNATIONAL RELATIONS*, Macmillan Press Limited, 1994.［邦訳］ウィットワース，S., 武者小路公秀他監訳『国際ジェンダー関係論―批判理論的政治経済学に向けて―』藤原書店，2000，p.34.

＊35　上野千鶴子「女性史は歴史の枠組みを変える」第 7 回全国女性史研究交流のつどい実行委員会『新ミレニアムへの伝言』ドメス出版，1999.

＊36　Perrot, M., *Une Histoire Des Femmes Est-Elle Possible?*, Editions Rivages, 1984.［邦訳］ペロー，M.「序文」ペロー，M 編，杉村和子・志賀亮一監訳『女性史は可能か』1992, p.31.

＊37　寺尾美子「ジェンダー法学が切り開く地平」『ジュリスト』No.1237，有斐閣，2003, pp.17-18.

＊38　井上輝子・國信潤子「イギリス諸大学の女性学教育―その構造と課題―」日本女性学会『女性学』Vol.10，新水社，2002，p.157・p.172.

＊39　小野坂順子「書評 Marilyn Lacoby Boxer.When Women Ask the Questions: Creating Women's Studies in America. マリリン・ジェイコビー・ボクサー『女たちが問いかけるとき―アメリカ女性学の創造（仮題）』アメリカ女性学三十年の歴史とその将来」日本女性学会学会誌編集委員会『女性学』Vol.9，日本女性学会，2001，p.166.

＊40　日教組の名称変更の理由については，次のような説明がなされている。「『婦人』は，『成人した女』『既婚の女』の意味とされ，女性全般を示すことばではない。また，『婦人』は，女性が自立した一人の人間としてではなく，『男性』や『家』への従属のもとに『嫁』『妻』『母』としての役割の中で生きてきた歴史をひきずるものであり，『男性』に対応した用語でもない。」日本教職員組合女性部編『日教組女性部 50 年のあゆみ』日本教職員組合女性部，2002，p.20.

＊41　中野卓・桜井厚編『ライフヒストリーの社会学』弘文堂，1995，pp.8-9 参照。

＊42　佐藤健二「ライフヒストリー研究の位相」中野卓・桜井厚編『ライフヒストリーの社会学』弘文堂，1995，pp.18-19 参照。

＊43　Goodson, I. and Sikes, P., *Life History Research in Educational Settings*, Buckingham, 2001.［邦訳］グッドソン，I.・サイクス，P., 高井良健一他訳『ライフヒストリーの教育学』昭和堂，2006，pp.130-153 参照。

＊44　フーコーは「言説」を構成する最小単位として，「言表」をとらえ，「さまざまな言表

が同一の言説編制に属するかぎりにおいて，そうした言表の総体を言説と呼ぶ」という。「書物でも理論でも決してなく，身近でもあれば謎をふくんでいるさまざまな総体のことである。これらの統一体は，永遠の変形のうちにあり，匿名で，主体がないにせよ，個別的な著作を貫通するにせよ，自律的な領域を形づくる」。フーコーは，「存在」するとは，「言説」の網の目をとおして捉えられることにある，という。Foucault, M., *L'ARCHEOLOGIE DU SAVOIR* (Editions Gallimard, Paris, 1969)［邦訳］フーコー，M.，中村雄二郎訳『知の考古学』河出書房，1970.

＊45　ILO に比較し WCOTP および EI は，あまり知られていない。日教組の国際会議報告書および EI 機関誌をもとにここに紹介する。

世界教職員団体総連合 WCOTP は 1952 年に結成され，以後毎年 1 回年次総会を開いてきた。前年の総会で次年度のテーマを決定し，その後，加盟各国教職員団体からテーマについて報告書の提出を求め，それをまた各国団体に送付して，総会で討論する。加盟団体である日教組（約 50 万人）は，アメリカ NEA（National Education Association 約100万人）に次ぐ大組織であり，アジア地域会議では主導的な存在である。

1993 年，それまでの教職員の二大組織 WCOTP と IFFTU（International Federation of Free Teachers' Union）の統合により EI（Education International）が設立され，EI は，現在 310 組織 2600 万人（2004 年）を代表する世界最大の教育者団体（educators' federation）である。これにより，国連に影響力をもつ大きな教職員の NGO 組織が再編されたことになる。統合の背景には，東西冷戦の終結，地球規模での環境問題，国連での子どもの権利条約の採択，国際識字年等というバックグラウンドのもとで，教員団体の役割が一層重要になったことがあると考えられる。すべての政府，政党，イデオロギー，宗教団体から独立し，主に ILO，OECD，UNESCO，World Bank，IMF，UNICEF と連携する。EI は国際機関や政府との連携に関しては，独立・正当・実質の 3 点の原則をもつ。行動理念として WCOTP から引き続き「社会正義と民主的自由の促進における教員団体の役割」（1990 年第 33 回 WCOTP テーマ）の自覚がある。1990 年当時の日教組運動では「社会正義」という言葉はまだ耳なれない言葉であった。

日教組は，毎回，国際会議参加報告書を作成し，各国報告書の総括，日教組の報告書，会長挨拶，討論内容等を記録している。EI は，年 4 回機関誌を英語・フランス語・スペイン語で作成し，各国団体に送付している。各国の情報と教育の専門団体として注目される論文を紹介し，ユネスコや EI 女性コーカスの情報，Scarpato, M. の「ジェンダーの視点」の掲載も続けられている。Jouen, Elie, "Building Coalitions for Reform," *The Education International Magazine*, June, 1998, p.29. 参照。

＊46　長浜功『史料 国家と教育』明石書店，1994，p.208.

＊47　村上貴美子『占領期の福祉政策』勁草書房，1987，p.48.

＊48　読売新聞戦後史班編『昭和戦後史 教育のあゆみ』読売新聞社，1982，pp.149-150.

＊49　佐々木惣吉編『日本教育会岩手叢書第二号 岩手の教育会の歩み』非売品，1984，pp.122-138.

＊50　青森県教職員組合編『青森県教組 30 年史』1986，p.294.

＊51　同上書，p.297.

＊52　日本教職員組合婦人部編『日教組婦人部三十年史』労働教育センター，1977，pp.68-72.

＊53　天野正子「問われる性役割―『自己決定』権の確立に向けて―」朝尾直弘他編『岩波講座日本通史 第21巻 現代2』岩波書店，1995，p.195.

＊54　ゴードン，A.「55年体制と社会運動」歴史学研究会・日本史研究会編『日本史講座第10巻 戦後日本論』東京大学出版会，2005，p.268.

第1章　女性たちの体験と「封建」言説
―1950年代を中心として―

> 言説とは，書物でも理論でも決してなく，身近でもあれば謎をふくんでいるさまざまな総体のことである。これらの統一体は，永遠の変形のうちにあり，匿名で，主体がないにせよ，個別的な著作を貫通するにせよ，自律的な領域を形づくる。　（M・フーコー，中村雄二郎訳『知の考古学』河出書房，1970）

終戦から7年後の1952年，全国から約3,000人の女性教員が集まって「第1回全国婦人教員研究協議会」（以下，婦研協という）が開催された。戦後に開催された最初で最大の女性の集会であった。実は，4カ月前に第1回日教組教育研究大会（以後，教研という）が開催されており，その女性版といえる。今日まで開催されている日教組教研は，初回から1954年の第3回まで男女別であった。第1回日教組教研報告書『教育評論臨時特集号』（1951）は，製本・出版され全国に配布されたが，第1回婦研協の記録『真実を求めて』（日教組婦人部，1952）は，製本・出版されることなく，70ページの藁半紙印刷のまま，非売品として辛うじて一般財団法人日本教育会館（千代田区一ツ橋）内の教育図書館に残されていた。

『真実を求めて』に書かれていた女性たちの発言は，今日のジェンダー問題とほとんど変わりないこと，女性管理職登用要求が率直に表明されていることが筆者にとって驚きだった。この協議会は，解決の方向を探れないまま第3回で終了となっている。それはなぜなのか，その後女性たちの発言できる場はあったのか。これらを伺うことができる唯一の人物として教育図書館の方から紹介されたのが奥山えみ子さんである。当時83歳の奥山さんは，私からの突然の電話にもかかわらず，快く穏やかな口調で，しかしまるで昨日のことのように質問に即座に答えてくれた。「そうね。続けた方がよかったわね。女性たちはもっと発言の練習をする必要があったの」（2003年）。これが最初の出会いである。

第2回婦研協には，約2,000名の女性教員が集まり，その報告書『扉をひらくもの』(1953) も第1回記録と同様に刊行されていない。幸い第3回婦研協の記録は，第3回日教組教研記録とともに製本され刊行されたものの，女性たちの協議会はこれで終了となり，婦研協は，ほとんど関心を向けられることなく忘れさられていった。

第1節では，戦前・戦時下の女教員会と戦後の日教組婦人部との関係，さらに婦人部と日教組との関係を概観する。第2節では，後に21年間日教組婦人部長を務めることとなる奥山えみ子の生い立ちや体験に焦点を当てる。

第3節では婦研協での発言内容を，第4節では婦研協解消後，遅れて全国教研へ参加を始める女性教員の発言状況を明らかにする。第5節では日教組に働きかけてきた国際教員組織の状況を把握し，第6節で残された課題を示す。

第1節　女教員会と婦人部との関係

日教組が帝国教育会を慰霊施設等も含む諸々の財産と一緒に引き継いでいるのと同様に，婦人部は帝国教育会の中の女教員会を引き継いだ形で設立されている。中央本部だけでなく全都道府県も同様で，帝国教育会および女教員会の会員はほぼそのまま日教組組合員になっているという状況であった*1。そのため戦時下の帝国教育会と女教員会との関係が，戦後の日教組と婦人部との関係においても反映されていることが考えられる。それを理解するために，女教員会のリーダーであった石川ふさと木内キヤウに焦点を当てて概観する。なお，奥山自身は敗戦後，台湾から引き揚げてきているので女教員会所属の経験はない。

1. 婦人部の前身としての女教員会

(1) 女教員会リーダー　石川ふさ・木内キヤウ

教職員組合が存在しなかった戦前では，女教員会が女性の地位向上のための研修や勤務条件改善要求等を行っていた。戦前・戦時下を通じて女教員会の実質的な代表者であった石川ふさの記念誌*2 と木内キヤウの伝記叢書『教育一路／汎太平洋婦人会議に列して』*3 から，その足跡をみてみる。

女性教員の初めての全国組織として全国小学校連合女教員会が創立されたのは，1924(大正13)年で，1948年の解消まで24年間存続した。1927年の会員数は，1万2千人弱（全国女教員総数約7万人のうちの約17%）であったが，戦時下の1943年には全員加盟を決定し，全国で約10万人となっている。その間に副会長（会長は帝国教育会長が兼任）や幹事として運営に当たっていたのが，石川ふさ（明治10年生まれ），木内キヤウ（明治17年生まれ）らである。石川は，19歳で静岡県公立小学校の准訓導となって以来，准訓導・訓導として勤務し，1931(昭和6)年に公立小学校を退職している。

一方，木内は，西洋文化にあこがれつつ日本文化を研究した作家・画家の淡島寒月の娘として生まれ裕福な家庭で育った。1931年，女性として初めて東京市の公立小学校の校長に任命され，1941年の退職まで10年間校長を務めた。在任していた小学校では，酌婦として売られた女子2人を買い戻したという逸話もある。木内は，戦前の女性教員が全国的な活動をするようになってからの歴史について，以下のように3期に分けている。

第1期　第1回全国小学校女教員大会の開催（大正6年）から第2期まで
第2期　大日本教育会女教員専門部会の設立（昭和18年）から第3期まで
第3期　大日本教育会解消以後の労働組合婦人部（日本教職員組合）の設立（昭和23年）以後

第1期が長く，第2期はアメリカの参戦により総力戦に突入した時期で，木内はこの時期に大日本教育会女教員部会の委員長となっている。木内は，「全国女教員大会を開くこと22回，連合女教員総会を開くこと19回に及び，教育精神の作興と教育技術の進歩に，また女教員の社会的地位の向上に，あらゆる努力をつくして来た」と記している。

労働組合婦人部を第3期に入れていることから，木内は女教員会の延長線上に婦人部があると考えている。確かに中央・地方ともに構成員はほぼ同一である。

(2)『日本に於ける初等教育概要』(1928) にみる女性教員の状況

昭和初期の女性教員をめぐる状況がわかる資料として，石川・木内らが

1928年に作成した『日本に於ける初等教育概要』がある。これは，石川・木内ら小学校女性教員6人が第1回汎太平洋婦人会議*4 に参加する際作成しハワイで発表したものである。

資料作成に当たっては，「日本に於ける初等教育上考慮すべき諸問題」と題して意見を広く募集し，計73人と1小学校から意見を得た。この意見を参考に上記の概要を作成し提出している。その中の「女教員問題と其活動」の中で，女教員が直面している問題状況とそれに対する運動を次のようにまとめている。

全国小学校連合女教員会
「女教員問題と其活動」『日本に於ける初等教育概要』1928.

1. 女教員現状

(1) 女教員増加の傾向（略） (2) 男女教員俸給比較（略） (3) 女教員の地位（略）

(4) 法文に示されたる女教員の差別待遇

「（学務委員は，）選挙権を有する公民中より，市町村長が之を任命することになつてゐる。」「『市町村立男教員を加ふべし』との明文」「公民権を有せざる女子は除外される。」「之は女教員の校長となる事を妨げるものであり，よし，校長となるも，男子の校長の如く，学務委の権能が許されてゐない為めに，行政上何等の力をも持たぬことになる」

(5) 女教員の母性問題（略）

2. 女教員会の活動

(1) 文部省に建議し，8週間の産前産後休養をかち得た。

(2) 女教員の死後も，男教員と同じように遺族扶助料を得ることができるよう運動しその結果法令を改正せしめた。(3) 機会均等の運動として，女教員が校長・視学，学務委員等に採用されるよう政府に建議した。

(4) 母乳哺育及び家庭責任を果たすための「部分勤務制」を主唱した。

(5) 運動徹底のためと女教員自身の向上のため月1回機関雑誌を発行した。

（出所）木内キヤウ『伝記叢書65 教育一路／汎太平洋婦人会議に列して』大空社，1989，pp.138-146より抜粋

女教員会は，政府・文部省に対して女性教員の勤務条件改善要望を「建議」という形で提出する組織であった。産前産後休養と遺族扶助料を実現し，男女同一賃金や女性管理職登用，育児のための部分勤務制を要望している。

第1回汎太平洋婦人会議（中国，オーストラリア，日本，ニュージーランド，フィ

リピン，サモア等が参加）での円卓会議に初めて参加した木内が，日本の会議との雰囲気の違いを記している文章がある。

「圓卓會議の空氣は口角泡を飛ばし舌端火を噴いて議論する日本在來の種々な會議とちがつて膝を交へての『談合』といつた風な慍く柔いもので，辨舌の立つ，聲の大きい，押の強い少し位は謙遜の缺けた人が横暴を極るような會合とは違ひます。リーダーは巧みに全員の意見を聞き出し一人も取り殘すことがありません。」*5

これは，当時の日本の会議の様相を伝えるものでもある。大声での弁舌の応酬という雰囲気の中では，女性はほとんど発言しなかったであろうことが考えられる。

(3) 女教員会の戦争翼賛とその背景

1940（昭和15）年，女教員会として戦闘機を献納した年，石川は文部大臣表彰・帝国教育会表彰を受けている。1941（昭和16）年，全国国民学校連合女教員会へと改称後も石川と木内は引き続き副会長となっている。この年の総会では，女性教員の満州視察派遣，女性教員の満州勤労奉仕隊派遣，満州開拓義勇軍の妻となるべき女性の花嫁学校設立の3項目について，文部大臣橋田邦彦他にあてて建議することを可決している。

義勇軍や内助者として女性を送り出そうとする国の要請を受けて，女性を集め送り出す役を女教員会は担っていた。同じく1941年，「石川ふさ先生教壇50年記念祝賀会」が文部省図書監修官・海軍大佐も参列し盛大に行われている。吉岡彌生や羽仁もと子も発起人に名を連ねていた。

木内は，当時女教員会の戦争翼賛行為について次のように記している。

「昨年は全國同志の寄附によつて七萬數千圓を陸海軍に獻納，各一臺宛の飛行機女教員號を作つて頂いたのは，私にとつても嬉しい記念の一つである。」*6 また，全国教育者慰問代表として，約1カ月間の旅程で北支派遣軍を見舞ったことについて，「若い兵士がまるで慈母をしたふやうに私をもてなしてくれた。（略）私が大政翼賛會の中央協力會議員として『母をまもれ』と叫ばずにはゐられなかつた動機も，ここに求めることができよう。（略）戦争は女性によつて戦はれてゐるとも言ひ得る。よき兵士の母が戦前に戦ひ，よき職場婦人がよき家庭婦人が銃後に戦ふ。私どもが學校の母から，民族の母として起たうとするのも戦火の中に身を置くことに自信を得たからである」*7と，述べている。女教員会は，戦地への女性教員や女子生徒派遣，戦闘機の献納募金斡旋とこれらの根底となる意識として母性愛を強調していた。

木内は戦争翼賛に励む一方で女性役割・母役割を果たす女性の過重負担と女性校長が出ないという女性の地位の低さについて不満を述べていた。時代の要請に応え戦争協力することが女性の社会的地位向上に繋がるという期待があった。木内は1941年6月，大政翼賛会第1回中央協力会議の議員に推薦された時，女教員の待遇問題を発言する好機と捉え，男性教員のみの昇給に対する抗議を行う覚悟であったが，それについて帝国教育会理事に止められ，「働く女性の保護施設」という題で「母の苦しみ」「母の願い」を女性教員の生活をふくめて発言した。しかし，これが問題となり辞職に追い込まれた。唯一の女性校長だった木内は，次の女性校長を立てることを条件に翌7月，辞表を提出した。「辞めてから言え，との嘲笑に激怒して退職」*8したともいわれている。しかし，女性校長は立てられなかった。

戦時下の聖戦と非常時を強調した石川や母性を強調する木内の講演や指示は，全国の女教員へ働きかけるものとなっていた。1942年には，文部省も『文部省指導要項—母性訓』を出し，「女教員として」の自覚を促している*9。

当時の男女教員の格差は，賃金や登用だけでなく，日常の言動から机や靴箱の配置に至るまで徹底していた。かねてから女性の校長や視学を出すことを要望してきた女教員会と帝国教育会との確執も少なからずあった。戦時下の教員不足対策として，各県教育会は教員養成講習会を開催し，6カ月の受講後検定を受けて合格すると小学校教員の免状を獲得できるようにした。このような状況下で，女教員の割合は4割を超えるようになった。この中には戦争未亡人も少なくなかったが，女教員の増加を望まない帝国教育会は，1940年，「女子の増加を以て國家の前途深憂に堪へず」とし，対策として「女教員の数は全教員の凡そ3分の1を以て適当とす」を決議した*10。女性教員を減らそうとする帝国教育会の姿勢に対して，女教員会としては戦闘機献納を含めた女性の貢献や母性愛を強調することでくい止めようとした。石川や木内らにとっての戦争翼賛は，女性教員の地位の確保のためのものでもあった。

戦時総動員体制は，総「国民化」プロジェクトであり，被差別・被抑圧者に平等・解放の期待を抱かせた。市川房枝・平塚らいてう等の婦人参政権運動家は，総動員体制を歓迎し積極的に推進し，部落解放同盟の前進であった全国水平社も，「国民化」プロジェクトを支持している。同様に，女教員会の戦争翼賛行為も，男女教員間の差別解消への期待が込められていた。

戦後，木内は 1948 年の第１回総選挙で参議院議員に当選し，6 カ年の任期を文部委員として教育および女性教員に関する問題に取り組んだ。一方，戦後の石川の動向は不明である*11。

(4) 男教師の役割としての女性の組織化と管理

当時一般の女性たちは，未婚の場合は，「全国処女会」(1918 年結成) や「大日本女子連合青年団」(1929 年処女会を再編成して創立) などに組織され，既婚の場合は，「愛国婦人会」(1901 年結成)，「大日本連合婦人会」(1931 年発足)，「大日本国防婦人会」(1932 年結成) などに組織されていた。この婦人会については，『須恵村の女たち』(御茶の水書房，1988) を著したエラ・ルーリイ・ウイスエルが，婦人会までが男性によって遂行され女性が発言していないことに驚き，次のように書いている。

「男の教師が，婦人会の決議を婦人たちによみあげた。彼が，『私たちは台所を清潔にきちんとします』という文を読んだとき，私はあまりのばかばかしさにあきれてしまった。婦人の組織が，国家主義的目的のために男たちによって結成され，発展させられていったのだ。部落レベルの単位の指導権が問題になるときでも，女たちは責任を拒絶しようとする。私は，この組織の如何なる総会においても女が演説したのを聞いたことがない。あらゆる組織作り，あらゆる決議，あらゆる取り決めが，男性によってなされる。女性はただ，命令を遂行するだけである。」*12

地域の女性の組織化と管理は男教師の役割となっていた。

(5) 占領期の女性校長擁立と撤退後の降格

1948・49年と民間情報教育局CIE（Civil Information and Education Section）の女子高等教育顧問だったヘレン・ホスプ・シーマンズが，占領体験を次のように綴っている。

「最初の仕事日に当惑させられる出来事はほかにもありました。和服に身をかためた紳士が扇子をあおぎながら，全国的な女性団体の設立の正式の許可を得るために訪ねてきました。彼が女性のための組織づくりをしていることに対して驚いている気持ちを伝えると，通訳を通してさらに驚くようなことをいうのです。『女性は自分たちで自分たちの組織づくりをする能力がありませんので…』。のちに，戦時中の男性，たいてい区の役人たちは組織をつくり，女性は強制的に参加させられていた，ということを知りました。組織運営に参加していた会員は全体の10%以下でした。組織の会費は区の男性の『ボス』によってひとつの会計に集められ，会費の報告などはありませんでした。」「文部省の代表のうち2人は，研修会の新奇さについて話をしました。『女性教育者が集まり，男性を介さずに女子学生の社会的適応や指導について討議するということは，日本教育史上かつてありませんでした』と強調しました。」*13

それまでの女性たちが組織作りや指導力発揮に関して無力な状況におかれていたことを知ることができる資料である。

1947年，戦後初の小学校女性校長が，各都府県GHQ軍政部の主に女性将校たちの積極的な働きかけにより，青森・岩手・福島・茨城・神奈川・石川・福井・奈良・和歌山・佐賀の各県に1人，東京・愛知・滋賀・山口・宮崎に各2人，新潟に3人，京都に4人，熊本に5人，三重に6人，計38人擁立された。

千葉県では，女性校長や指導主事を誕生させた人物としてホイットマンやブラウンの名前があげられる。その緊急ぶりは，組合推薦を受けた女性教員，有原松が校長から次のように説得されていることからもうかがえる。「『あなたがやってくれるなら，東金小から好きな人を何人連れて行ってもいいよ』と話してくれ，そして通勤の便を考えてやること，教頭は本人に選ばせること等を決議して，早速出張所長に申し入れたところ，快諾してくださり，県下2人目の婦人校長が誕生することになった」*14 というのである。1952年度までには，北海道・鳥取県・佐賀県・鹿児島県・長野県を除く41都府県（沖縄を含まず）で女性校長が誕生し117人となった。しかし，これをピークにGHQの撤退とともに減少に転じ，1962年度には81人となり，再び長い女性校長冬の時代を迎える。石川県では，戦後5人の校長が誕生したが，2・3年で全員教諭に降格された。女性校長第1号だった桑名貞子は，1950年小学校教諭へ降格された時，「突然のことで納得できないものがあった。『あなたは，能都町の人だから帰ってもらいます』が唯一の説明だった。理由らしい理由もなく，“汝の名は女なり”という言葉を悔し涙でかみしめた（略）一人の女校長の人事が，手の届かぬ男の世界で決められたという実感でもあった」と述懐している*15。同じく石川県の校長八木満喜が2年で教諭に降格されたことについて，その姪にあたる女性が「戦後戦地からの引きあげで男性教師が増え，女校長が押し出されてしまったようだ」*16と述べている。

GHQによる戦後の女性校長擁立に対する反感は，撤退後すぐに形となって表れたのである。高野良子は，女性校長登用の第Ⅰ期1946-1952年を誕生期（マッカーサー・プレゼント期）と呼び，第Ⅱ期1953-1964年を後退期と呼んでいる*17。女性教員にとっての「逆コース」は，GHQの撤退後の女性校長降格人事によって引き起こされた。

2. 日本教職員組合活動の概観

(1) 日教組活動の概観

次に日本教職員組合活動について，主に，文部科学省『教育委員会月報』（2012），厚生労働省『日本の労働組合』（2002）をもとに，ここに概観することとする。

日教組は，1947年に結成された各県の教職員組合等の連合組織で，教職員団体としては最大の組織である。文部省が教職員団体に加入する公立の小・中・高等学校などの教職員の割合を調査し始めた1958年には94.3％の高い組織率で，日教組は教職員総数の86.3％を占めていた*18が，2011年の組織率は40.2％，その内日教組組織率は，26.2％にまで減少している。教職員団体の組織率もその内の日教組の組織率も低下の一途をたどり，2003年以降，組合非加入者が過半数となっている*[19]。

日教組加入者総数は303,856人（2005年），歳入総額は，約29億7千万円（2002年一般会計）*[20]となっている。主な活動は，教育課題への取組み，労働運動，政治闘争，組織拡大があげられる。

日教組は1947年の誕生から80年代の冷戦構造の終わりまで，政府・文部省との対立構造の中でその存在意義を明確な形で主張してきた。勤評反対闘争（1957～1959年），教育課程反対闘争（1958年），全国一斉学力調査反対闘争（1961～1962年），中教審路線反対闘争（1971年～），主任制反対闘争（1975年～）など，国の教育政策に反対する運動を行い，1966年以降1985年まで「賃金の大幅な引き上げ，人事院勧告の完全実施」などを要求して，ほぼ毎年全国統一ストライキを実施した。

しかし，冷戦構造が終焉し，90年代に入り経済のグローバル化の進展とともに，労働組合運動は厳しい試練に立たされると同時に，いじめ不登校等の教育をめぐる深刻な問題の中で，文部省と日教組の対立構造も解消を迎える。1990年，日教組は「参加・提言・改革」のスローガンを打ち出し，現実路線に改める旨を標榜した。1994年，「日教組対文部省などという対立の構図は，55年体制が教育界にもたらした最大の不幸」であるとして，「文部省や教育委員会とともに社会的パートナーとして役割を発揮する」と発表した*[21]。1996年，「教師は労働者であり，人類社会の進歩は労働者を中心とした力によってのみ可能であり，教師は歴史的任務を達成すること」としていた『教師の倫理綱領』（1952）については，歴史的文書であり，運動方針・路線を拘束するものではないという統一見解を取りまとめた*[22]。

日教組の他団体への加盟状況は，国内的には，1950年に結成された反共，国際自由労連指向を基本理念とする日本労働組合総評議会（総評）に加盟している。これは，現在では，日本労働組合総連合会（連合）となっている。また，国際的には，世界教育団体総連合（WCOTP）に加盟していたが，WCOTPは，1993年に国際自由労連の教員専門部門である国際自由教員労組連盟と統一し，教育インターナショナル（EI）として新たに結成された。国際自由労連にも加

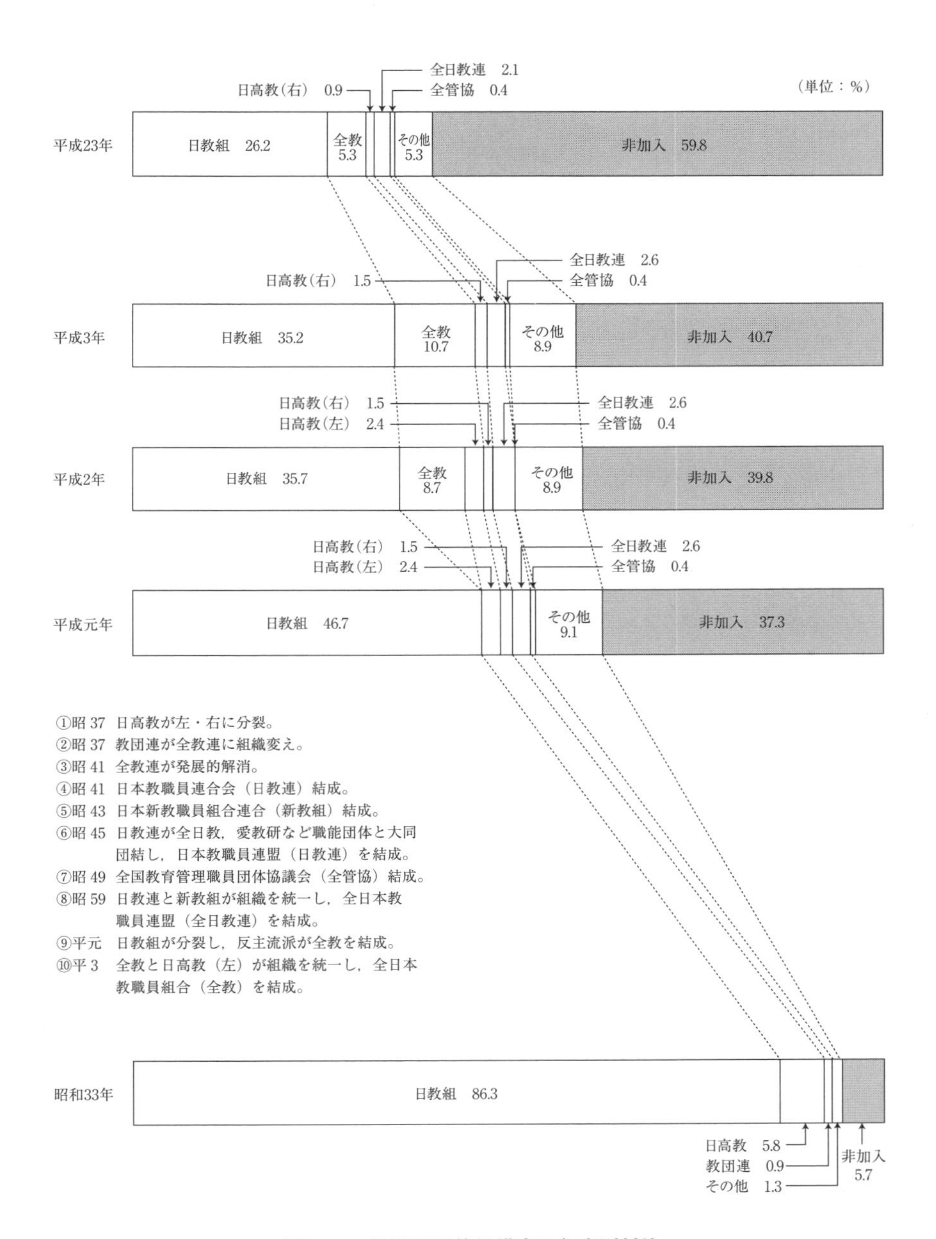

図1－1　教職員団体組織率の年度別対比

（出所）文部科学省『教育委員会月報』2012 年 1 月号，p.25 より抜粋

盟している。

1951年以降毎年，約1万人の参加による全国教育研究集会が開催され，全国教師の発表や発言記録が残されている。各都道府県の代表・選抜者の発言は，当時の学校・家庭・地域と教育全般をめぐる状況や教師たちの考え方を表している。全国教研での中央講師や各都道府県の大学研究者を中心とした地方講師が助言者となり，文部省や教育委員会の施策からは独立した助言や研究の方向を教師たちに示している。

(2)『新教育指針』(文部省，1946) と教員組合との関係

日教組の設立時のその性格と指導者については，当時の指導者が後年語っている言葉から知ることができる。

戦後直後，教員の多くは「教員組合」という言葉も知らなかった。初代婦人部長 高田なほ子は，1946年の出来事を次のように書いている。

「品川区の有力校長らが中心となって，各学校から中堅の教員が集められた。何のために集められたのか分からなかったが，40人程度の者で，女教師は私を含めて3人であった。ここで“教員組合”ということばをはじめて聞いた。『要するに従来の教育会を解散して組合という名前に変えるのだ』といった程度でしかなかった」*23（傍点は原文より）という。

実は，1946年5月に文部省から配られた『新教育指針』によって初めて教員組合の必要性が次のように示された。

「教員組合の健全な発達もまた教師の民主的な生活及び修養のために大切なことである」「それはただ教育者だけの幸福ではなく，国家のために大きな奉仕をすることになる」「民主主義が当然発達させる政党政治の中で，政党間の争いに教師が翻弄されることのないよう，教員組合は必要である」「教育の方向がゆがめられたり，教師の身分が不安定になったりするおそれがあったときには，教員組合はその団結の力をもって，教育の正しいありかたと，教師の身分の安定とを保障しなければならない。もとより教師といえども政治に関心をもつべきであり，かたよらぬ立場にありながら諸政党の動きには十分の注意をはらい，事に応じ機に臨んで，よいことはよいとしわるいことはわるいとする

有力な意見を述べ，政治を正しい方向に指導しなければならない」*[24]。

これを読んだ槇枝元文（元日教組委員長，1971-1983年）は，後年次のように回想している。

「1946年5月に文部省から配られた新教育指針という小さなパンフレットを職場で読んで，はじめてこれからの日本の教育はどうあるべきかを知りました。」「これからは，良き教師は良き組合員でなければならない，ということで皆が組合員になりました。だから，文部省の指導で，組合に入らなければいけないということを学んだわけです。」

当時は組合役員のなり手も多く，校長からも大事にされたという。さらに槇枝は，以下のようにつづける。

「与えられた労働組合だったから指導者が知識や経験がなくて指導できない。指導できるのは，戦前無産党なんかで投獄されていた人たちですね。その人達が戦後社会復帰し（釈放され）てナショナルセンター（産別会議）の指導者についたから。はじめから，労働運動は，社会主義社会を実現する運動の部隊という思想が入ってきた。だからすぐ社会党路線か共産党路線かという路線論争になったんですね」*[25]。

戦地から帰ってきた槇枝も戦時下の教育を担った高田らも，「教員組合」がどのように運動をするのかは手探りだった。その最初の手引き書が『新教育指針』であり，また社会主義路線へと巻き込まれていくことになる。

(3)『新教育指針』と日教組の「封建」言説

1947年に日教組が結成され，1951年に第1回日教組教育研究大会が開催された。『新教育指針』と日教組の発言の類似は，例えば第1回日教組教育研究大会（1951年）での岡三郎執行委員長挨拶の中にあらわれている。

「国家興亡の危機に際しては，われわれの教え子を戦場に送りその屍を南海の涯あるいは大陸の広野に埋めた結果われわれ敗戦の中から封建主義を一擲し，軍国主義を一擲して新たなる人間像を求めるために日本の民主主義を確立するために過去6年間闘って参ったわけでございます」。

ここには，侵略戦争であったという認識も，教育の戦争責任も表れていない。

民主主義の確立のためには「封建主義・軍国主義の一擲」が必要であることを述べている。過去6年間の闘いとは，当局に対する要求闘争と大衆に対する啓蒙宣伝闘争であった，という。すなわち，「戦前の封建主義から未だ完全に脱皮しきれなかった一般大衆の抵抗」*26 に対する闘争だったというのである。

「封建主義の一擲」は『新教育指針』序論の主題でもあった。『新教育指針』序論には，それを執筆した海後宗臣によって日本社会の多くの問題は戦争の原因も敗戦の原因も含めて日本人の封建性のせいであると説明づけられていた *27。文部省はこの封建残滓説を持ち続け，それは『期待される人間像』(中央教育審議会，1966) の中にも次のように現れている。

「由来日本人には，(略) 個人の自由と責任，個人の尊厳に対する自覚が乏しかった。日本の国家，社会，家庭において封建的残滓と呼ばれるものがみられるのもそのためである。」

1960年代になっても「日本・日本人」という一括した捉え方の中で封建残滓説は流れていた。

第2節　奥山えみ子の生い立ちと体験

奥山えみ子は，子ども時代，教師時代を台湾で過ごし，上述したような戦前・戦時下の帝国教育会や女教員会の働きかけを直接には受けていない。女教員会を引き継ぐ状況の中で，新たに婦人部に加わった数少ない教員のうちの一人である。では，どのように他の教員とは異なる経験をしてきたのだろうか。

1. 教員運動に接近するまでの体験

教員運動に接近するまでの奥山の生い立ちを見ておきたい。21年間，日教組女性部長としての教員運動に駆り立てるものは何だったのか，また専念することができたのはなぜだったのか，どのような意見に共感を示し，どのように運動方針を定めていったのか，こうした点を理解するうえで，奥山自身の生い立ちや体験は背景要素として重要である。奥山の多くの著述の中で，自身の生い立ちや家族関係，その中での体験をまとまった形で書き記したものはほとんどないため，その部分については奥山へのインタビューとした。インタビューの記録は奥山の確認を得ている。

(1) 台湾での成長

奥山は，1920年6月21日，尋常小学校教師である父内田清志と母恒子の間に7人きょうだいの長女として鹿児島県垂水で生まれた。6歳になった3月，父親の台湾新竹庁勤務にともない両親とともに台湾へ渡り，4月から日本人小学校1年生として入学した。

気候温暖な台湾は，果物をはじめ，米・野菜・サトウキビ等が豊富で，肉・魚・海産物も豊かだった。奥山の好物は，母が現地の人から作り方を教わったデンブで，豚肉の塊をゆでてすりこぎでつぶし味をつけたものだ。旧暦の正月に，台湾の人達からいただく甘い台湾餅もおいしかった。2，3日おきにお菓子屋の御用聞きが来ていたが，特に楽しみだったのが半月に1度，何段重ねにもなった色とりどりの菓子の見本を積んで，得意先を回ってくるお菓子屋さんだ。白米も砂糖も終戦までなくなることはなかった。米は年に2回収穫できるため，台湾だけでは消費し切れず，内地へも送り出していた。台湾に住む日本人の食生活を豊かにした農作業は，ほとんど現地の人たちだけで行われた。比較的自由で恵まれた生活をしていた奥山は，日本舞踊を習い，内地に憧れをもつ文学少女として育った。

小学校卒業後，新竹高等女学校に進み，3年生の3月には2泊3日の船旅で日本への修学旅行を体験した。下関に着いて，宮島，京都，日光までの20日間の旅は楽しいものだったが，翌々年には，戦争で船は通らなくなり修学旅行は停止された。父親は，戦局が進むと兼職が多くなり校長職も兼ねるようになっていた。

当時，働く女性は職業婦人と呼ばれ，経済的に困窮している家庭事情をもつ女性とみられていたが，教師は別で，母親も女性が手に職をもつことは必要だと考えていた。女学校4年の時，師範学校受験を志したが病気のため断念し，女学校を卒業したあと台湾新竹高女補習科教員養成コースに入学した。

1938年18歳で補修科を卒業後，教育実習に行った台湾人小学校（当時国民学校）に新任教員として赴任した。教員になった理由の一つには徴用にとられたくない，ということもあった。体育研究指定校として有名だったその学校は，毎朝，屋外で朝礼の後，大東亜行進曲や君が代行進曲，軍艦マーチ等に合わせて行進練習を行っていた。子どもたちに一糸乱れぬ行進を課し，どうしてもテンポの合わない子は引き出されて叱られていた。台湾人児童に日本人名への改名も行った。以下，奥山の語りからみていこう。

いうまでもなく，“植民地”台湾における日本人づくりの教育であった。そして私もまたその中の一人の教師であった。（3-⑩，1982，p.1）

20歳になった年に日本人小学校に転勤した。中国大陸での戦火が拡大し，さらに太平洋戦争へと突入していった頃である。台湾における陸・海・空の日本軍基地が増設され，日本内地から続々と兵士が送り込まれてきたため次第に品不足や物価の値上がりが始まった。

「聖戦」を信じ，「神国日本」は如何なることがあっても，戦争に負けることはないのだと思いこまされていた。そして，教壇に立つ身になってからは，更に次の世代にこれを引き継ぐ役割を担い，「お国の為，天皇陛下の為に，命を捧げることこそ，日本男子の名誉であり，誇りなのだ」と説き，「銃後の守りは大事な女の役割」と教えこむ教育者となっていた。幾度となく，教え子達を引きつれて，出征する若者たちを，日の丸の小旗を手に手に歓呼の声で見送る日常が続いた。
（1-⑱，2005，pp.196-197）

また，ここで空襲の恐怖を体験している。

激しい爆音とともに，すぐ向かいの校舎の屋根すれすれに，こちらに向かって急降下する敵機が眼に飛びこんできた。「あ，もう駄目だ」一瞬，私はそう思った。それは，ほんの数秒間の出来事だったけれど，敵機はまさしく私たちの壕の上を，耳なりのするような爆音で通り過ぎて行ったのである。私は敵機が去ってからも，しばらく子どもたちの背中にかぶさるようにうずくまって動けなかった。後で気がつくと，壕の内側の土壁に，銃弾が一発つきささっていた。あと何センチか，子どもの誰かが姿勢を高くしていたら…と思うと，ぞっとして身の毛のよだつような恐怖感を覚えた。そして，急に「こわい，こわい」と泣き出した子ども達が，私にすがりついてきた時は，皆無事でよかったと，思わず目頭が熱くなった。

（1-⑱，2005，p.198）

1944年，鹿児島市出身の職業軍人奥山と見合い結婚をして台南州台南市に移り住んだ。台南には憲兵隊本部があり，夫は憲兵将校でほとんど家にいることはなく，行き先も軍事上の機密でわからなかった。台南が絨毯爆撃されるようになり，両親がいる新竹のしばじい山に疎開したが，そこではマラリヤに罹る人もいた。敗戦の翌年1946年1月に女児を出産した。

(2) 引き揚げと夫の死

終戦後1946年4月，26歳の時，夫と生後100日の娘，実の両親とともに郷里鹿児島に引き揚げることになった。米国貨物船リバティ号の底を2段に仕切った中に入れられ，食事は配給でその都度夫がもらいに行く。ときどき男の動員がかかり，夫は体調が悪かったが無理をして参加していた。和歌山県の田辺に上陸したが港とはいえないような所で，上陸するとすぐに全員にDDT（殺虫剤）がかけられた。台湾では清潔で文化的な生活が送られていたためこれは屈辱に思えた。詰め込み列車で鹿児島に向かう途中，畑で働く農婦が日本人であることにも驚いた。農作業をするのは台湾人しか見たことがなかったからである。思い描いていた日本とは違うことを実感し始めた。

1945年12月までの定着者数をみると，すでに鹿児島県全体では，復員者約7万5千人，一般引揚者約16万8千人で，県民の7分の1に当たる人々が帰ってきていた。この人達の送金で県経済が支えられていたのであるが，耕すべき土地をもたない引揚者，家を焼かれた戦災者が露天商人となり鹿児島港の桟橋から駅にかけては屋台店が並んでいた*28。

鹿児島市上荒田の夫の家は焼失し，義母と義弟は知人である鹿児島大学教授の未亡人が住む屋敷の一部を借りて生活していた。そこに一緒に住むことになったが，食料不足の上に食事の作り方も好みも全く違っていた。ガスがないために薪をたく生活，手洗いの洗濯など，電気・ガスが利用でき食料が豊かでお手伝いさんのいる台湾での生活とはうって変わったものとなった。薪はリヤカーで買い出しに行く。その薪になかなか火がつかず，姑に「薪がたけない」と怒られた。夫を早く亡くし男子3人を育てた明治生まれの旧士族出身の姑は，鹿児島の生活を知らない嫁に厳しかった。たらいは家族用と自分用と別にすること，女物は日向に干さず家の裏に干すものだと言われた。

栄養失調で体調が良くならない息子のために，姑から「漁師の家に行って鯛をわけてもらってこい」と言われた。家を出たものの漁師の家もわからず，鹿児島弁もわからず，魚を手に入れることができないまま帰ってきた。「こっちの言葉もわからないような嫁じゃしょうがない」と罵られた。息子と嫁との扱いを全く異にし，男尊女卑を徹底する姑との生活は，これが「封建制」そのものなのだと思えた。後に婦人部は「封建の鉄鎖」と表現している。

夫は引き揚げの4カ月後，8月9日に死亡した。葬式に来た両親から実家に戻るよう勧められたが戻れなかった。しかしある日，両親のいる鹿屋に戻ろうと決心をした。奥山は次のように語った。

ここまでは話したくなかったんだけれど，本当は家出をした。娘を背負って夕方「ちょっと出かけてきます」と言って。姑は「子どもを置いて行け」と言ったんだけれど，「いいえ，ちょっと」と言って自分の財布だけ持ってあとは何も持たないで出てきた。

鹿屋の実家に戻るつもりで船着き場まで行ったんだけれど，垂水までの最後の蒸気船が出た後だった。もう戻るに戻れなくて，船着き場で一夜明かした。今みたいな物騒な時代じゃなくてよかったわ。

両親の家に戻って少しした頃，姑が実家に来て，家に戻るように言った。次に親戚の人が来た時，弟との再婚話をもってきた。そんなことが3回位あって断り続けたけど，とうとう最後に，娘は奥山の子だから引き渡すように，と言われ娘を連れて行かれた。育てることができなかった。（インタビュー，8-③，2006）

奥山は，以後，家族のことをほとんど語ることなく，一人で過ごした。84歳の今も「娘を取られたという思いは消えない」(2005年4月19日電話）という。奥山にとって，戦争，「封建制」，女性の自立が終生のテーマとなる。

(3) 教職復帰と県教組運動

奥山は教員として自立することを決めた。鹿児島県では，戦後最初の教職員人事異動が1946年2月1日に発表されたが，当時の新聞に次のような投書がのるほど人事面での刷新は乏しかった。

「今回の人事をもつて軍国主義を一掃して民主々義教育の第一歩をふみだしたというが，今まで軍国主義指導の第一線にたつて地方の校長，教員，生徒に号令し，まるで奴隷のように扱つた視学官，視学，教育主事がお手盛りで，地方の食糧事情のよい大きな学校や焼けない学校にいくとは，余りにずうずうしい」(鹿児島日報よろん欄，1946年2月)*[29]。

奥山は，1947年，新制中学校発足と同時に垂水中学校の国語教師となり，翌48年に鹿屋中学校へ転勤した。この年に，鹿児島県教職員組合が結成され，奥山は推薦されて鹿屋市教組婦人部副部長となり，1949年には部長となった。GHQからの「組合促進」の命令を受けた教育会や校長会の承認もあった。この年，それまでの教育会長が組合長を兼ねていたが，「教育会は発展的に解散する」ことが決議され(『県教育会報』第14号，1949年)，全教職員は組合一本にまとまることになった*[30]。

奥山が2年間の教員生活の後にすぐ市教組婦人部長になった理由として，「発言をした」ことがあげられる。

> 鹿児島県の組合をつくろうというとき，伊地知さん—県教組初代の部長になった人だけど，彼女が呼びかけに来ました。鹿屋市で女の先生がみんな集まって，「婦人部とはどういうものですか」「そんなのだったらいっぱい私たち課題があるじゃない」，それこそさっきのお話じゃないけど，発言したばかりに，「おまえさん部長になれ」と，鹿屋市の部長にされた。(笑)　(2-⑨，1977，p.29)

当時，女性が「発言する」ことは珍しいことだった。GHQは，組合支援，女性支援として，「女性も発言し，男性は女性の発言を聞く」ことを指導していた*[31]。奥山が他の女性たちと異なり「発言できた」のは，戦前・戦時下を日本で過ごしていなかったことも考えられるが，組合運動に期待するものがあったことも考えられる。

この頃奥山は，労働省から派遣されていた鹿児島県初代婦人少年室長の宮崎たかゐと出会った。米国留学の経験のある宮崎は，軍政部のメアリー・キング・クリッチェル補佐官と行動をともにし，婦人団体の組織や運営を支援していた。民主婦人団体連絡協議会が月2回，キングを中心に軍政部で開かれていたが，鹿屋市教組婦人部の結成期にいた奥山も参加して彼女らの話を聞く機会があった。宮崎の歯切れのいい標準語に鹿児島弁が苦手な奥山は親近感を覚えた。翌1950年，奥山は，29歳で2代目の鹿児島県教組執行部専従婦人部長に就任したことにより，一層行政側の宮崎とよく接するようになった。

県教組婦人部は女性組合員約4千人を組織していた。奥山はその婦人部運動として，女性役割とされているお茶くみ問題や日直問題，早期馘首の問題に取り組んだ。女性教員が40歳前後になると高給であるとか夫がいることを理由に退職が迫られていた。1952年3月，県予算削減に伴う教職員700名を上回る大量馘首が行われたが，女性がその7割を占めた。また，妊娠で退職が迫られた例があったため，1954年には産休補助教員制度を求め，完全実施を達成した＊32。

一方，婦人少年室長の宮崎は，鹿児島県での売春禁止法制定促進運動の中心となっていった。敗戦直後，占領軍向けに女性が集められるなど買売春は必要悪と考えられていた頃で，主体的な婦人団体の組織も弱く，女児の人身売買や赤線・青線での買売春などの横行にも機敏に対応できないでいた。女子高校生が巻き込まれた松元事件も発生していたが，当時の奥山ら婦人部は買売春問題には大きな関心を向けていなかった。奥山が宮崎の業績に注目したのは約30年後の1985年，宮崎の追悼集が発行された時である。当時の新聞に発表された買売春問題についての宮崎の文章を，奥山は赤ペンを入れながら読み，「性の自立」というメモを入れていた。これはちょうど「性の自立」教育を模索していた頃である。

鹿児島県の専従婦人部長であることが全国的な活動への道を開き，1950年，まだ大空襲の影響の残る東京へ初めて出かけて行った。47年の日教組結成大会で「中央委員に婦人一名以上ふくめる」という規約が原案賛成571票，反対282票で可決され，女性教員の代表が中央委員会に各県から1名以上出席することが決定されたからである。年1回の定期大会と時には臨時大会があり，中央委員会は年4回程度ある。奥山は50年から54年まで婦人部九州ブロックの代表にもなっていた。54年に一旦専従婦人部長をやめ，谷山中学校に赴任したことがあった。その頃，偶然自分の娘を見かけた。

> 鹿児島県教組専従となって鹿児島教育会館の近くに住んでいた時，義母が娘（6歳頃）を連れて本部に来たことがあった。「こんなに大きくなったよ。帰ってきなさい」と言われたが，そんな気持ちにはなれなかった。
> 谷山中に勤務していた頃，乗っていた電車の中に偶然娘（10歳頃）がいた。私の顔を覚えていたみたいで，一緒にいた友達に「お母さん，お母さん」と言っているのが聞こえた。でも，友達と一緒に電車から降りて行ってしまった。
> （インタビュー，8-③，2006）

わが子ではあっても連れて帰ることはできず，どうすることもできなかった。奥山は以後，娘に会うことはなく，1960年39歳の時に，宮之原貞光に勧められ日教組婦人部執行委員に立候補し，当選して上京した。以後62歳までの23年間を東京で過ごすことになる。

同じく鹿児島県出身の宮之原は，日教組の中でベース改訂・越年資金要求でハンスト（1949年）の中心となるなど，早くから頭角を現していた。50年代後半から勤評反対・安保反対の運動が盛り上がり，連日のようにデモや集会が開催されている。他の婦人運動も国内外で活発となり，母親大会や世界婦人集会が開催されて，日教組婦人部として活動に没頭できる人材が必要であった。そんな折，39歳の奥山に上京が勧められたのである。

> 宮之原さんは，日教組書記長だった。この時はね。社共対立の中で主流派の数を増やしたい，出身の同じ人を婦人部に入れたい，というのもあったと思う。それが大きかったんじゃないかな。中央へ行くと，県教組とは違ってみんな弁が立つ。賃上げなど当面する課題に対して，理論と根拠をもって要求を構築していく。まばゆく感じた。感心して聞いていた。運動を進めるには，理論化が必要だということを選出大会に行って知った。　（インタビュー，8-③，2006）

要求と根拠を明確にした理論化と納得による行動は，不条理な「封建性」の前で何も言えなかった奥山を救い，生きる道を開くように思えた。

(4) 日教組婦人部長に

1960年6月の定期大会で婦人部副部長になり，2年後，婦人部長としての21年間が始まることになる。部長と2名の副部長は専従で2年ごとに改選される。その度に，奥山の対立候補が反主流派から立てられたが，次第に候補が立たなくなってきた。

奥山が婦人部長をしていた間，日教組の委員長は前半10年間は宮之原貞光（1963～1971年）が，後半10年間は槙枝元文（1972～1984年）が就任している。

> 東京に出てきてすぐに北海道出張もあった。定期大会後そのまま安保闘争のデモに参加したり，労働運動だけでなくなってきた。連日学生デモもあり，樺美智子さんが死亡した年ね。婦人部長会の議案書作成では慣れない表現に戸惑った。意気高揚する時代に，闘う組織の中で成長したと思う。「どうして先生が労働者なの」と思っていたような自分だった。マルクスの『資本論』も読み始めたのよ。
>
> （インタビュー，8-③，2006）

2. 奥山と婦人部の状況

(1) 奥山と『新教育指針』

奥山は，文部省の『新教育指針』(1946) を真剣に受け止めていたことを筆者に語った*33。インタビューの初日に，奥山は，「『新教育指針』は読んだことある？」と筆者に確認した。奥山が『新教育指針』の中で最も注目したのが，「第1部後篇　新日本教育の重点」の中の「第3章 女子教育の向上」であったからである。これが奥山の運動の原点であった。第3章は，次のような5節で構成されている。

> 『新教育指針』（文部省，1946年5月）　第1部後篇　新日本教育の重点
>
> 第3章 女子教育の向上
>
> 1. なぜ女子教育を向上させなければならないか

2. 何が女子教育の向上をさまたげていたか
3. 女子教育は何をめあてとすべきか
4. どんな点に力を入れるべきか (1) 個人的社会的責任に対する教育
(2) 科学教育
(3) 経済教育
(4) 女子の劣等感をなくすること
5. 女教師はどんな重い責任を負うているか

(出所)「戦後日本教育史料集成」編集委員会『戦後日本教育史料集成』第1巻，三一書房，1982，pp.170-174.

第3章の各節の内容は，1. 民主的日本をつくるために女子教育を向上させなければならないこと，2. 女子教育の向上をさまたげているのは封建的な家族制度であること，3. 女子教育のめあては女子を個人として国民として育てること，4. そのための力点，5. 女教師の地位を高めることがすべての女子の地位向上のために重大であること，を述べている。3章全体が，女子と女性教師への期待と励ましを示し，自立を促すものであったが，性特性論と母性主義に基づいており，封建制が残っているという考え方や階級論も含まれていた。

この『新教育指針』「第3章　女子教育の向上」は，戦後，厚生省社会局に勤務していた伊福部敬子が執筆分担した箇所である＊34。伊福部敬子とはどういう人物であろうか。「女子教育の向上」の内容と伊福部敬子の考え方とを見比べてみる。

①「第3章　女子教育の向上」の中の性特性論と母性主義

「元来，男子と女子は本質的にちがったものを多分にもっている」

「だから女子の特質を生かすことももとより大切である」

「教育という仕事は女子の特色を活かすのに最もふさわしい仕事である」

「家庭の教育において，母が一ばん大切な役目を負うのも，女子が本来子供を育てることを使命とし，そのために必要な多くの性質や能力をそなえているからである。」

「温かな愛情，犠牲的精神，ゆきとどいた心づかい，強い忍耐力など」

「子供を育てる使命」という表現と，そのための母性の強調がみられる。

伊福部は，『母の世紀の序』（萠文社，1940），『母性の歴史』（新踏社，1942）を著した評論家である。『母の世紀の序』では，戦時の女性の役割を，出産・育児から高潔・貞操についてまで述べている。「明日を育て，次代をつくるものは母である。母性的建設，これこそが今日の社会の理想である」とし，戦時こそ母性は尊重せられる，という。なぜなら，次代の育成教育も生産動員も母の力に委ねられるのだから，母性尊重，母性保護が重要である，という*35。

『母性の歴史』は，その冒頭に「大東亜日本を育てるは今日の母以外にはない」とし，「代々の母の愛と努力の歴史」を示したものである。伊福部は，この『母性の歴史』を紀元2600年児童愛護記念講演会（大阪朝日新聞社社会事業団・大阪府共催）で講演している*36。

同様の内容で，1942年，文部省『指導要項―母性訓』が出され，皇國の子を育てる母の自覚が示されている*37。「子供を育てる使命」や母性が戦時に強調されていた。

② 伊福部敬子と階級論

さらに，第3章には封建残滓説と階級論が次のように述べられている。

「2. 何が女子教育の向上をさまたげていたか」の中に次の文章がある。

「それは一言でいえば，今なお国民の間に根強く残っている封建的な心持ちであり，制度である。封建的制度から民主主義に至る道程は長いものであろうが，婦人の地位を改善することは，民主主義の実現にとって，最も具体的な道である。日本の家族制度は封建制度の古い残りで，家をもって生活の単位とし，個人は家に属し家のために拘束せられる」*38

「日本においては，これまでは性の区別は明らかに階級の差別であった」*39

ここで，「封建的制度から民主主義に至る道程」があること，「階級の差別」があることが示されている。“根強く残っている封建的な心持ちや制度”が問題の根源であるとすることによって問題は江戸時代以前に向けられ，近代国家による女性の法的無能力化は議論されない。

また，この「階級」という言葉が意味するものは何なのかが明確ではない。

男女の身分差に基づく主従関係を意味しているのか，マルクスがいう経済関係を男女間で意味しているのか，その両者なのか明確ではない。経済関係であるとすると，価値を生む労働役割の夫と，経済価値を生まない家事役割の妻という関係が主従関係を生み，それが階級差別となっている，という捉え方が成り立つ。

伊福部自身は，性差別をどのように考えていたのか。『母性の歴史』の中で次のように述べている。「男尊女卑の思想が，権力との双生児であることを記憶して頂きたい」として，「権力と男女の差等は私有財産の発達の中で一緒に生まれたもの」，「たとえば，近代の産業革命後の資本主義の発達の中で，ブルジョアにプロレタリアとが双生児として生まれたのと同様」*40 と述べている。

「階級」については，『母性の歴史』の中で，「襠裲をきる女の階級」という表現があるが，「うちかけを着るような身分の女」という意味で「階級」は「身分」を指す。他にも「貴族階級」「宮廷婦人の階級」「庶民階級」「上流不労階級」「下層階級」「遊女階級」という表現を頻繁に使ってる。

伊福部は，戦前，『婦人運動』『女人芸術』『婦人戦線』にも文章を発表していた。『青鞜』の創刊に関わった生田長江に師事したことから，平塚らいてう，与謝野晶子，山川菊栄らの文章にもふれ，母性を主張したエレン・ケイの考えをめぐっての与謝野晶子と平塚らいてうとの「母性保護論争」も身近にあったと推測できる。

長谷川時雨が創刊した『女人芸術』には，神近市子・平林たい子などの社会主義論者がいた。『女人芸術』創刊号（1929）は，神近市子の「婦人と無産政党」，山川菊栄の「フェミニズムの検討」が飾っている。神近は，『女人芸術』の別冊付録『女人大衆』に10回連載した「婦人と社会主義」の中で，「社会に階級の支配が始まってから，婦人の地位と権威とは急に落ちてしまひました。」「男が私有財産を蓄え経済的の力を持つやうになると，自然とその二つを自分の家族の間に残して置きたくて，それを自分の妻の家族の者に奪われることを喜ばなくなりました。」と述べている。神近の女性解放思想は，「階級の対立を認めずに婦人といふ『性』による団結を提称（ママ）することは，階級闘争の前に性闘争を行はうとする態度であつて，何れもブルジョア自由思想の残肴にすぎず，杜撰極まる提称(ママ)である」(「総選挙に婦人はいかに行為したか」1928)＊41が端的に示すように，平塚らいてうによる婦人参政権獲得運動のような「性による団結」ではなくまず階級闘争を，という考え方である。

山川菊栄も同様に，「女権運動や参政権運動に奔ることなしに，労働運動に来たり投ぜんことを切望して已まない」(「本邦婦人問題の前途」1919)＊42というように，女性の「社会的階級的自覚」と「労働運動への合体」を説く。

同じく『女人芸術』に原稿を寄せていた作家 吉屋信子は，1936年，読売新聞に『女の階級』を連載している。「女性は，常に何ものかに隷属される運命を持つ，被支配階級に生涯生きるわけです。(略)先天的に運命づけられた，悲しき女の階級よ！」という吉屋の言葉がある＊43。家父長制社会の男女の関係を「階級」関係と表現している。

「女は階級である」従って，「女性差別は階級差別である」という言説は，伊福部の周りにかなりあったと考えられる。伊福部の中では，母性主義・戦争翼賛と，封建残滓説・階級論・社会主義思想とが併存していたといえる。

③ 田中耕太郎による「階級」の使用

『新教育指針』の中で伊福部と同様に「階級」用語の使用者がもう一人いる。田中耕太郎である。「階級」という言葉は，「第２章　軍国主義及び極端な国家主義の除去」および「第５章　民主主義の徹底」の中でも多用されているが，その執筆に当たったのは田中耕太郎である＊44。田中は，第２章で古代から近代までの身分の上下関係を，貴族階級・武士階級というように「階級」で表現した。また，第一次世界大戦以後について，「資本主義経済下の勤労階級」と表現している。

第５章では，民主主義の定義の中で「階級」という言葉を使用した。

「民主主義は支配階級とか特権階級とか呼ばれるような一部の人々の利益のために多数の人民が不幸にされる政治ではなく，国民全体の幸福をはかることを目的とする政治である。」

また，民主化すべき点の一つとして「階級や『閥』やかたよった『型』をなくすること」とした。また差別に関わっては，「階級や職業の差別」「国民の間に階級の差別や貧富の甚だしいへだたり」があるとした。

田中は，当時，東京帝国大学教授で文部省学校教育局長を兼ねていた。1946年5月に文相に就任している。田中は，1932年の『改造』所載の最も古い論文「現代の思想的アナーキーと其の原因の検討」以来，マルキシズムの興隆を危惧し，根本的対策としてマルキシズムの根絶と日本の思想体系樹立のための「思想研究所」の設置を歓迎している*45。戦後まで一貫してマルキシズムやファシズムを批判した*46田中が，なぜ，『新教育指針』の中で「階級」という用語を多用したのだろうか。

1930年代のアカデミズムの主流となっていた実証主義派に加えて，マルクス主義，国粋主義という，それぞれ異なる歴史観をもつ三つのグループが対抗しつつも，互いに補完しあい癒着する局面をもっていた，と成田龍一は指摘する。成田は，特にマルクス主義の歴史観に立つ羽仁五郎らを中心とする講座派からの強い批判が影響を与えていたことを指摘している。講座派は，唯物史観によって歴史事象を説明し，これまでの「国史」は経済的な面からの叙述が不充分である，と強く批判していた*47。講座派は，日本資本主義を軍事的・半封建的資本主義と規定し労農派との間に戦後も資本主義論争（後期封建論争）を展開したが，しばらくして消滅している。

「階級」という用語の使用は，アカデミズムの中においても歴史的経済的批判や主張とともに広がっていた。

文部省の『新教育指針』の中には，序章を担当した海後宗臣による封建残滓説と田中耕太郎・伊福部敬子による階級論があり，それが階級という生産関係を変えるための闘い（階級闘争）によって，階級のない社会主義社会という理想に向かう必要があることを示したと受け取ることができる。さらに，第3章の「性の区別は明らかに階級の差別であった」という記述によって，社会主義婦人解放論が示唆されたといえる。これは，F・エンゲルス（Engels, Friedrich），A・ベーベル（Bebel, August），C・ツェトキン（Zetkin, Clara）によって表明された「『女性の問題』は階級問題の一部である」というマルクス主義者の立場と同一であった。

『新教育指針』が，教職員組合の社会主義路線上の階級闘争を誘導したということは充分考えられることである。日教組は，『教師の倫理綱領』(1952 年) の中で，「教師は労働者であり，人類社会の進歩は労働者を中心とした力によってのみ可能であり，教師は歴史的任務を達成すること」を明確にし，労働者階級による社会主義運動という方向に向かって行った。

④ 奥山と『新教育指針』

奥山は，論文や発言，インタビューの中でたびたびこの『新教育指針』第 3 章の文章を紹介している。

> 文部省が戦後出した新教育指針のなかに，「これまで（戦前）の男と女との関係は階級差別であった」という言葉があります。だから，階級差別が主従という形で一軒の家に入り込んで，夫と妻の関係をつくりだしていた。　(1-⑮, 1993, p.21)

『新教育指針』「第 3 章　女子教育の向上」は，男女の主従関係は封建制の残滓であり，階級差別であると表現していたそのままを，奥山は受け入れている。1978 年，WCOTP 全体会議という国際会議の場でも，次のように同様の発言をしている。

> 日本では，第二次世界大戦の頃までは，男女のちがいは階級差別という思想が支配的であったし，それと同時に，「男は社会，女は家庭」という考え方が固定化してきている。　(7-②, 1978, p.59)

こうして日教組の中に，封建残滓説と階級概念による社会主義運動論が導入され，さらに婦人部には社会主義婦人解放論が誘導されたといえる。すなわち，女性問題は，生産関係や階級関係の問題であり，資本主義を打倒する中で解決される，とするのである。

文部省と日教組によって主張された封建残滓説すなわち「封建制が残っている」という考え方は，女性差別の根源を近代より前の過去に置き，階級論はその解決を未来にすなわち「社会主義社会」に先送りした。そして母性主義は現在の男女の役割の違いを強調することになったのである。

(2) 婦人部の位置

戦前の女教員会は，帝国教育会の下部組織として男性を会長としていたが，実質的には石川ふさ・木内キヤウらが運営していた。しかし，母性の強調と女性の役割を主張した戦争翼賛は賞賛を得たが，それに乗じた女性の待遇改善要求に関わる発言はすぐに封じられている。女性組織もそのリーダーも，その発言次第でいつでもすぐに退かせることができるような位置に置かれていた。産前産後休養など女性の問題を扱う女性組織として女教員会の存在は認められていたものの，ジェンダー関係の改善が要求されるようになると，男性から警戒と干渉が起き，望ましくない女性リーダーを排除することができるシステムになっていた。

日教組も組織の長と執行部は男性が占め，その下に女性部を置くことにより女性の組織と運動は男性のコントロール下におかれていた。そのような中で，女性運動の独自性は，例えば出産や育児に関わる休暇のように女性の身体特性や女性役割に関わるものに限られ，しかも，そうした課題には男性は関心を示さず運動の主流としない軽視があった。初期婦人部の活動を初めてまとめた『日教組婦人部30年史』(1977) の「刊行にあたって」の中で，当時の執行委員長 槙枝元文は次のように述べている。

「日教組結成直後，日教組は全体として6・3制完全実施，飢餓賃金からの脱出など鋭い闘争を組織しましたが，婦人部のみなさんはこれらの諸闘争をたたかうと同時に，賃金の男女差の撤廃，産休法の確立など独自闘争を強化し，大きな成果をあげました。」(下線は引用者)

男女共通の闘争と女性の「独自闘争」があるとしている。賃金格差や妊娠・出産に関わる休暇は女性独自の問題であり，運動も独自のものだとされている。しかし，「独自性」は認めても，女性の組織の「自立性」を認めるものではなく，教職員組合の中での女性の組織と運動の「自立性」は長く課題となっていく。

(3) 「対男性闘争」の自覚と利害対立

日教組婦人部は，1947年の日教組結成翌日の婦人部結成大会で設立された。

この時のスローガンは,「1. 婦人の解放は経済の独立から, 1. 愛の教育を婦人の手で, 1. 一切の男女差別待遇の撤廃, 1. 働く母性を護れ, 1. 封建の鉄鎖を自らの手で断ち切れ, 1. 六三制の完全実施」であった。

当時, 組合組織における女性参画も, 賃金の男女差撤廃に関してもまず男性組合員の反対にあい, 男性が敵となってしまうという様相があった。規約に「中央委員に女性を1名以上加える」という規定を入れるべきだとする婦人部の要求に対して, 愛媛県石井一朝代表が, 腕をまくりあげて「このバカヤロー, 女のくせに生意気いうな」とつめよるなどの場面がいくつかあったという。しかし, 賛成571票, 反対282票で女性の代表が中央委員会に1名以上各県から出席することが決定された。これによって, 鹿児島県教組婦人部長となった奥山と中央との関わりが生まれ, 高田なほ子らと出会うことになる。県教組内部でも, 男性による威嚇・暴言は, 女性が発言しようとする際に頻繁に起きている。1948年, 鹿児島教組婦人部結成時についても,「『おなごのくせに議長！議長！と云って…もっとおとなしく女らしく…』とは幾度か聞いた事である」*[48]という記録がある。

賃金の男女差撤廃に関しても,「男女に差があるのは当たり前のことではないか」という男性側からの攻撃が特に障害になっていたという。婦人部から日教組中央執行委員会へ要望書を提出し, ようやく1947年差別賃金撤廃に向けた運動が日教組として行われるようになる。日教組婦人部30年史は,「男女差撤廃闘争を振りかえってみるに, とくにその障害になった点は, 社会的背景を除外していえば, 男性教師側からの激しい攻撃であった。男性の封建的感覚がそれである。女性と同列になることはプライドから許せないという感情論である」と記している。

教員の男女差賃金撤廃は, 従来, 教職員運動の成果のように言われてきたが, 上記のような反感が広汎にあったことを考えると, 平等取扱いの原則をもつ公務員制度の導入によって進展したものと考える方が自然である*[49]。

初代婦人部長の高田なほ子は,「あの初期闘争のころには, 婦人部の提案のたびごとに激しくわたり合い, “男どもの反動性こそ敵の本質だ” などと本気になっていきまいた」と30年史に記しているが, 奥山えみ子の回想によると,その30年史の作成も槙枝委員長に反対されたという。「日教組30年史があるからいい，一専門部の30年史はいらない」というのであるが「屈しなかった」と奥山はいう。しかし，婦人部30年史が完成すると，反対していたはずの槙枝委員長の文章「刊行にあたって」が冒頭におかれることになる。女性の活動の代表が男性リーダーの名前になってしまうことから，女性運動の主体性が不明瞭になってしまうという陥穽がここにある。編集委員長であった高田なほ子の文章「はじめに」は槙枝委員長の次におかれているが，二人の文章の内容は，その思い入れの深さに大きな差が表れている。

初期の婦人部長たちには，女性の参画を快く思わない男性に対する「対男性闘争」が不可避であった。

> 私は60年に婦人部に出てきたのですけれども，それまで本部の執行委員をなさった先輩の女性たちは，「奥山さん，あなたは対男性闘争ってわかっているの？執行委員会でどのくらい抵抗しているの？」って，私は面と向かって怒られたこともあるの。対男性闘争という時代があったことは事実ですね。（4-②，2002，p.66）

本部に限らず各地の執行部にも，組合結成期や選挙候補選出時の女性参画の動きを威嚇や罵声で阻止しようとする傾向があった。中央委員にあるいは議長団に女性を加えるという要望に対して，「女なんか台所に引っ込んでいろ」「それほど男と対等になりたかったら，屋根にでものぼって仕事をしてみろ」といった暴言がとばされた*50。このような言葉が婦人部30年史に記録されるほど，組合結成時から1950年代まで男性から女性に対する威嚇や暴言が教職員組合という「民主的」な場でも起きていた。組合組織確立期に起きた従来のジェンダー秩序の変更を迫る女性教員の動きに対して，バックラッシュが起きていたことがわかる。

婦人部の草分けの人達には，私が闘士型に見えなかったらしい。神戸から来ていた人に本当に叱られた。高田さんは，自分の経験をざっくばらんに話す人だった。「パンクするまで出てほしい」という校長の命令で，とうとう出産予定日の帰り道に雪の中で陣痛が起きて涙が止まらなかった，と話していた。労働運動に誇りをもっていた。母性保護運動の課題ごとに夢中になって，成功させることに一生懸命だった。

主流・反主流の対立が激しかったころ，参議院の高田さんを訪問して相談したことがあった。「反論する人の意見も聞く。部長になったら清濁併せのむ」と言われた。高田さんや千葉さんに人生の歩き方を教わった。

（インタビュー，8-③，2006）

高田は，退職後の1966年，退職婦人教員に呼びかけて「退職婦人教職員全国連絡協議会（退婦教）」を結成し日教組の支援活動を続けた。高田はこれについて，「日教組運動を周囲から支えるんだ。退職した婦人教師たちは，権力指向型の男性教師と違って，いつまでも日教組を大切に思っている」*51 と語り，実際に槙枝委員長や奥山を頻繁に訪れ激励している。高田や千葉千代世（2代目婦人部長）の存在は，奥山が女性運動の激動期である1960・70年代を婦人部長として在職することを可能にした要因の一つといえる。

奥山は「闘士型」という言葉を使ったが，組合運動は「闘争」であり，そのリーダーは「闘士型」であることが望ましいとされていた。しかしその「闘士型」とはいったいどういうものなのだろうか。例えば，日教組書記長として宮之原貞光を送り出した鹿児島県教組は，宮之原の人物評を，「柔道5段23貫の体力にめぐまれた」「こわい存在」「言行一致の斗い」「信頼できる男 明日から役立つ男」と綴っている*52。ここには，「闘い」と伝統的男性イメージがあるが，どこに向けられるどのような「闘い」が想定されていたのであろうか。

例えば，1952年の婦人教員研究協議会における森昭の講評をみると，「資本主義の打倒」「政治的，社会的，経済的機構との闘い」「資本主義擁護の政治・政府を倒す」等の表現が使われている。戦後の労働組合の「闘い」には，団結権，団体交渉権，団体行動権（争議権）の中で行われる各種大会の開催・団体交渉・示威行動・選挙運動・署名運動等があるが，さらに「資本主義の打倒」「政府を倒す」という表現が暴力的な運動の想定も生み出していたといえる。大会や行動時の呼びかけや説得だけでなく，威嚇や罵声，怒号等が組合文化となっていた。この「闘い」と「闘士型」イメージによって教職員組合には，男性をリーダーとする男性組織という性格づけが当初からあったといえる。

(4) 各都道府県支部の婦人部の状況

各都道府県支部の婦人部は，中央婦人部にみられたような対男性闘争の意気込みは弱く，それぞれに異なった特徴がみられる。

北海道では，初代婦人部長に男性（高等女学校教員）が就き，組合10年史には女性の名前はほとんど出てこない。青森県では，組合の中で女性役割を献身的に行う女性教員の姿が記録されている。「組合運動の盛んな学校で，山口春江が授業の合間に炊事を担当して苦労した」「炊事関係においても，七戸校の女教員の献身的な協力が得られた」「2・1ストでは，婦人部は裏方として兵たん部を担当し食事を賄った」など，女性役割が婦人部に期待され，それに懸命に応えている女性の姿がある。

一方，富山県婦人部では，女性校長や指導主事の登用など人事上の地位向上を最重点にして要望を続けていることが特徴的である。

東京都や千葉県など都市部の婦人部と比較して，地方の支部では婦人部の活動はそれぞれ異なる様相を呈していた。

第３節　報告された問題，示唆された解決の方向

鹿児島教職員組合専従婦人部長になり，規約により日教組中央委員ともなった奥山にとって最初の大きな仕事が，1952年の第１回全国婦人教員研究協議会に向けた準備と当日の議長役割である。大阪中之島公会堂に全国から集まった約３千人の女性教員たちにとって，初めて率直に自分たちの抱える問題を吐き出すことができる会である。1954年まで婦研協は３回開催され，その後は，「母と女教師の会」へと解消されている。

第２回全国婦人教員研究協議会（1953年）
（出所）『日教組婦人部三十年史』労働教育センター，1977年

50年代には，奥山自身の記

述はほとんど何も残されていないが，後の集会等での講演記録では頻繁にこの婦研協が紹介され，回想記録も多い。奥山は，第1回婦研協では，議長団の一人に，第3回では婦研協の解消と「母と女教師の会」への移行を宣言するアピール文を読むなど開催実行側の立場で活動している。第2回は，奥山は参加せず，発表資料作成を行い，代表を送った。

1950年代は，戦後の改革以後，占領軍の撤退により日本が独り立ちした時期であり，女性たちの発言から戦後教育を開始した教職員の実像がみえてくる。

1．「全国婦人教員研究協議会」開催経緯と内容

(1) 発言記録をもつ戦後最初で最大の女性集会

女性教員は，戦後の「家庭に帰れ」政策の中でも比較的職場に残り，当時の日教組は24万人の女性を組織した。1951年から日教組教研が始まったが，第1回大会に女性の参加が6.6%と少なかったこともあり，1952年，婦研協が開催された。1952・53・54年の3回開催され，沖縄を含む全国から毎回約2・3千人の幼・小・中・高校の女性教員が集まり，当時の職場（学校）での差別や家庭・地域での諸問題について討議した。第1回記録70ページ，第2回記録98ページ，第3回記録159ページという量にのぼっている。28人の発表と延べ約400人の発言，講師である森昭，宗像誠也，丸岡秀子，山川菊栄らの講評が記録されている。ここではどのような問題と原因，解決の方向が示されていたのだろうか。

婦研協そのものについて論じた研究はほとんど無かったが，近年，河上婦志子の研究が発表された。河上によると，婦研協は，戦後の「女は家庭に帰れ」の動きと，女性教師を活用しようとする日教組の政治的意図が交錯していた時期に偶発的に誕生したもので，そのために，職場改善をめぐる議論が展開されたものの短命で終わった，としている*53。事実経過の記録は，『日教組婦人部30年史』（1977）が比較的詳細である。大阪教職員組合婦人部長の経歴をもつ宮本英子*54が，開催経過をまとめているのがみられるが，発言内容の分析にま

では踏み込んでいない。戦後最初の大規模な女性集会の発言記録は，注目に値する。

(2) 男女別の研究協議会

職員団体の主たる目的が，「勤務条件の維持改善」であることが明文化されたのは1965年のことであり，結社の自由と団結権の保護に関するILO第87号条約批准に伴う関係国内法の改正（昭40法71）による。教職員団体が行う教育研究活動は，主たる目的以外の付帯的諸活動に入ることとなった。

日教組はそれ以前にすでに目的をもって結成され，その目的は階級概念をもつ政治的なものであった。さらにWOTP加盟と同時に教育研究を行う職能団体としての性格をもつこととなった。

日教組の教育研究大会の基本方針が1951年第1回大会で以下のように述べられている。第1に，働く者の解放のための教育文化の建設を目標とすること。第2に，協力的，組織的，かつ自主的な教育研究活動を発展させること。第3に，教育労働者の歴史的役割を果たすこと，である。岡木書記次長は，この時，「日本国家建設への労働者階級の立場に立つところの歴史的役割を果たさなければならん」*55 と述べている。「1951年度における日教組の闘争中最大の行事」*56 といわれた第1回全国教研の後，第1回婦研協の開催が決定され，上記の基本方針に沿いながらさらに「婦人解放」を加えて開催されている。議長団の一人であった奥山は，第1回婦研協の印象を次のように語っている。

> ちょうどそのころ首きり旋風があった。特にひどい県などは数百人の整理のうち3分の2は婦人教師だったという県があって，民主教育にこれだけがんばっているというので，腰掛けの上に立って，発言させろ，発言させろとどなるんですよ。どの人に当てたらいいかもわからないくらい。　(2-⑨，1977，pp.43-44)

首きり問題について「発言させろ」とどなった人達の中に，ともに参加した鹿児島県婦人部副部長の橋口和子がいた。

さらに，第3回婦研協について奥山は次のように回想している。

私は1県教組の女性部長だったのですけれども，「婦研協」のときにも参加していまして，あの「お母さんへのアピール」というのを，代表で発表させていただいた記憶がございます。静岡で行われた第3回のあの「婦研協」の熱気あふれる討議のさまが，今よみがえっております。 (7-④，2003，p.45)

敗戦を迎えた日本政府の緊急の課題は，1,324万人の復員者対策である。1945年閣議要望は，第1に復員者の現職復帰を打ち出し，特に「知識階級者」の失業対策にこだわった。そのまま放置すると「社会思想ノ悪化ヲ招致シ社会不安ヲ急角度ニ助長スル」とし，復帰すべき現職のない職業軍人の場合，陸海軍士官学校の卒業生等は，運輸省・警察・文部省所管の相当学校・国立病院・療養所に復員と同時に就職し国家公務員となった。復員男子の就労を図るために職場を締め出されたのが，女子・高齢者・年少者等であり，次の失業者をつくり出した。女子失業者は490万人にのぼり，すぐに失業対策の修正が必要になった。1946年，勅令によって設置された「中央失業対策委員会」は，「女子ハ必然ニ家庭ニ帰ルベキモノ」として取り扱うのではなく，「特殊ノ生活事情ヲ持ツ者」には「男女同一業務同等賃金」を建議している。「特殊ノ生活事情」とは，夫など男性稼ぎ手のいない生活事情をさす*57。

教員の場合はどうだったのだろうか。復員教員については，例えば富山県では，1946年5月以降の帰国者は1カ月以内の再就職によって身分継続になることから，教職への再就職希望者は全員1カ月以内に就職しているという記録が『県教組10年史』*58にある。このような復員教員対策と同時に，女性比が男性を上回った戦時下の状況を早く改め，戦前の男女比に戻そうとする意向が働いた。教員の男女比の変動がそれを示している。教員数については，戦後，学校教員調査指定統計第9号として1947年12月第1回の調査が実施されたが，

表1－1　小学校・中学校・高等学校における本務教員の男女比

(昭和25年4月30日現在，単位%)

	男性	女性		男性	女性
昭和12（1937）年4月	63.20	36.80	昭和22（1947）年5月	50.74	49.26
昭和14（1939）年4月	58.11	41.89	昭和22（1947）年12月	50.05	49.95
昭和19（1944）年4月	42.69	57.31	昭和25（1950）年4月	61.85	38.15

(出所) 文部省『学校教員調査報告』1950年より作成

それまでほとんど資料がなく学校教員の実態は不明のままであったという。第2回の『学校教員調査報告』*[59]が1950年4月に発表され，その中で，教員の男女比の変動が**表1―1**のように示されている。

義務教育年齢の引き上げ，高等学校の発足等により，教員が昭和22（1947）年から25（1950）年までの間に89,526人増加となっているが，戦時下，女性教員が過半数となっていたのに対して，1950年には38％となっている。同報告書は，男女比の変動について，「昭和22年の調査に比較して男子の占める割合が非常に高くなってきて，ようやく戦前における男女比になりつつあることが知られる」と評価している。文部省の「女性教員割合を下げたい」という意向があったことが「ようやく」という言葉からわかる。男性比の増加は，男性の採用増加，復員教員の再就職，女性助教諭の退職勧奨によるものである。

なお，教員採用時の男性優遇状況は今日まで変わっていない。公立小学校・中学校・高等学校・養護学校における教員採用試験受験者に対する採用率は，すべての学校種で男性優位を示してきた。そのためわが国の女性教員割合は，OECD（経済協力開発機構）加盟国中（小学校25カ国，中学校22カ国，高等学校22カ国，大学・大学院23カ国）すべての教育段階で最下位となっている（2003年）*[60]。池木清が指摘するように，今日においてもなおわが国は際立った「男性教員国」である*[61]。

戦後の教育改革は，文部省・占領軍・都道府県軍政部からの直接・間接の指導によって進められ，教員の発言の余地はなかった。そのようななか，教職員組合の設立と教育研究大会の開催は，教員に発言の場と機会を提供したといえる。しかし，前述の通り第1回日教組教研は男性の独占状態に近かった。女性の正会員（旅費支給）参加は6.6％で，そのほとんどが幼児教育分科会であり，11の全分科会中7分科会は女性が皆無であった。婦人部委員会でも「婦人教師の参加が少なかったこと，婦人教師が直面する問題がとりあげられていないこと」が指摘された*[62]。

女性がほとんど参加できなかった理由の一つに，代表決定をめぐる男女間の力関係がある。沖縄を除いた全都道府県から11分科会にそれぞれ代表1名を送ることになったが，定員1名という競争状態では「男の人がいるのに，それを押しのけて出られない」[63]という状況があった。さらに正式代表の内96名が校長で，全体の約5分の1に当たるなど校長の参加優先があった。幼児教育分科会のように男性教員が少ないところでのみ女性の参加が可能であった。

第1回教研は，代表者選出に，「その地方における研究発表の妙手が，最初から大会派遣選手として用意されていた」という所もあり，また，会場においては「所謂『闘士型』代表による怒号と喧騒が，真面目な研究者の言論を抑圧する」ということも起きていた[64]。教員たちにとっては初めての教育研究の場であったため，どのように発言し協議するのかもわからなかった面があり，研究協議というより採決し決定していく組合大会に近い様相を呈していた。

(3) 開催の状況

第1回教研の4カ月後に婦研協を開催している理由については多様な記述や憶測がなされている。例えば『日教組十年史』(1958年)は，「このころ，文部省は，戦前のような官製的女教員会を作ってそこに婦人教師を集め，日教組の運動から婦人を引きはなそうと策動していた」ため，それに対抗して開催されたとしている。しかし，『日教組二十年史』(1967年)以降では，「第1回大会に婦人教師の参加が少なかったことの反省から」とされている。宮本英子によると，十年史にあるような危機感を当時の日教組婦人部が抱いていたため，それが開催理由の定説のようになったが，女教員会提起者本人から，文部省からの内命というようなことはなかった，という証言を得ている。第1回婦研協を緊急に開催するに当たっては，この対女教員会という口実が全国の女性達の行動を促し，また中央・地方の男性執行委員を説得するうえでも有効に働いたことが推測される。敵対視された女教員会は，帝国教育会同様戦時下の問題はあるが女性教員の地位向上を図ってきた実績もあった[65]。その後，女教員会は各地方によって消滅あるいは存続と違いが生じている。

婦研協は日教組教研とほぼ同規模で開催する集会となった。これらの協議会で女性たちは何を発言していたのであろうか。第1～3回のテーマおよび分科会とレポート名を次の**表1−2**に示す。

表1－2　全国婦人教員研究協議会（1952～54年）のテーマと主な議題・レポート

	テーマおよび分科会講師	発表（県）および討議テーマ
第1回婦研協 1952年	1. 教育民主化のために 講師：森　昭	①教育民主化のためにいかに努力したか（徳島） ②組合文化活動を通じてみた婦人教師の意識とその動向（福島） ③私のたどった民主教育二ヵ年の歩み（熊本）
	2. 社会改善のために 講師：森　昭	④社会改善のためにいかに努力したか（三重） ⑤新潟市における保育所促進運動（新潟） ⑥健康教育を促進せよ（東京）
	3. 平和の確保のために 講師：鈴木祥蔵	⑦平和確保のために（和歌山） ⑧平和確保のための努力（北海道） ⑨平和確保のためにいかに努力したか（山口）
第2回婦研協 1953年	1. 家庭，学校，社会に於ける封建性とその打開策 講師：宗像誠也	①家庭社会に於ける封建性とその打開策（群馬） ②職場に於ける女教師の活動を低下させる実態（静岡） ③中学校に於ける性教育（愛媛） ④調査及びそれに対する意見を中心にした職業指導の実際（岩手） ⑤社会構造と人間関係を中心とした家庭生活指導（岐阜） ⑥家庭科指導の実際（山形）
	2. 平和をめざして婦人教師の使命 講師：丸岡秀子 神崎　清	⑦女教師よ平和を守る先頭にたて（千葉） ⑧平和をめざしての婦人教師の使命（新潟） ⑨混血児とその教育（神奈川） ⑩軍事基地に於ける具体的な闘いとその実態（山口） ⑪農山村の意識の低いところの実態（富山） ⑫ PTA・母親学級等・地域社会を中心とした具体的指導（和歌山） ⑬原爆の体験（長崎）
第3回婦研協 1954年	全体会議における発表 子どもを守るために	①子どもを守る運動をどうすすめてきたか（北海道） ②結核から子どもを守るために（石川） ③家庭と職場をどうして両立させるか（静岡） ④被爆児の実態について（長崎） ⑤教育を破壊する動きにどう抵抗するか（山形）
	第１分科会（討議） 基本的人権をどう守りぬくか 講師：磯野誠一 丸岡秀子	・女教師の前進を阻むもの ・研修の時間がない ・職業婦人としての意識 ・自己意識の改造 ・地域婦人層との提携 ・新しい婦人像について ・サークル活動 ・家庭の封建性 ・無視されている子どもの人権 ・ゆがめられた社会のなかのこども ・父兄母親と手を結ぶ教育実践 ・子どもの幸せのために

第2分科会（討議） 平和確保のための実践をどうすすめていくか 講師：海後勝雄 山川菊栄	・基地の子どもにおよぼす影響 ・平和をめざす教育実践 ・婦人層との提携組織化をどうするか
全体会議における討論 婦人の解放をめざして	・父兄の理解をふかめること ・教育の中立性 ・明日からの教育実践

（出所）日本教職員組合婦人部『真実を求めて』非売品，1952年，日本教職員組合婦人部『扉をひらくもの　第2回全国婦人教員研究協議会報告』1953年，日本教職員組合『第三回全国大会の概要』1954年より筆者作成

(4) 第1回全国婦人教員研究協議会の様相

1952年の第1回婦研協大阪大会は，テーマ「教育の民主化のために」「社会改善のために」「平和の確保のために」のもとに行われた。奥山は，第1テーマ「教育の民主化のために」の議長を務めた。その時の印象を次のように語っている。

> 全体会の議長を私もやらされたけれど，ものすごく女の先生たちが，私たちが背負わなきゃだめだという意気込みに燃えた集会だったでしょう。壇上にいても，迫ってくるような熱気があった。（2-⑨，1977，p.32）

また一方で「涙の大会」ともいわれるほど泣く人も多かった。

当時の問題と議論の内容を奥山が司会を務めた第1テーマ「教育の民主化のために」における3人の発表と質疑討論の様子を概観する。

第1発表者徳島県校長の友成愛子は，「教育民主化のためにいかに努力したか」を発表した。「民主主義が実力本位だとするなら，女子の徹底的勉学が必要で，これによって真の男女平等が打ち立てられる。勉学上の障害は幾多あるがとくに①家庭，②周囲の封建性が大きなものである。家庭の封建性の打破は，社会の一環である学校の民主化に繋がるもので，外的な封建性はこえ易いが，内的な封建性は根強く困難である。この障害を打破する方法の一例として(1) 個人的には婦人部長が女自らの封建性を打破するよう努力している。(2) 県下全体を対象としては上席女教員の会合，教育委員会関係者には，懇談会など

で校長，教頭の向上を“数的”に認めさせる，ことなどによって，現在では2，3名の女子教頭の実現も確定している」*66

女性の勉学の障害は家庭や周囲の封建性にあるとし，女性管理職数の数値設定の必要性を主張している。賛成意見が新潟県の校長から出された。「私たちがいかに校長を多く出すか，教頭を多くだすか，自分たちはその試験台だと思って必死の努力をし，後輩の皆さん方にも方法を講じておりますが，最後に教育委員会の制度の中に，そのポストの中に，女子の椅子がたりないということが大きな隘路になっていると，私は強く感じている次第でございます。（略）教育委員会の中の，そういう重要ポストをいかに獲得するかというために，組織の力ですすんだならばと強く感ずる次第であります。」*67

初期の教職員組合にはほとんどの管理職が加入していた。戦前・戦時下の女教員会は女性教員の待遇改善と管理職の増加を目標にしていたが，戦後多くの都道府県で女教員会が解消すると同時に各地の教職員組合に教員・管理職が加入していった。発表者は女性管理職の増加のために組合が組織的な運動をすることを期待した。東京都の教員からは「今女教員の中に大きな問題として起こっている全国各地の首切りが，職場の中に起きた場合，（略）そういうものだけでは解決できない」という発言が起きている。

女性の管理職登用も教職の維持もともに困難があり，職場での女性の排除や従属という同じ根をもつ問題であるが，管理職が日教組から脱退することになってから以後は，女性の昇進差別の問題は扱われなくなっていく。教職員組合が社会主義イデオロギーを明確にし，労働組合の性格を強くもつとともに，戦前から続いていた女性の管理職枠拡大要求は排除され，組織的な要求は以後途絶えてしまう。

第2発表者福島県の高田琴子は，「組合文化活動を通じてみた婦人教師の意識とその動向」と題して，人身売買の実態調査を中心に，これに対する教組婦人部の活動を発表した。教育による農村の封建性の打破と，これが平和につながることを強調した。農山漁村での児童の人身売買は1950年代の深刻な問題であったが，特に女子の人身売買は買売春と繋がっていた。児童の人身売買も封建性のためと捉えている。

第3発表者熊本県の木庭静枝は，「私のたどった民主教育二カ年の歩み」と題してPTAを中心とした向山コミュニティースクールの実現と母親学級の運営について発表した。

教職員組合は，以上のような教員の報告に対して学者・研究者等からの助言・講評を設定した。この助言・講評が教職員組合での発表・討議内容や研究・運動を方向づけてきた。女性たちの発言を助言者たちがどう評価し，女性たちにどのような方向を示したのか。講師の講評については後に述べる。

(5) 第2回全国婦人教員研究協議会の様相

1953年第2回婦研協には，正会員としての連続参加を控えて，奥山は参加していない。しかし，鹿児島県教組婦人部としての「保安隊に対する生徒の世論調査」を行い，資料を作成し，代表を第2分科会討論「平和をめざして婦人教師の使命」に派遣している。

この分科会では，各地の軍事基地，保安隊の存在とそれに付随して起きる特飲街，主に在日米軍兵士を相手にした娼婦（当時は「パンパン」と呼ばれた），娼婦に部屋を貸す家（パンパンハウス），混血児の教育等の問題が報告された。そして，売春禁止法成立のために運動すべきであること，女性が自立できる対策を立てること，業者を重く罰し女だけでなく相手になった男も処罰すべきであること，を決定している。また，働ける場所が女性にいつでも与えられるような社会にしていかなければならないとし，分科会報告書は，「社会改造にまで進まなければ，売春婦の真の解決は出来ない」と，まとめている。さらに，鹿児島代表は，この分科会で奄美大島・沖縄の復帰促進を提案し，決定された。

第1分科会「家庭，学校，社会における封建性とその打開策」の中では，学校運営における女性教師の地位の低さ，職場と家庭の二重労働，研修の機会の不平等，産休行使の困難が話題になっている。さらに，専従役員選挙や参議院選挙への候補推薦の際の女性排除傾向を経験したことから，組合不信が表明された。分科会報告をした坂村きよは，「最も民主化されなければならない組合内部にも，封建的色彩が多分にある。例えば，組合の役員又は代表者選出の際，女性なるが故に，しばしば不明朗な方法で，之が進出を阻まれているのは甚だ遺憾である」と分科会発表をまとめ，「組合内部の封建的色彩」と捉えて報告をしている。女性の場合，選挙戦よりもまず組織内で候補になることの方が困難であった。日教組の全国区候補も選挙地盤の割当ても男性優先であることを知った女性たちは，自分たちの自立した全国組織の必要性を実感し始めた。

(6) 第3回全国婦人教員研究協議会の様相

奥山は，全体会と第2分科会「平和確保のための実践をどうすすめるか」に参加し，最終日にアピール「お母さんに訴える」を発表している。

ここでも女性教員たちは，仕事と家庭の二重労働，職場の性差別，退職年齢差別，児童労働とそれによる教育疎外，売春によって生計を立てている家庭，児童への性虐待などについて報告し，これらの問題はすべて「家庭や地域，職場の封建性」として捉えている。

女性たちから出されたこれらの問題について，司会者が山川菊栄に「御指導をいただきたい」と求めた時，山川は「問題は貧困に帰着している。経済的な困難をどう解決するか，これはやはり政治的の(ママ)問題に絡み合っている」と答えた。すかさず兵庫県からの参加者が「社会民主主義による社会改造を行う以外にないと思うが，このように考えてよろしいか」と質問し，山川は「結構だと思う」と答えている。第2回婦研協でも使われていた「社会改造」という言葉が「社会民主主義」を示していることがわかる。しかし，貧困や封建性では集約できない，政治や経済だけでは解決しない性差別や暴力の問題も訴えられていた。

山川菊栄はA・ベーベルの婦人論を初めて全訳刊行し日本に紹介した人物であり，社会主義婦人論者である。山川は，1919年に「私はブルジョアジーとの戦を一生の仕事だと考えて居ます」と宣言し，1925年には無産政党の綱領に婦人の要求を入れ，日本労働組合評議会に婦人部を設置することを指導した。1979年「社会主義婦人論の価値は今日でも微動だにしないと思うのですが」という質問に対して，「原則的にはそうです」と即座に答えている*68。

2. 報告された問題とその要因

3回の協議会の全体像を把握するため，発表者と参加者の発言内容をKJ法によって分類する。方法として，まず「発言数」と「発言内容数」の量的把握を行う。「発言数」は，「1人による1回の発言」を数える。「発言内容数」は，各発言を内容ごとに分類し集計する。例えば1発言の中に「娼婦・特殊飲食街」の内容と「職場の不平等」の内容が含まれていた場合，それぞれを1と数える。

(1) 発言が示す女性の状況

全発言数は412，発言内容の数は40以上に及ぶ。その内の多い順に9項目（A～I）を**図1－2**に示す。

最も多くあげられた発言内容は，女性教員自身の被害や不平等体験ではなく娼婦に関することであった。具体的に発言内容をみてみる。

① 娼婦・特殊飲食街や米軍基地問題に関する発言

娼婦および特殊飲食街に関する発言は，担任する児童とその家庭環境に関わる深刻な教育問題であった。娼婦を母とする児童，娼婦に部屋を貸す家の児童等を受けもつ担任としての経験を語っている。当時，売春や人身売買に関

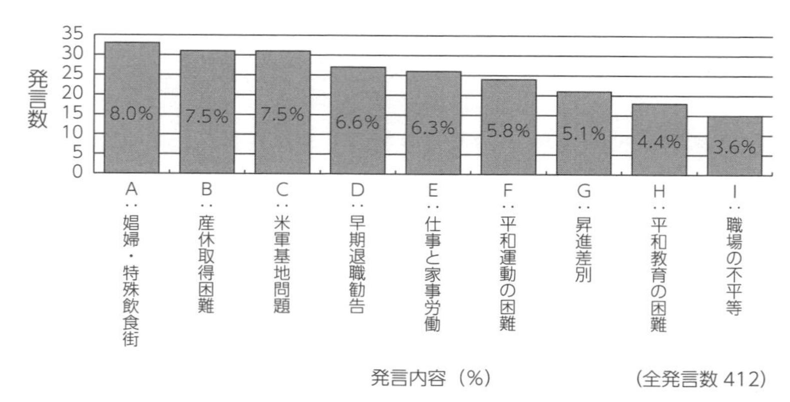

図1－2　全国婦人教員研究協議会（1952～54年）での発言内容・数

（出所）1952, 53, 54年「全国婦人教員研究協議会」記録より筆者作成

わった女性たちの数は決して少なくない。公式に発表された数だけでも，娼婦152,000人（厚生省1953），混血児5,013人（厚生省1952），人身売買16,682人（警察庁1957）であり，実数はもっと多いといわれている*[69]。女性とその家族にとっては恥であり，国辱婦人と蔑まれながらも，当事者が反論に立ち上がることのできない問題が「性」にかかわる問題である。それに最も関心を向けた女性教員たちは次のように発言している。

・「特別地域というものを次官会議において決定しているのでございます。新憲法下において，われわれ女性の権利をこれほど踏みにじったものがあるでしょうか。」（東京1952）
・「10軒に1軒位はパンパンハウスがあります。子どもたちは学校から帰りますと家にいる事が出来なくて夜遅く迄外で遊んでいなければならないという状態です。学校で宿題を出しても夕べはアメリカ人が来たからやれなかったと答える子どもがいる。」（神奈川1953）
・「基地では子どもが犯されている実態。基地の子どもは，貧しさのために人のものを盗みこれを売る。そのお金を親の生計に貢いでいる。なかには母は生活のために男を相手に，父は子どもを抱いて，せまい部屋に起き伏しているという実態も報告された。」（香川1954）
・「沖縄には3千の孤児がいる。（略）私はパンパンを奨励するのではないが，未亡人がかよわい手で5,6人の子どもを養育することは容易ではない。それで仕方なくパンパンにおちいるが，私ども沖縄の女性としてこれを救うのに必死になっている。なかなか力が足りない。これは沖縄だけで解決できる問題ではない。」（沖縄1954）

女性教員の発言は，これらの母親や女性たちに問題を抱きつつも一方的に娼婦を責める言説には向かっていない。戦時下に採用された女性教員自身も，助教諭という不安定な立場にあり，退職勧告対象となる可能性を抱えていたため共感があったといえる。

一方，男性が多数を占める教研大会の方では，教育上の害悪として娼婦蔑視が露骨に表明された（『第2回教育研究大会報告』1952，pp.264-269）。まるで害虫がはびこっているというような表現で批判は直接娼婦に向かっている。性に関わる敗戦国男性のメンタリティが攻撃を女性に向けているようにも受け取れる。内務省・警察庁等による進駐軍特殊慰安施設協会（RAA）設立や女性勧誘の実態*[70]，女児の人身売買や暴力への問題視は弱く，教員運動とはならなかった。

② 出産休暇取得困難

次に多い発言は，出産休暇取得困難についてである。産休補助教員の配置がないため，産休者の学級は他学級との合併，複数学級への児童の分散あるいは教務主任等による担任兼務の事態を招き，保護者の反感と同僚の負担を生み，それらが女性の負い目となっている。

・「産休を取られた場合にその担任の学級を合併するとか，あるいは教務主任がもたれると云うことになるが，この教務主任も教務の仕事があってなかなか責任のある学級管理ができない。そこで産休をとられる先生は非常に気づまりで，法で守られているその休みもとれない。」（大分 1954）
・「その先生が産休のために願を出したけれど代替がなかなかつかないため，とうとうお産の前日まで出勤された。それも同僚の気がねのためである。」（山口 1954）
・「教育長がいうには，わしの家内は出産後 10 日ほどたてば起きてピンピンしている。先生だけがそんなになくてもよい。」（山口 1954）
・「同じ職場でも男性の方からまた出産で休むと思われる。」（和歌山 1954）

女性の出産休暇が一般の職場にはなかった当時，女性教員の産休に対する家庭や地域の理解は得にくい状況があった。教育行政組織の中でも理解が得られないことによって，産休代替教員の配置が進まないなど女性に困難な状況があった。出産休暇は学校に「迷惑をかけること」であり，「迷惑をかける」教員としての女性は，その立場を一層弱めることになった。労働者や教員の範型を男性（妊娠・出産のない性）としていること，そこから女性の労働権や出産に関する制度への無理解が生じていたといえる。

③ 早期退職勧告

退職差別については次のような発言がなされている。

・「定員定額を規定した義務教育学校職員法が上程された現在，女教師の首切りは必至である。これをおそれてか，校長，教育委員，町村長にこびるために昔の所謂

優しい女らしい女教師に後退しつつある」　（千葉 1953）

・「鹿児島で行われた首切り問題は，女教師は 18.2％に対して，男教師は 3.69％であり，大きな開きのあることは注目すべきである。」　（東京 1953）

・「退職勧告者は，当局の退職勧告に応ずるまで度重ねて招集された。多く招集された方は5回，6回というふうに呼んでおいて長い時間待たせる。朝出て行くと夕方やっと終わって帰れる。夕方行くと夜の10時11時頃になる。退職勧告に応じて74名のうち60～80％のものが辞表を提出する状態になった。」　（兵庫 1954）

教員の男女同一賃金・年功賃金制は，高年齢女性教員（1950年代当時は45歳前後から該当*71）への反感を生みやすく，それが女性に対する早期退職勧奨の主因である。共働き教員家庭に対しては，夫の昇進条件に妻の退職が常態化したが，このような職員の分限に関する地方公務員法27・28条に違反する行為に対しても不服を訴えることはできなかった。組合で運動した「男女同一賃金」が，「女性の早期退職勧告」を引き起こす事態に直面し，戦後女性たちが抱いた平等への期待は急速に衰えていくと同時に，冷淡な組合への疑問も出てきている。また，組合役員が男性で占められてしまう選挙の在り方について，次のような不信感と閉塞感も生まれている。

・「お互いの協力によって闘いとった同一賃金に対して内部に於いて有形無形の圧迫を加えた上に首切り条件となっている事実は明らかに組合内部の封建性である。」　（福岡 1953）

・「各都道府県一本の推薦では婦人の進出はとても望めない。婦人部を認めている現在は当然婦人部の推薦を認めるべきである。各県委員長が男性だけの代表でないならば各県婦人部の心からの願いが反映されなければならなかった筈である。聞くところによりますと既に地盤協定ができているとのことですが私達には何等知らされていない。最も民主的であるべき日教組及び各県執行部はもっと下部の声をきいて事を運ぶべきである。」　（群馬 1953）

・「本年度の役員改選に当たり不明朗な選挙が行われ終に婦人は専従にでることができなかった。此の度の参議選に際し千葉婦人部長に対して同様なことがあったのではないか執行部に伺いたい。」　（高知 1953）

教職員組合も女性にとっては信頼できる組織ではなかった。早期退職となった後の生活困窮が予測されることから，職場では主張することを控え，さまざまな問題状況を受け入れざるを得なかったといえる。

④ 仕事と家事労働，昇進差別，職場の不平等について

「仕事と家事の両立」は，結婚後も勤務を続ける女性教員の大きな課題であった。

・「職場と家庭労働の二重負担は，1日の生活時間の調査にも現れ，どの県に於いても，申し合わせたように，主人より妻は2時間も睡眠時間が少ないのである。」（新潟 1953）
・「習慣的な性別的な事務をやらされている中に，学校運営に参画する機会を失っていくというのが実態かと思います。これが打開策としては，女教師を雑役やサービス的な仕事に使う校長を啓蒙すると共に，女教師の学校活動を成文化せよとつよく要望する」（愛知 1953）
・「家庭科の先生たちは授業をやめて朝から午後の宴会の料理作りに一生懸命になっている。（略）このような校長集会が月一回各校回り持ちで持たれる。そのたびに，女先生は魚買いや調理に，はては酒のおしゃくまでさせられる。（略）『家庭でも学校でも女が来客にもてなしをする事は当然のことで，そのような不穏な言動をなすものは転職してもらいたい』と大変な叱責をされてしまった。」（山口 1954）
・「校長からの圧迫としては，校長が男女差をつける。重要なポストには婦人をなかなかおいてくれない。そういう声もでた。つぎにこうした予算の削減から婦人教師への圧迫。つぎに職場の封建性からくるものとしては，組合運動をやったために非常な窮地に追いやられて困っている女の先生があるという現場の声。つぎに青森から停年制の問題として男子58才，女子50才，8才の差がつけられている。」（愛媛県 1954）

二重労働の負担が，勉強の時間のなさ，実力のなさ，意見が言えない，という自己否定に繋がっている。学校内の家事的な役割も女性の仕事とされ，公的私的生活の両面で女性役割が強制されていた。女性教員の校務分掌が地位の低さを固定化させ，昇進差別とも繋がっている。また，成文化された分掌以外に宴会準備等の役割が慣行となっていたことがわかる。

(2) 問題要因の捉え方

では，当時女性たちは，自分たちが体験した問題の要因や解決の方向をどのように捉えたのだろうか。全発言数の内の約2割に当たる91発言が問題の要因について述べている。

図1−3に示すように「封建」「貧困」「民主化されていない」が主な要因としてあげられている。したがって解決の方向として「封建性の克服」「民主

化」を説く固定的なパターンがある。**図１−２**に示した多様な問題が，どのようにして一様な要因と解決方法に結びついてしまうのか。

「封建」発言には，「封建性」「封建制」「封建制度」「封建的」等がある。発言者が言う「ほうけんせい」と記録者が記録した「封建性」あるいは「封建制」が一致しているのか，発言者も記録者もそれらを使い分けているのか定かではない。明治以前の封建制度が残っているという意味合いがあるのか，あるとしたらどの程度あるのかわからないが，民主的でない古いものが残っているという意識があることが考えられる。

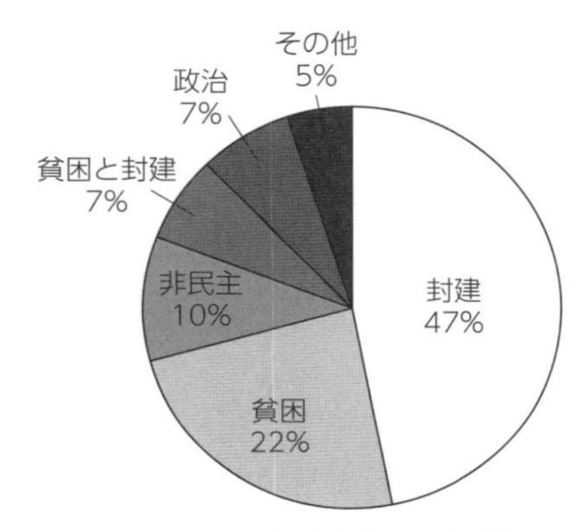

図1−3　問題の要因発言の内容割合

具体的な発言をみてみると，例えば「学校長の封建性」「家庭の封建性」というように「○○の封建性」と表現して問題の領域と要因である「封建性」とを結びつけている。では一体いくつの領域があるのか。

発言を分類してみると**表１−３**のように，領域は，学校，家庭，地域，男女間の関係に大きく分けることができる。このように女性たちは，問題は領域が違うだけで要因も解決の方向も同じであると考えている。各領域に現れた問題要因を「封建性」あるいは「封建制」等と表現していることにより，「古い考え方」が残っているものと捉える。

一方で，以下のように，対男性の問題が指摘され女性運動を必要とする発言も頻繁に起きている。

・「家庭でも男の子は大切にし女には女のくせにとかあるいは女教師は，蔑視するふうがある。私は眼の前の敵は男性であると思う。」（滋賀 1954）
・「矛盾を解決するためには教師自身が何でもいえなければならない。二番目に権力への抵抗ということ，相手は何かというと身近でいえば校長，地教委，職場における男の先生等。根本的に考えられたのは権力がいろいろの形を変えて男性となった校長となったりする。権力に対する闘いを最も強く考えなければならない。」（愛知 1954）

表1－3　全国婦人教員研究協議会（1952～54年）での具体的な問題領域発言例

1. 学校の封建性	2. 家庭の封建性	3. 地域の封建性	4. 男女間の封建性
①女性役割の強制 「女なるが故に学校長あるいは男教師の封建性から雑務的なあるいはサービス的な仕事を与えられる」（大分 1954） **②産休を理由とする低評価** 「女は休むからだめだとかいう封建的な考え方から産前休養を一日もとらなかった。そのために8ヶ月で400匁足らずの子どもが生まれた」（福井 1954） **③女子は家庭科，男子は進学コース** 「女は家庭科をやり，男は進学コースをえらぶことになって，昔と同じ封建制度にたちもどる」（東京 1954）	**①女性の二重労働** 「婦人の労働過重と裏表の関係として封建性の払拭が努力されなければ真の平和教育，平和運動はできない」（青森 1952） **②男女の教育期待の違い** 「男の子が官立の有名な大学にはいることを喜び，女の子は，『どうせ嫁入り道具の一つだから』という気持ちが非常につよい。この家庭の封建性を捨てなければ男女共学を完全に推進することはできない」（東京 1952）	**①児童労働** 「農家には長欠者が非常に多い。これは日本の農業が小規模の耕地と機具と，家族の手によってなされているところに原因がある。日本の貧困・農家の封建性をはっきりみつめる必要がある。」（福島 1954） **②差別意識** 「封建性が抜け切れないために，朝鮮人とか父親のいない子どもに対して差別的な目をもって見ておる。男女の差別観，男と女は生まれながらにして格が違うのだ，これは親達が認めている。これ等は貧困と封建性のためだと思う」（北海道 1954） **③ DVや児童虐待** 「封建的な家庭の中で母親と子どもが父親からいためられている」（岐阜 1954）	**①女らしさ，男らしさ** 「婦人部長が女自らの封建性を打破するよう努力している」（徳島 1952） 「私共一人一人の女教師の中に行動する封建性を打破して，民主的なものにもっていくことも大切であります」（鹿児島 1952） **②男性による抑圧** 「婦人の意志は押さえようとする男性の封建性が組合の中にもみえる」（青森 1953） 「終戦後女性は知的にも向上し社会的な行動部面も非常にめざめて来た。しかし男性は依然として封建的なものを持っている」（愛媛 1954）

（出所）表1－2に同じ

しかし，このような発言に対して，結論としてはこれを封建性が残っているという説によって否定し，男性とともに封建性の残滓を覆す闘いへ向かおうと導かれている。

次に，職場の「封建性」の実態とそれが維持される要因をみてみる。

(3)「封建性」を維持する怖れや怯え

娼婦の問題や職場の不平等が遂行され，その要因と考えている「封建性」が維持されているのはなぜなのだろうか。女性たちが置かれている状況や心情がわかる発言に注目する。

① 職場における女性の存在否定

女性削減・女性の賃金批判

- 「和歌山市に於ける人事審議会で女教師を閉め出そうとする意見が絶対であった。又校長会では女の先生が多いのを学校の組織が悪いと，ぬけぬけと発言している現状である」（和歌山 1953）
- 「夫が教師の故に退職勧告をされる」（静岡 1954）
- 「40才以上の女教師が戦々兢々としていることが各地に多いことがわかった。首切り反対の決議をしていただきたい。」（福岡 1954）
- 「町や村で女教師なるが故に一般男性の批判の的になってはいないか，俸給が高い，働きが劣る，お高くとまっている，等との批判が強い。」（栃木 1954）

女性の休業政策の不整備

- 「校長は，女教員は面倒くさい，生休や，産休があるのでどうしても採用したくないということが全国的な傾向である。」（北海道 1954）

② セクシュアル・ハラスメント

「校長は職種を利用して女の先生にサービスを強要する。さらに校長は，戦争未亡人であるが故に生活に困っている弱点につけこんでキッスや手を握ることを強要した。ところが敢然としてそれをはねのけた。その酒の上の行動が翌日どう現れたかというと，その女の先生につらくあたって来た。自分の落度を外部にさらされないようにその女の先生を他の学校に転任させる手続きをとって来た。」（京都 1954）

③ 威嚇や暴言への怯え

馘首による威嚇への怯え

- 「『あの先生とあの先生はクビにしてやる』というようなPTA幹部の暴言に対してさえ何一つ抗議することも出来ず意見もいわされない状態にさせられる（略）ある女教師は退職勧告をうけてPTA会長のもとに首つなぎの嘆願に行き，会長からにらまれていたその女教師はかえって退職させられるはめになってしまった。その事も後に会長が得意になって話すまでは校内で一人も知るものがなかったほど

だった。」　(山口 1954)

「女性は劣っている」による威嚇への怯え

・「教育長との交渉の時に教育長は，『貴女方は男女平等をとなえるならば私達は貴女方の生活について男女平等の要求を出すがよいか』といった。それは何を意味しているかというと，資質の向上がまだ出来ていないのに貴女方が大きなことをいって困らないか，また，何をやるにも男子と同様に出来るかということを意味している。　(北海道 1954)

・「女子は研究心が薄く，男子よりはるかにおとっているのではないかと男子からよくいわれるので，私共女子は校内及び郡内において研究グループを組織した。」　(岡山 1954)

軍隊文化の影響

・「女らしさに要求されていたものは軍隊で新兵に要求されていたものとちっとも変わらない。」　(講師，磯野誠一 1954 年)

戦後の学校教員文化に軍隊文化が入り込んでいることを示す発言である。軍隊生活を経験した復員教員が，再教育を受けることなく復職していることから，教職員間や児童生徒との関係の中に軍隊文化が入り込んでいる可能性が考えられる。指導内容や教科書教材などからは軍国主義・超国家主義教育は一掃されたとしても，黙示的なカリキュラムとしての教職員の言動の中に軍事主義に付随していた男性性・女性性や男女の上下関係が存在したことが考えられる。

④ドメスティック・バイオレンス (DV) *72

「御主人は田畑に出て野良仕事をやり，奥さんは靴はいて学校へゆく。そこでどうもバランスがとれない。(略) 奥さんにあたる，それで奥さんをなぐったりする。奥さんをいじめる外に方法がない。これは非常におかしい傾向であるが全国的に日本の家庭は，そういうケースが多いんじゃないかと思う。その悩みが多く研修する時間がないということを訴えている。」　(佐賀 1954)

女性の勤務を歓迎せずむしろ存在を否定する言葉や退職勧告状況，出産・育児期の休暇取得に対する反感，不本意な女性役割の強要等の体験が発言されている。また，不平等を推進する上司や男性の言葉が，女性たちにとっては直接的・間接的な威圧や威嚇，暴言であり，それに対する怯えがみられる。その怯えがまた不平等を維持していたといえる。また，児童や教員の家庭のドメスティック・バイオレンス（DV）や軍隊経験者の暴力も報告されている。

⑤「発言ができない」という共通体験

分科会参加者はほとんど初対面であるが，「発言ができない」ことを共通の意識としてもっている。職場での発言を怯える傾向が以下のようにある。

・「雑務にまわされるのは職員会議に於ける発言，学校に於ける運営の中枢になれる程の勉強が足りない点を指摘しなければならぬと思います」（大阪 1953）
・「本県に於いても図書館委員に選ばれた女教師が意見を述べず，ただお茶汲みに終始し集まった人達の期待を裏切った実例がある。」（長野 1953）
・「研修の時間が少ないことが職場で発言を少なくする。また発言の少ないことが謙譲の美徳ということで消極的になってゆく，というふうにだんだん重なっている。」（佐賀 1954）
・「新潟県でも婦研協をやった際，ぜひとも４回，５回の婦人教研大会をもってほしい。男子と別にし，男子と一緒ではいえないことがたくさんあるという結論になった。」（新潟 1954）
・「婦人教師は今まで男子に隷属していることが多かった。今日からさっぱり捨ててもっともっと勉強し知識的にも行動的にも自信をもつこと，職場に帰ったら校長連中を集めてこの会議のことを伝える。」（栃木 1954）

職場の不平等が遂行され，その要因と考えている「封建性」が維持されている要因の一つとして怖れや怯えがある。不当だと主張ができない怖れや怯えが発言全体にみられる。女であるが故に受ける強制には，威圧や威嚇，暴言などを含めた暴力的なものも少なくない。女性たちの多くは，「男性のいる所では言えない」と発言している。女性たちは，その不当性を直接相手に訴えることのできない苦痛を婦研協で吐き出していた。「女性の人権」「女性に対する暴力」への認識が明確にされるまでまだ数十年が必要であった。

自分自身や同僚女性が発言を怯えるのは，勉強不足・研修不足であるからと捉えている。そして「勉強して知識・行動面で自信をもとう」と訴えるほど職場での発言に対する怯えは共通であったと同時に，対等に発言できるために自分たちは努力する必要があるとしている。女性たちの怯えには，「女は男に比べ劣っている」という前提があるが，そのような言説をもつ社会の中で生み出された「学習された無力感」や「集団的トラウマ」*73があると考えられる。社会全体に組み込まれたジェンダー関係は，女性を劣った者とする言説と日常的なコミュニケーション規範を作り上げている。女性たちが示した言説の共通性・集団性は日本社会がもつ既存の規範からきているといえる。この規範を支えているという意味では女性たちも犠牲者であると同時に加担者でもある。女性の加担性は，その規範から外れる者への非難や威嚇・暴言の直接的・間接的経験から生み出されている。「女は劣る」という見方そのものが解消しないと，女性自身の自己否定や過度な努力，および努力の必要性の訴えが続くことになる。

3．講評が示唆する解決の方向

⑴ 問題の要因と解決の方向

女性教員の発言の多くが，問題の主な要因を「封建性」であるとしていた。では，講師たちはどのような講評を行ったのだろうか。大学教授等や著名な女性活動家の講評には権威と影響力があったと考えられる。各講師の具体的な講評を**表 1−4** に示す。

講評の中でどの講師も問題の要因は，女性教員たちの発言と同様に「封建性」を主張すると同時に，教員の発言には少なかった「資本主義の問題」「政治の問題」が述べられている。第 1 回婦研協の講師，森昭（当時 大阪大学助教授）は，意識を決定する生活構造にまだ多くの前近代的，封建的なものが残っていること，資本主義の罪悪をはっきり認識すること，教員階級が先端を切らなければならないこと，を助言した。

森昭・鈴木祥蔵らに代わって第 2 回婦研協の講師となった宗像誠也（東京大学）は，「封建性の問題というのはそういう古い問題という点から現在の支配資本勢力というものとが結びついている」と述べ，「資本主義という問題にぶつからないわけにはいかない」とした。同じく講師の丸岡秀子も封建性を強調する一方，山川菊栄は封建性より資本主義の問題を強調した*74。こうして資本主義を擁護する政治・政府を変えることが解決の方向であるとされ，目の前

表1－4　全国婦人教員研究協議会（1952～54年）での講師の具体的な講評例

講師	具体的な講評
森　昭 1952年	①「生活構造でありますが，そこにはまだ多くの前近代的，封建的なものが残っております。（略）そこで生活構造を，われわれは何処に向かって改造していくかというと，搾取のない，平和な民主的な社会にむかって改造していかなければなりません。」(pp.39-40) ②「単に職場内の意識だけの切りかえだけではだめで，職場をとりまいている巨大な政治的，社会的，経済的機構と斗っていかねばならぬことを，確認される必要があるという説明があったのでありますが，再軍備を強行している政府との政治闘争なしには，われわれの職場の障害は究局（ママ）において打開できないということがいえるのであります。」(p.41) ③「資本主義擁護のために教育を犠牲にするような一切の政治なり，政府なりを倒す必要がある」(p.41)
丸岡秀子 1953年	①「女教師にとっての家庭と職場と，地域社会の封建的な固い圧力は，教師として，又女性として何重もの苦悩を背負っている多くの報告がありました。」(p.63) ②「封建性の固さが，平和教育を推進させる途をふさぐ大きな厚壁でもあるということ，従ってこれを取り除く闘いが，平和教育をおし進める力でもあって，二つを切り離しては考えられない問題でした。」(p.63) ③「封建性の巣であるとさえ云われる家庭の主婦も，今や目覚めつつある」(p.64)
宗像誠也 1953年	①「封建性の上に昨日から度々お話が出ましたように，いろんなボスがあぐらをかいているわけです。例えば地方教育委員会の委員の中にも沢山そういう人」(p.61) ②「現在の社会態勢それ自身の問題，資本主義という問題にぶつからないわけにはいかないと思います。保守政治家を利用しようとする外国資本というものもあるんだという事」(p.61) ③「封建性の問題というのはそういう古い問題という点から現在の支配資本勢力というものとが結びついている所に実は現在，われわれの当面している封建性の壁というものがあるんじゃないかという事であります。」(p.61)
山川菊栄 1953年	①「第一テーマの『家庭，学校，社会における封建性とその打開策』は，１には女性への差別観即ち因習と，感情の問題であり，２には経済問題である。そこで社会でも，学校でも，家庭でも，婦人がいかに因習にとらわれ，睡眠も休息も教養も研究も犠牲にして働かねばならぬかについて痛ましい事実が訴えられたが，それらは根本的には経済的解決に訴えるよりほかにない問題であると考えられた。」(p.72) ②「問題は単に封建性という言葉で片づけられるには複雑微妙で，むしろ低所得を婦人の過重労働で補ってゆく資本主義のからくりにあり，封建性だけを目標にすると，問題の焦点がぼかされる恐れがある。要するに婦人として労働者としての，教師の問題は，根本的には教育予算の拡充，社会施設の充実，社会保障制度の確立，等による政治的解決に訴うべきであることをもっと強

	く，はっきりと結論に出してほしかった。婦人の隷従は男子をふくむ階級的な地位の一部であり，資本主義の支柱として利用されているものである。壇上に立ってアメリカ帝国主義を罵り，独占資本主義を責めるに急な男子の指導者も，婦人教師に対する圧迫や偏見を鋭く反省し精算しない限り，それらの敵をささえる役割を演じていることを知らなければならない。」(p.72)
磯野誠一 1954 年	①「さきほどから強調された選挙を考えなければならない。政治を考えなければならないということ」(p.153)

（出所）表1－2に同じ（下線は筆者）

で起きている「差別」や「暴力」の問題が講評によってかき消される形になっている。

さらに，山川菊栄，磯野誠一，海後勝雄らは，「お母さん方と手を組む」ように指導した。資本主義体制を打倒する政治闘争の必要性があり，その目的に向かって女性教員が母親と結びつくことを期待し，政治闘争への母親の動員を女性教員の役目としたのである。1954 年，とうとう日教組執行部は婦人部内の充分な合意を得ないまま，この婦研教を解消し「母と女教師の会」設立へと変更することになる。

「日本人の封建性」を戦後最初に指摘した『新教育指針』（文部省，1946 年）は，戦争の原因も敗戦の原因も「日本人の封建性」に帰着させ，天皇制を含む近代の問題や教育の戦争責任の追及は回避されていた。同様に，婦研協での教員の発言にも講師の講評にも自らの戦争責任を問う発言はなく「封建性」という言葉で免罪に転じている。

『新教育指針』は，前述したように「階級」という用語を使用して「封建制が完全には克服されず，階級が存在する」段階であるという認識を示し，歴史の発展段階説を示唆していた。このことは，運動体である教職員組合が，歴史の発展段階における教育労働者の役割を果たすことをも示唆したものとも受け取れる。戦後の文部省による教育行政も日教組による教育運動も同じ『新教育指針』から出発していたと考えられる。

しかし，女性教員たちの発言の多くは，封建性や資本主義の克服まで待てない問題であった。

(2) 講師が示した教育研究の評価と方向

問題の要因と運動の方向を示した講師たちは，女性教員たちの教育研究自体をどのように評価し，今後の研究の方向をどのように示したのだろうか。まず，具体的な講評を**表1－5**に示す。

表1－5　講師が示した女性教員による教育研究に対する評価と今後の方向

講師	女性教員による教育研究に対する評価と今後の方向
森　昭 1952年	①婦人教師としての独特の使命をも持っているわけでありまして，男性と同じ立場からの研究協議と，婦人教師としての独自の研究協議の二つの角度からとりあげるべきであった。11名の方々の御発表は，すべて子供のためのPTAの問題，母親学級，家庭環境の改善，保育所あるいはパンパンの問題など，婦人が最も先端に立って，解決に努力すべき問題，それに資本主義の打倒，吉田内閣打倒，または世界平和の確保など，男性の教師もまた当然とりあげるべき問題をもとりあげ先生方は熱心に討議された」
丸岡秀子 1954年	①「民主化の努力が確かに進んでいる。ただ私がいいたいのは職場や家庭における無理解の問題がそのままの姿として出されその問題を追求するにとどまり，それに対して一体どう斗ってその結果，どういう新しい問題が出て来てそれにどう取り組むかということが必要ではないかと思う。」
宗像誠也 1953年	①「研究の結果は乏しいように見えました。」 ②「皆さんの御研究，皆さんの調査というものの中には，もう一寸切り込みがたりない。仕方がないじゃないか，つまり非常に現象形態というふうなものの研究にたって，それでこれで調査である研究であるというふうな報告がないとは云えないと思います。例えば貴方の学校で校長の封建性があるかないかという事を出して，それに答えた中であると答えたもの37%，ないと答えたもの67%，そのないと答えた意識それ自体が問題であって，そういう調査は一応出発点になるけれども，しかし更にそれを土台にしてもう一歩掘り下げなければならないと思う。やはり，安易な調査，表面的な研究というものがあったと云わざるを得ないと思うのです」
山川菊栄 1954年	①「本当に正しく，本当に日本を民主化するためにはどういう仕事をしたらいいか，それにはいろいろの方法がある。教育上の実践，いろいろの活動は地味な仕事だがこれは非常に大きな影響力を持つものと思う。」 ②「どうかお母さん方，先生とがっちり手を組んでください。1月の14日アメリカの上院会議でリッジウェイははっきり日本はアメリカの太平洋における重要な戦略基地であるといい，そのためには日本が再軍備しなければならないといっている。」

磯野誠一 1954年	①「問題を設定する前に，もう少しお母さんや子どもの感じている，考えていること，望んでいること，悩んでいることを直接もっと具体的につかむということです。」 ②「ぜひともいろんな形でお母さん方に知らせる努力をしたい。現在，私どもは教育が非常に危険にさらされていることを感じているが，それは先生方だけの苦しみでなく，現在のままで進んでいけばこうなることを両親とも話し合うことによって，私たちが願っている正しい教育が確立されると思う。」 ③「今後の方向としてはお母さん方とこういう会合が持てればもっとすばらしいと思う。
海後勝雄 1954年	①「昨年の夏，ウイーンの協議会に出て大勢女の先生方が来ていた。その時に，ちょうどここと同じような，広い会場で，訴える女の先生の言葉，多くの先生の言葉の中に昨日から出ていると同じ問題が取り上げられた。一つ二つあげると，アメリカの漫画が氾濫して困る―西ドイツ，イタリア―を子どもに悪い影響を与えているのをくいとめるためにイギリスの先生は絵入りのお話の本を作った。それから母親との結びつきだが，フランスの女の先生は子どもに関心を持っている時期は一年生に初めて入って来た子どもの親である。その時をつかまえて，その時をきっかけとしてお母さんと話し合って結びつく。こういう努力をしている報告を聞いた。」

（出所）表1－2に同じ（下線は筆者）

これらの講師による評価の特徴は，以下の3点にまとめられる。

① 教育研究における性別役割分業

多くの女性教員にとっては初めての「発言できる場」としての婦研協を，講師は「社会変革に向けた婦人運動」と捉えている。森昭は「婦人教師としての独特の使命」「婦人教師としての独自の研究協議」と「男性と同じ立場からの研究協議」の2種類があるとした。では，「独特」「独自」の研究協議とは何を指しているのか。

森によると「独自の研究協議」とは，「子供のため」のものであり，具体的には，「PTAの問題，母親学級，家庭環境の改善，保育所あるいはパンパンの問題など，婦人が最も先端に立って，解決に努力すべき問題」とした。森の「子供と婦人に最も関係の深い家庭」という表現は，男性と女性の研究領域は違うということを前提としている。「女性独自の問題」と表現した保育所あるいは売買春の問題は，「女性」の問題ではなく「両性」の問題である。育児を女性役割とすることで男性の育児責任が不問とされ，売買春を娼婦自身の問題とすることで男性が免罪されていた（今日では，「買売春」という表記も多い）。

一方，「男性と同じ立場からの研究協議」として，「資本主義の打倒，吉田内閣打倒，または世界平和の確保など，男性の教師もまた当然とりあげるべき問題」とした。森は，意識を決定する生活構造にまだ多くの前近代的，封建的なものが残っていること，資本主義の罪悪をはっきり認識すること，教員階級が先端を切らなければならないこと，を助言した。

② 宗像誠也が示す研究の優劣と封建残滓説

第2回から講師を務めた宗像誠也は，女性たちの研究に対して，「非常に表面的な現象形態というふうなものの研究」「安易な調査，表面的な研究」が多いと評した。その例にあげられたのが『家庭，社会，学校に於ける封建性』の調査である。状況を伝えたかった女性にとって，「封建性」を実証することは至難なことであった。一方，宗像が「最高級の社会科学研究」と賞賛した研究が『農村の封建制と子供に与える影響』*75で，「農村に残る封建時代そのままの上下関係組織が子供の関係にも影響を与えている」ことを述べたものである。どちらにしても「封建性（制）」という結論が先にあることに変わりはない。教育研究活動を指導していた講師団によって封建性（制）批判が正当な結論として意味づけられている。後者が，地主と農民の関係を論じたことが社会科学研究として賞賛されたのに対して，前者はジェンダー関係を問題としており，それは，安易で表面的な研究と評された。また，女性教員達が体験したセクシュアル・ハラスメント（我が国においては90年代になって「発見」された）を含む性差別の発表は，研究としては評価されていない。女性教員が最も発表したいことが，ここでも異質であり，評価は低いか研究とはみなされなかった傾向があった。

第1回婦研協では，女性たちが自らの憤りを吐き出すように発言し，共感し合い認め合っていたが，第2回になると，宗像らによって研究の優劣がつけられ，「封建残滓や資本主義態勢の問題」が望ましい研究とされた。そのため，これでは設定しきれない女性たちの発言は「表面的な現象形態」とされ，女性の関心と体験は周縁化されていった。

一方，教研の方も決して自由な研究の場ではなく，目標と基本的立場を明確にした教育研究活動で各都道府県教組で推薦を受けた者が発表できるという制約をもっていた。

③ 示唆された「母親との結びつき」

山川菊栄，磯野誠一，海後勝雄らは，今後の教育研究の方向として，母親と結びつくことを強調した。山川菊栄の意図は，母親を巻き込んだ民主化運動であるのに対して，海後勝雄の意図には，ウィーンで開催された世界教員会議（FISE）で見たイギリスやフランスの女性教員の印象深い姿が背景にあった。児童用の本の作成や親と教師との話し合いの重要さが発言されていた。

1953 年，ソビエト・中国など東側諸国を中心とした世界教員会議の第 1 回総会（ウィーン会議）が開催され，日本から矢川徳光，無着成恭，海後勝雄，周郷博，羽仁五郎，南博らと日教組・県教組代表による一行 17 名が参加し，その中に女性 3 名，高田なほ子（元日教組婦人部長・参議院議員）と千葉千代世（日教組婦人部長），羽仁説子（子どもを守る会副会長）が加わっている。出発の日は，総評事務局長や石山脩平らの激励があり，戦後の国際的な教員会議でこれほど重大視された会議はないといえる。

海後勝雄には，ウィーン会議での女性教員の発言や姿が印象的だった。女性が大勢参加し，しかも男性がいる所でも堂々と発言している。我が国のように，男女別に教育研究が行われることはない。ウィーン会議参加者には，教研大会を是正する必要性が感じられた。

第 4 節　参加・発言の機会抑制

1．「全国婦人教員研究協議会」の解消

(1) 存廃の決定権

婦研協は第 1 回から「婦人のみの会合をもつことに対しては反対する」という意見もあったが，「男子と一緒にやらなければ価値がない，とそういう考え方をするならば，婦人部という専門部をおく必要はない。（同意の声，さかん）

組合の中にあるわれわれが，過去において差別教育をされ，差別待遇をされてきた，それを是正するための一つの専門部が婦人部である。」*76 という意見が支持され，次年度開催についての採決でも「挙手ほとんど」と記録されている。しかし，3回で解消されることが中央執行部で決定され，集会の前日まで日教組教育文化部長が，反対する婦人部を説得していたことが東京都教組婦人部記録に残されている。

「日教組の和田教文部長（和田敬久教育文化部長）をはじめ，福岡のとうや教文部長が先頭にたって，婦人部の説得工作を，この集会の前日まで行った。いはく，『全国教研と婦教研を重ねて開くことは，日教組として，ことに文化部の力関係からみて重荷である。婦人の代表を全国研に多数出す約束をするから…』婦人部の婦教研をつづけたい真意は，そんな形式的なものではなかったはずだ。その場のがれの説得には，とても乗れるものではなかった。しかし，多数に押し切られて，泣く泣くというのが偽りのないところだった。」

（『東京都婦人部25年のあゆみ　炎のように』1972年，p.287）

日教組の一専門部である婦人部には婦研協存続の決定権はなく，執行委員会の決定に従わざるを得ない。婦人部としてはこの経緯を書き残していない。中央の様子を察知できた東京都教組婦人部のみが記録を残し，地方ではこのいきさつを知ることもなく婦研協解消について，反対，賛成さまざまな意見があった。

1954年の婦研協の中でも次のようなやり取りがある。

「新潟県でも婦研協をやった際，ぜひとも4回，5回の婦人教研大会をもってほしい。男子と別にし，男子と一緒ではいえないことがたくさんあるという結論になった。(新潟)」「私は否定する。その理由はやはり女性だけの問題として解決出来ない問題がたくさんあると思う。日宿直の問題にしてももう少し男性に呼びかけて話し合いをしなければ解決出来ない。(岐阜)」

しかし，女性達自身には，その組織の存廃や活動の継続，停止を主体的に決定することはできなかった。奥山は，婦研協を解消し「母と女教師の会」へ移行することを最終日に宣言する「お母さんへのアピール」の朗読を担当した。しかし，奥山自身の中でもこの解消については疑問が全くなかったわけではなく，出身母体である鹿児島教組婦人部としては反対の意向だった，という。

後年，奥山は，「婦研協の解消は確かに早すぎたといえる。もっと女性たちが会議の練習をして発言の力をつけるべきだった」(筆者による電話インタビュー，2003年）と語っている。

(2) 存廃をめぐる議論からみえてきたもの

1952年の第1回婦研協でも，先に開催された第1回教研集会で女性の発言がないことについて「あの教研大会で，私たちのこれだけの発言がどうしてできないのか。日光大会の会場で，最後の日に発言する婦人がいなかった。発表者の中には，幼稚園部を除いた以外には婦人はなかった。私はどうしてもあの大会の中に，この意気をもちこまなければならない。(東京)」という発言があり，拍手まで起きている。それに対して，「この会におきまして，発言の練習もする。会のもち方の練習もする。これは理論だけではわからない。やはりやってみなければわからない。ですから私は，できれば全国の婦人の方が集まる機会が多いほどよい。(東京)」という反論も起きている。賛否両論あるが，男性が占める会議への参加に対する躊躇や緊張という共通感覚がある。「発言や会議の練習」にこだわるのは，それまで女性たちが「発言する」ことがほとんど無く，不慣れであったことも考えられる。しかし，この躊躇や緊張は奥山が言うように，「発言や会議の練習」をすれば克服されるものだったのだろうか。

女性たちが男性のいる場での発言を恐れる本当の理由は，女性の言動に対する男性からの評価の低さや威嚇，非難，暴言の体験である。統計調査の発表を例にあげた森昭の次のような講評がある。

「実力においては同じであっても，男の先生は女の先生をたえずつまらないものだというふうにみている，ということが統計にでています。ああいった統計をもととして，各地で研究されたら非常に面白いものがあります。職場の障害は，案外に同僚である男性の中に相当あるということ，これをつきとめることがのぞましい。」*77

女性たちが男性から劣った者として扱われている体験があることを示している。また，女性に対する暴力の体験もあった。家庭内で発生する身体的，および心理的暴力，職場でのセクシュアル・ハラスメントや脅迫を含む暴力が，人権問題としては認識されなかった時代である。

婦研協では，女性たちが日常的に抱える悩みを明らかにし，個人の中で仕方がないこと些細なこととしていたことが，実は共通の大きな問題，新憲法と民主主義の導入後も決して変わらない差別と不公正の問題であることを確認しあうことができた。これは，1970年代のウーマン・リブ運動で目標とされた「女性の問題意識を高めること」（コンシャスネス・レイジング，Consciousness Raising）に当たる。女性たちはまず語り合い，問題意識を高め，エンパワーメントされることが重要であり，発表が評価され優劣がつけられることではなかった。

婦研協は，３回で解消し，それ以後は全国教研に一本化されることになった。一本化してからの教研においては，各県での代表選出過程で男性が優先となり，女性の参加が困難となってしまい，結果として婦研協で指摘されたジェンダー問題の議論の継続はうち切られた形となった。中央執行部の姿勢として考えられることは，女性たちの発言への軽視があったこと，あるいはジェンダー問題の扱い方そのものがわからないこと，さらにはジェンダー問題が労働運動に貢献しないことへの懸念があったこと等である。

例えばマリア・ミース（Mies, M.）の著作の中に，次のような指摘がある。社会主義を理論的枠組みとして取り入れたところでは，女性解放思想も次のように革命プロジェクトの中に包含された，という。

「『女性問題は社会問題の一部である』（つまり，生産関係や財産，階級関係の問題である）ので，資本主義を打倒するなかで解決される。」「いずれにしても階級闘争が第一であり，女性解放の闘いは二番目である。だから，女たちは女だけの自主的な組織をつくるべきではない。女性の組織は（革命を目指す）党の指導下におかれるべきである。女性だけの組織は被抑圧者階級の統一に分裂を起こさせる。特定の女性の苦情を強調しすぎることも分裂の要因となる。」*78 このような指摘と共通するものが執行部の中にもあった可能性がある。

(3) 婦研協の解消と「母と女教師の会」への変更

婦研協の解消に当たって，第３回協議会の最後にアピールと三つの方向が奥山によって読み上げられた。アピール「平和と婦人解放のための婦人教師の使命」と，三つの方向1.「日本の子供を守りましょう」，2.「お母さんの体を守りましょう」，3.「憲法を変えないようにしましょう」である。このアピールと三つの方向には齟齬があった。アピールが「婦人解放」を主張したが，三つの方向は「母」を対象としており，「母と女教師の会」は「子供について語る」会という制限をもってしまった。当時，高田なほ子や奥山らは，母親と教師が子どもの問題を中心に連帯し，日本社会の矛盾に対する抵抗を進めることが社会変革を促し，それが女性解放に繋がる道であると考えたのである。

> 母親も女教師もともに今日の日本社会の矛盾に対する認識を深め，これへの抵抗を進め発展させてきた。つまり，この運動にとりくむ中で，母親と女教師は，自ら，意識を変革し，思想性を高め合ってきたと言うことができよう。いわば，母と女教師の会は，子どもと教育の問題を中心とする民主運動の一環であり，国民運動の一環であると同時に，今日，母親という名の婦人運動の一環でもある。
> （1-④，1975，p.158）

限界性はあるが，当時としては「子供について語る」という設定によって母である女性たちの集会が家庭や地域に受け入れられ，参加し易くなったことも考えられる。

「母と女教師の会」の開催には，「世界母親大会」の日本開催を決定した高田なほ子の意図もある。後に母親大会は「母と女教師の会」とは別の道を歩むことになるが，我が国の女性運動は，「母」として集まり「子どもの幸せ」を語り合う運動として始まった[*79]。反核実験や安保条約反対の声明を出す時も，「子どもの幸せを守る」母親の特別な希望として表現した。これらの運動を日本のフェミニスト運動と捉え，「母性主義」的傾向を指摘する歴史研究もある[*80]。確かにこの傾向をもった婦人部は，総評の中の最大の女性組織として以後世界の女性運動との連携が行われていくが，戦後ILO[*81]が保護から平等へという路線を進む中，総評と日教組は生理休暇取得運動に代表されるように母性保護の強調へと進んでいく。

なお，母親大会は，後に「母と女教師の会」とは別の道を歩むことになる。

2. 女性枠「3分の1」がもたらしたもの

婦研協解消に当たっては，「教研大会には3分の1の婦人正会員を確保する」ことが条件づけられた。「女性は3分の1」という数値はどこから発想されたのか。

「3分の1」という数値は，1940年の帝国教育会でも使われていた。戦時下，女性教員割合が急増し，1937年36.80%から1939年41.89%と男女比がほぼ半々に迫ってきた時（**表1−1**），帝国教育会は，「女教員の数は全教員の凡そ3分の1を以て適当とす」*82を決議した。戦時という状況を考えつつも女性の増加に歯止めをかけたい帝国教育会にとって，許容できる女性割合が3分の1であった。帝国教育会の要望にもかかわらず女性割合は増加し，1944年には57.31%と過半数になったことが，「女性教員過多」とされている。

1950年代の日教組の女性構成数は約半数の24万人といわれ，歳入においても約半分を担っている。しかし，教育文化部は，発言の場に女性が2分の1を占めることを避け，譲歩した数値が3分の1である。この付帯条件は全都道府県に指示され，第4回の教研正会員選出に当たって初めて女性枠が設定されたのである。この1954年の女性枠設定は，今日の女性参画促進の一方策であるポジティブ・アクション（暫定的特別措置）と似ているようにみえるが，協議会解消に向けた説得策であると同時に，女性割合を一定に制限するものでもある。確かに男性が圧倒的多数である全国教研へ女性が遅れて参入していくことには不利があることから，一定枠を設定した試みがこの時代に行われたということは評価できる。しかし，実際の女性枠運用と効果はどうだったのだろうか。

この女性枠設定については，宮本英子のように「『3分の1の婦人正会員確保』のために女性を特別扱いにすること自体教育研究の場では許されることではない」*83という考え方をする研究者もいるが，女性枠設定には意味があったといえる。第3回教研静岡大会のように女性の正会員数が8%という状況では，女性の発言量は少な過ぎる。それでなくとも戦前・戦時下における国家目的のジェンダー秩序形成に携わってきた男女教師たち自身が上下の分離状態にあり，男女で異なる経験を積み重ねてきていた。その状況で戦後の平等・平和教育を進めるには，男女教師の相互理解と共同研究は喫緊の課題であったはずである。

この付帯条件によって，教研の女性正会員割合は，第3回大会の8%から第4回長野集会で32%へ急増することとなった。選出経緯においても，例えば富山県では，県教研集会の出席は各郡市男女各1名宛と設定している *[84]。島根県では指示通りに代表15名中5名を女性としたが，男性からの不満が出てきた。県代議員会で，「教研集会県代表の決定方法に不満がある。男女の枠を無理やりにはめこんで研究の質のよいものを落とす結果となりはしないか」*[85]というのである。「女性の参加」か「研究の質か」という問題設定が起きている。女性枠の意味が充分議論されず，単なる数合わせを行った地域では，おそらく同様の疑問が起きたことが予測される。今日では男女共同参画社会基本法が示しているポジティブ・アクションは，制度や慣行，社会的慣習に組み込まれた構造的差別を解消するための暫定的な一手段と考えられているが，当時はまだこのような差別解消の捉え方はないため，女性枠設定が「研究の質」に対して挑戦するもののようにも受け取られた面がある。このことは，改めて教職員組合の行う「教育研究」とは何か，「教育研究」は女性が伝える現実をどのように聞くのか，「教育研究」の質の優劣とは何か，を問うものである。

3. 山田清人の指導

教研の女性割合が，第3回大会8%から第4回集会32%へ急増したことはどのような影響をもたらしただろうか。

前述のように，婦研協における宗像の講評にみる研究の優劣観からわかるように，ジェンダー問題を封建遺制の問題と結論づける研究は，実証が困難なうえに解決の方向も「教育労働者の歴史的役割を果たすべきもの」という運動方針からも逸れ，望まれる研究ではなかったことがわかる。このような判断規準が講師団の中に存在するうえに，教研に後から参加してきた女性に対する違和感や揶揄が存在したことを山田清人（国立教育研究所所員）の講演から知ることができる。女性代表が約3割になった第4回教研について，2年後の第6回教研「講師団代表の意見」として山田が全体会場で次のように述べた。

山田清人　第6回教育研究集会「講師団代表の意見」 1957年2月4日

静岡大会の頃までは，教研集会に出てくるひとたちは，えらばれたいわゆる意識の高いひとたちのように考えられておりました。(略) 第4回の長野集会ではなかったかとおもいます。あるひとは，長野集会がかもしだしたふんいきを評して，「悩ましい大会」といいました。(笑声) 現場教師が日頃胸に抱いていた万端の悩みが，そこでさらけ出されたからであります。(略) 世間話や身の上話のやりとりをすること，そのことのみを研究と考えたうらみがありました。(拍手) (略) われわれは，経験を語り合う単なる教師の集いをもっているのではありません。研究集会であるということであります。(拍手) してみれば，そこへ提出される報告書は，研究という厳しい作業を経たものでなければなりませんし，その作業の過程では，参考書もひもとかれねばなりません。(略) しつこく発言をとると，うちょう天になって大声でしったする会員がまだあります。(略) そういうこともわざわいしてか，ことしの全国集会には，女教師の参加が，ずっと減ってきたようにもおもわれます。ある分科会の正会員の女教師はただ1人であったとか，神武以来の不景気な話であります (爆笑・拍手)。そのことを，婦人部の集まりでは，いろいろ反省してみられたようですが，教科中心というふだんの身近かな問題になったので，かえって女教師の力不足が露呈されてしまったのではなかろうかと，謙虚な自己批判も出たようであります。(拍手)「女の先生も出しておかないと，他の県に対してみっともないぞ。」という男の教師のみえのおかげで，出席できた人もあるそうです (笑声)。家庭では，恐妻になりうる有能な素質をもっておられる女の先生が，なぜ学校という職場では，男の先生の下積みに甘んじなければならないのか (拍手)。「職場の民主化」という分科会は，まだまだ長つづきすることでしょう。ご同慶のいたりです (爆笑・拍手)。

(出所) 日本教職員組合編『日本の教育 第6集』1957，pp.700-705，より抜粋

第4回の教研では，「大声でしったする」ような威嚇が女性に対して起きていたことがわかる。そのため，第6回大会では女性の参加が減少した，と山田は述べている。山田の講演には，女性に対する嘲笑が含まれている。女性たちの発表や発言は，「世間話や身の上話のやりとり」「経験を語り合う単なる教師の集い」であり，「研究という厳しい作業」がなく，「女教師の力不足が露呈」したと評価する。研究集会に参加できたのは，「男の教師のみえのおかげ」だという。講演記録者は，(笑声)，(拍手)，(爆笑・拍手) まで付記した。これらの笑声や拍手は，講師が，女性教師の研究や発言全般をさげすむことによって，

男性教師一般が優れたものと映ったことに対し，講師への共感を参加者・記録者が示したものである。山田の言葉とその場の賛意は，決して山田一人の作意でも参加者の悪意でもなく，当時広く承認されていたジェンダー関係に基づく一場面である。女性を発言者として想定しない文化状況があった。しかし，忘れてはならないのは，指導者として承認された者のもつ力，帰途についた女性教師たちの傷心と，それらが生み出す女性の参加・発言抑制である。

では，教研での優れた研究とはどういうものだと考えられたのか。それを示すものとして当時指導的役割を果たしていた上原専禄の第4回教研での講演「民主主義教育の世界史的自覚」に注目する。

4. 上原専禄の指導

(1) 強調された「世界史的現実」

1954・55年と上原専禄は日教組教研の全体会で講演を行い，中心的指導者となっている。初めて全国各教組が女性枠を設けて集まった第4回教研の講演は，上原の「民主主義教育の世界史的自覚」*86 というものである。どのような内容だったのであろうか。

上原は，講演の中で「世界史的」・「歴史的」という言葉を以下のように再三繰り返した（記録文中では，「世界史的」が36回，「歴史的」が25回使われている）。

- 「家庭や職場や地域社会というような問題は，世界史的現実というものを全体としてふまえたような仕方で取り組まねばならない。」
- 「職場や家庭の問題を，人類の世界史的動向，日本民族の全体のあり方と動き，そういうものの一断面としてとらえる。」
- 「どんなに身辺的な問題でも，それらは人類の世界史的全動向，日本民族の全歴史的あり方と深く結びついた歴史的政治的問題であるということを自覚しうる人間，そうして，そのような自覚にたって歴史的政治的問題の解決にあたらなければならない。」

という論調で講演が行われ「望ましい研究」の方向を示した。また，近く開催されるアジア・アフリカ会議が，遅れている国とみていたインドネシアの主唱で開催されるという現実に関心をもとう，と語った。

この講演は教員にどのような影響を与えたのだろうか。一人の教員の報告が記録されている。講演を聞いた島根の荊尾俊二は県に戻って，多くの発表が「身近かな現実の地域の問題がそれのみにとどまり『世界史的現実』の問題につながらず」と報告し，県教組も新しく統一すべき課題が生まれてきた*[87]，としている。

上原は翌年の第５回教研でも「講師団代表挨拶」の中で「世界の歴史的現実」という言葉を再三繰り返し強調した。具体的な説明はなく，家庭や職場や地域社会というような身近な問題にとどまっていてはならない，とする。講師の意図の有無にかかわらず，その権威と指導は，教研という組織的・集団的研究テーマの中核と周縁を決定し，またそれが各地方での代表選出過程での選別と排除のプロセスに寄与したといえる。

(2)「封建制度概念」への疑問と研究方法への自覚

上原はどのようにして1950年代中頃の日教組教研にかかわることになり，教育研究について何を指導しようとしたのだろうか。

上原は，1950年「封建制度概念の多様性」*[88]を発表している。この中で，戦前は，学問研究者か少数の社会運動家が問題にしていた「封建制度」「封建的なるもの」が，戦後は「広い国民層の関心事になってきた事態」があるという。その理由として，目標とされた「民主化」が外側から与えられたことを契機に，多くの国民にとって民主化の意味や内容が明らかでないのと同様に，克服されるべきものとされた封建的なるものの意味があきらかでないことによる，という。

上原によれば，封建制度概念は大きく三つに類別できる。第１に，先秦時代の中国の「封建」制度概念，第２に，西欧中世におけるレーエン制度に関する封建制度概念，第３に，西欧経済学者によって観念されたヒューダリズム概念を基準とする封建制度概念である。しかし，これらは必ずしも明確に識別できるのではなく多様性と混濁性の中にあるという。その中でも，ドイツ歴史学派経済学やマルクス主義経済学の諸説が取り入れられ，我が国の封建制度概念も社会経済的性格を取得するにいたったこと，この意味の封建時代の存在を実証しうるものとする文献が多く現れたこと，を述べている。上原は，日本の学界における封建制度概念は，外国の学界の概念を比較的素朴に継受したものであり，概念類型相互間の関連を日本そのものについて求めることは困難であり，西欧学問への研究に進まざるをえない，とした。

上原は，「封建制度概念」について慎重に対応しようとする研究者であるが，日教組にとっては上原は，多くの問題の根源である「封建制度」の専門家であり，教育研究集会の研究方向を示す適任者であると期待したといえる。当時，上原は，西欧歴史学の動向を踏まえて「歴史学の研究課題」「歴史学の研究方法」を『歴史学序説』(1958) に提案している。「西欧近代資本主義の歴史的個性の究明」「世界史像の革新」「歴史意識への自己省察」は，日本の歴史学界にとっても意味の深いものであるとした。そして，学問研究が生活現実に触れながらもなおかつ学問研究としての独自のあり方を追究しているきびしい姿を，ヨーロッパ歴史学界に発見しなければならないとする。研究課題の設定に必要なのは具体的認識であり，具体的認識に達するためには世界史的省察を必要とする。世界史的省察を媒介とした日本の歴史的問題情況への具体的自覚がなければ，研究課題を真に意味あるものとして設定することは不可能である *89，という。上原は，歴史学研究における実証主義・史料批判の自覚を強調した。

上原が教研集会講演で繰り返した「世界史的自覚」「歴史的現実」という言葉は，上原がみたヨーロッパ歴史学界の姿勢からきている。しかし，参加した教師には，繰り返されただけの「世界史的自覚」「歴史的現実」の意味することを理解する者は少なかったであろう。ただ，上原の口吻から生の現実的な問題をそのまま研究課題にしてはならないこと，研究方法には厳しい自覚が必要であることが伝えられたと考えられる。

(3) 一層困難になった女性たちの発言

上原は，当時の通説である封建残滓説には疑問をもち，研究に対してはその方法を厳しく自覚する態度をもっていた。しかし，このような上原の指導によって，女性教師たちの生の生活現実を研究課題と設定することは困難となり，女性に沈黙を強いる結果を招いたといえる。女性たちが抱えていた職場の問題は，「世界史的自覚」では語れない。さらに，山田清人がいう「世間話や身の上話」は切実な体験であったが，「経験を語るのではなく研究をしろ」と言われた女性たちには，語る枠組みも拠るべき理論もまだなかったのである。後にフェミニズムは，「私的で主観的な経験」は「公的で政治的な活動」と同じぐらいに重要であり，前者は後者に影響を及ぼすこと，言い換えれば私的な領域とは公的に創り出されたものである，と主張することにより，発言力を取り戻していった。しかし，1950年代当時には，このような理論的支えはなかったのである。

第6回教研以後は，教科の自主編成に向けた研究が目指され，問題別分科会から教科別分科会に移行したため，解決しない女性たちの問題について発言できる場は家庭科教育分科会のみとなる。教科別に分断された女性たちの最後の発言の場所が家庭科教育分科会となったのである。女性たちによって依然として職場の問題の訴えが続く家庭科教育分科会に対し，第11回教研（1962年）講師団は，「この立ち遅れた教科」と酷評した。

第5節　国際連携の開始

1．冷戦構造下の国際教員組織

50年代は，国際教員組織も冷戦構造下にあった。1952年，アメリカ・イギリスなど西側諸国の教員組織といえるWCOTPが第1回総会を開催すると，翌1953年，ソビエト・中国など東側諸国の世界教員会議（FISE）が第1回総会を開催した。両組織とも，国際教員協会連合（IFTA）*90が提案した原文「世界教員憲章」について討議を行っている。

日教組は，正会員であるWCOTPよりも正会員ではないFISEの方をより重視していた。1953年に第2回WCOTP総会が開催された時には，日教組から数名参加しただけであったが，同年の第1回FISE会議には，前述のとおり矢川徳光，無着成恭らと日教組・県教組代表による一行17名が参加し，その中に女性3名，高田なほ子と千葉千代世，羽仁説子が加わっている。当初，会場が東ベルリンであったため外務省から渡航許可がおりなかったが，ウィーンに変更となったため可能となった。盛大な壮行会が行われ，総評事務局長や石山脩平らの激励もあった。羽仁説子が日教組代表として議長団に入り，また発表も行っている。

各国からの報告として，インドネシアからは，日本兵との間に生まれた多くの混血児達が不充分な教育状態にあること，オーストリアからは，両親が働いているために子どもが放置されていること，オランダからは，女教師に対する結婚退職勧告，イギリスからは，全教員の3分の2を占める女教師の低賃金（男性賃金の80%）問題が報告されている。

日本からは，主として貧困のために通学していない義務教育年齢の子どもが全国で約20万人いるが，政府による具体的な政策が立てられていないこと，山漁村の児童労働や人身売買，アメリカ軍基地周辺の慰安施設と子どもの問題が報告された。これは，日教組運動というよりも，羽仁説子による「子どもを守る会」の活動を中心とした報告である。「子どもを守る会」は，アメリカ軍基地での子どもたちへの影響を問題として1952年に結成され，1953年には「基地の子どもを守る全国会議」を開催し，アメリカ大使館へ要請を行っている。婦研協でもこれらの問題については，各地から報告されていた。

第1回FISE会議のアピール文の表現について慎重な議論が行われている。「政治的な表現を避けること」「翻訳と解釈を統一するよう努力すること」を定め，「闘争」という言葉を避けること，「労働者階級」を「働く人々」と直すことなどが一致点に至るまで議論されている。また，資本主義国の矛盾，アメリカによる経済的政治的支配，マッカーシズムに対する批判が各国から出されている *91。

この会議に参加した海後勝雄は，女性教員が多数参加し，会場で堂々と訴えている姿を印象的に受け止めている。当時，日本では男女別に研究協議会を開催していた。

日教組の代表も教育運動の講師を務める研究者たちも，FISEの方により親和的であったが，1956年，第5回WCOTPはその総会で，「FISEと協力することをやめる」というイギリス代表クレアリー女史の提案[92]を決裁した。このような状況を日教組国際部は次のように記述している。

「アメリカ教育会（NEA）を主力とする旧世界教員連合（WOTP）は兼々共産圏の教員を含むFISEとの交流を喜ばず，IFTA，FIPESOからFISEを切り離すことを願ってきた。この考え方を支持しているのが英国教員組合の一部の人々である。英国中等教員組合はこの一部の人々に反対している。現在の英教組の性格は労働組合的性格は殆どなく純教育会的存在である。」

同様に，1957年のWCOTP総会について日教組からの参加者は，米英の態度を批判して次のように報告している。

「アメリカ，イギリス教員組織の一部の幹部は，非常に政治的であり，世界の教師の友好と提携や平和への教師の熱意を大きく妨げている。」

日教組は，一貫してFISEに親和的であるが加盟はせず，総会にはオブザーバーとして参加を続けている。1957年第2回FISE総会では「世界の教育労働者戦線の統一」が採択されている。総会に参加し，またソ連を視察した宮原誠一・小川太郎・山村ふさ他は，日教組訪ソ代表団の名前で，その感激を次のような声明としてソビエト同盟に送っている。

「われわれがソビエト同盟を訪問した目的は，社会主義40年の歴史に培われてきたソ同盟の教育と学校を視察し，日本の教育を民主主義的原則にしたがって確立することに役立たせること，ソ同盟教組と恒久的な友好関係を打ち立てるために協約を締結する（略）日・ソ両国教組の闘争万歳。」

日教組はアメリカNEAとの関係を保ちながらも，ソ連社会を理想的モデルとして捉えていた。宮原誠一らの訪ソ代表団は，1957年の視察で特に注目させられたこととして「ソ同盟における女子労働者について」をまとめ，多くの女性が，しかも重要な位置を占めて男子に劣らず活動していることを，「日本では見ることができない光景である」と報告した。また，母親が家を離れ子供を家に残して仕事に専念していることを伝えた。このような女性労働が行われる理由として，社会主義革命の根底をなす勤労に対する理解と認識の徹底，働く職場と男女平等の原則，社会施設の完備をあげている。さらにモスクワ大学への進学は男女がほとんど同数か教科によっては女子学生が多い，と驚きを報告している。

2. 婦人部の国際連携

戦後，多様な国際非政府組織（NGO）が作られ，それぞれが日本の国内団体等に連携を働きかけてきた。国際民主婦人連盟（WIDF）との連携が1953年から始まり，後の「母と女教師の会」さらに「母親大会」へと繋がっている。社会主義建設をめざす世界労連傘下の世界婦人労働者会議（世婦労会議）に日教組婦人部は，1956年からオブザーバーとして参加している。

これら国際女性組織への参加とその参加者は，婦人部定期総会に提案されて決定されていることから婦人部の裁量事項となっているが，WCOTPやFISEは日教組国際部の担当であり，女性の参加は限られていた。

第6節　残された課題

1950年代に女性教員たちが指摘しながらも，その後ほとんど取り上げられず問題として残された課題に，「女性の人権」「女性に対する暴力」と女性管理職登用がある。また，国際会議に女性の派遣がほとんどなかったことから，アジア・アフリカ（A・A）諸国との女性の連帯が課題として残された。これら3点の内容について以下に述べる。

1.「女性の人権」「女性に対する暴力」についての課題

「女性の人権」「女性に対する暴力」の問題は，1950年代に女性教員によって指摘されながらも，欧米でのフェミニズム運動と国連決議によって明確にされるまで，我が国ではそのままに残されることになった。

(1) 児童虐待，児童労働，人身売買，長期欠席，性虐待等

家庭内の暴力や女子の教育を困難にする状況について，婦研協および1950

年代の教育研究集会で教師たちは以下のように報告をしている。

(1) ドメスティック・バイオレンスについて

①「両親の喧嘩により，子どもはいるところがなく親戚にあずけられていたさびしい気持の訴え，父親は軍隊生活をした人でよく暴力をふるう。」(岐阜 1954)

②「家庭の貧困と封建性の問題として封建的な家庭の中で母親と子どもが父親からいためられていることがらを知り私たちが学級通信や家庭訪問によって良く話し合った結果，子どもは『お父ちゃんはこのごろお母ちゃんを叩かんようになったし，ばんがた，ふろへ入ってから，本をよんでくれるので嬉しい』といい，母親は『このごろは夜子どもに本を読んでやったり暴力はなくなって来たので大変楽になった。まだ怒ることはあるが，以前と比較するとよくなったので嬉しい』という母」(岐阜 1954)

(2) 児童労働と長期欠席について

①「足立の長欠について，中学校各学年男女別に見ると，１年男 9%，女 12.5%，２年男 6.5%，女 7.3%，３年男 3.6%，女 4.3%。理由は身体的な障害（結核），心理的理由（劣等感・精神的欠陥），経済的理由。長欠も就労状況は，家事手伝いが非常に多く，大部分は内職に従事し，特に女の子どもは炊事などの手伝いのために男子よりも更に高率を示している。又，人身売買もある。」(東京 1951)

②「農村における労働は家族労働方式ですから婦人の労力は立派な一個の労働体として考えられなければならない。中学校においては，女子の長欠がぐんと増加している。中学校の２年３年くらいの女子は，相当な労働力を強要されている。」(秋田 1951)

③「桐生市では５百名の長欠生徒がいる。在籍の一割である。ある先生は一言も家庭問題に触れない。ある校長は，長欠の生徒が学校へ来れば教室が狭くて困るということを公然と言っている。大多数の子供が工場へ行っている。特に女子が多い。桐生は織物の町ですから工場へ行っている。12 時間から 15 時間まで働き，賃金は月 500 円から 450 円。」(群馬 1951)

④「第1分科会第2の問題としてとりあげた『子どもを守る活動をどうすすめるか』について御報告申上げる。この問題を討議する前に，まず日本の子どもがどんな状態におかれているかについて具体的に問題が提起された。山梨から冷害が非常に農民の貧困の度を増加し，貧困な生活から欠食児童がふえた。昼休みになると教室から姿を消してしまう。弁当を持ってこない。教科書を買うことができない。子どもたちの楽しみにしている修学旅行に行く金もない。子どもは旅行にゆきたいことを切実に訴えている。子どもが学校を休んで働かなければならないという山形の例もだされた。農村の貧困から，せめて飯を食わせてくれればよいというので，遠方に出稼ぎにやられている。家計の補助のために，新聞配達をしなければならない。あるいは安い賃金で使われているという例。そうしてえた金は，生計費に入れられているという実態。子守のために長期欠席をする女の子，未解放部落の問題あるいは細民街の子どもの問題，一般の人がこの子ども達に対して，差別観を持っていること。」(北海道 山崎房子，1954)

(3) 女児の人身売買について

①「年少者の人身売買は，昭和 25 年 1 月から 6 月までの調べで全国計 340 名中，山形県は最高の 99 名をしめている。また，26 年 1 月から 6 月までに既に 83 名の身売りが行われている現状である。子は親の所有物だという考え，また親のために家のために身売りすることを孝行と考えるようなともに人権に対するあやまった考え方が是正されずにいる。」(1951)

②「貧農にとって子どもは真の意味で唯一の財産である。親は子どもをかせぎに出し，口をへらすとともに一方でその送金を目あてにする。さらにこの形態がくずれるとき，そこに起って来るものは人身売買である。(略) 新潟地検の調査によっても，娼婦の親は大抵，娘の売春行為を承知しており，娘の不幸として引きとめようとした親は 50 名中 2，3 名にすぎなかった。子どももまた一家の困窮を見ると，割にやすやすと身を落とす。(略) そうしなければ親不幸でもしているように感ずるのである。(略) 甘言で無垢な少女をつる悪周旋人と，娘たち自身の道徳的な無教養，虚栄心が転落のきっかけとなっていることを見逃せぬのである」(新潟 1952)。

③「デフレにあえぐ北九州炭鉱地帯では，田川市警察に年齢を 20 歳といつわり，人身売買をした 16 歳少女が二件取り扱われた。前借りによる人身売買の奉公かせぎで，姿を消してゆく子どももみられた。」(1955)

④「島根県隠岐島では，男子は船乗り，女子は女中にする。親によって芸者にされていく子どもや親の意に従ってそのような仕事につこうとする子どもの問題が深刻である。人身売買も後を絶たない。」(1957)

⑤「職場は労働条件の劣悪な（青森の発表によれば住み込みで月 500 円～ 1000 円，通勤で 3000 円で賃金ストップ，一日 10 時間以上の労働），先行き不安定な零細企業，また，日雇いの土方や出稼ぎ，自衛隊，女の場合は色街ゆき，人身売買とさえなっている。」(秋田・香川 1958)

(4) 女児の性被害について

①「内灘基地反対闘争の後，父が失業し，母は生活苦から夜の女となり，壁を境に父は子どもをだき，母は春を売る環境の中で，犯されつつある子ども。貧しさから罪におちる子どもの実態が報告された。」(1954)

②「只見川電源開発地域では，女性との風紀問題や学業不振児，問題児の増大等，教育上配慮すべき問題が多数発生した。」(1955)

③「教研集会で，教育上独特の困難な問題をもっているところを『特殊な環境』と表現し，『特殊な環境における教育』の分科会を設定した。茨城の報告では，南部と北部で政争にあけくれ村民の教育に対する関心は低く，犯罪が随一多い水戸警察署管内の村で，中学の女子生徒が近親者から性的被害を受けた事件が 6 年間に 4 件起きた。」(1958)

戦後の人身売買は，1950 年代後半まで広く起きていたことを教師たちは報告している。被占領期の 1940 年代後半は，米軍基地周辺の性的慰安施設・飲食施設・娯楽場等の営業が内務省によって推進された時でもある。女を家庭に帰すことで行われた戦後の失業対策は，有償労働を優先的に男性たちに配分するもので，戦時下の職場を失った女性たちを買売春に追いやる面があった。女性や女児の性が，女性の失業や家族の貧困対策に利用させられたといえる。この不当な支配を女性たちは声高に訴えることはできなかった。なぜなら，これは貧しい女性と家族の「恥」だったからである。

報告の中で教師は，人身売買に対して，「親子の誤った人権に対する考え」「娘の売春行為を承知している親，一家の困窮，娘の無教養・虚栄心，悪周旋人」「年齢を偽り人身売買をした少女」「親の意」と表現し，売主である親や身を落とす子どもの問題あるいは周旋人の問題としている。教師の発言に買春男性の罪はほとんど登場しない。売春防止法（1955年）は，主として売春業または売春をした女性側を処罰する刑事処分（第2章）と，婦人保護行政（第4章）の確立を二本柱として構成されているもので，買春男性側は問題とされない。売春防止法成立により，確かに人身売買の報告は少なくなり1959年以降は報告されていないが，刑法上の問題として取り上げ議論を継続する必要があった。

大人による子どもに対する性的，商業的搾取を犯罪とみなして禁じ，処罰することを目的とした法律「児童買春・児童ポルノ禁止法」が成立するのは1999年である。それまで我が国の法律の中には「子どもの権利」という文言はなかった。

1949年の不就学児（文部省調査）は，小学校で4万778人，中学校で4万7,555人，1955年度の長期欠席児童（文部省調査）は，小学校で11万4,264人，中学校で14万5,823人にのぼっているが，それを紹介する研究書*93（1992年）も「貧困」が最大の原因と結論づけている。ジェンダーに基づく差別や暴力が，特に女児の教育機会を奪っていたことに関心を向ける必要があった。それは今日の国際教員組織*94が最重要課題とする「女児の教育」や「女性に対する暴力」をめぐる課題に直結しているものである。

女性教師たちが発言した人身売買とそれによる女子の教育阻害，買売春施設と街娼の増加や混血児差別，職場でのセクシュアル・ハラスメントも，「封建性と貧困」を原因とする言説が占め，女性に対する差別や暴力を，深刻な人権問題と捉える視点は弱かった。そこには，女性たちの発言を「封建性と貧困」

の問題に集約し，労働運動に動員しようとする講師陣が果たした役割もあったといえる。

しかしこれは「封建性や貧困」ではなく，「女性の人権」の問題であり，戦後社会全体としての関連を探る方向性の中で議論が継続されるべきであった。戦時下の性暴力と1950年代の児童買売春との相互関連や，戦地での暴力是認の風潮と躾と称した家庭内暴力との関連性について検証される必要があった。暴力の発生は決して個々人の封建性の問題ではなく，構造的な関連性をもった社会的問題である。家庭の中の人間関係が構造的・社会的要因によって規定されるものであるという問題意識が欧米諸国で注目を集めだしたのは，1960年代後半から台頭した女性運動の高まりによるものである。さらに，従軍慰安婦制度の犠牲者の登場により「女性に対する暴力」*95がようやく定義づけられたのは1993年である。

「公的及び私的な生活における女性に対する暴力の撤廃」が1993年ウィーン世界人権会議で採択されたことにより，人権が伝統的には国家に対しての市民の保護として見なされてきたのに対し，女性の人権の侵害は家族内あるいは社会的な場面で生じることが多いという点が認識されるようになった。女性への暴力が，女性の人権問題として扱われると同時に，被害者への臨床研究も進み，心的外傷（トラウマ）が及ぼす影響もわかってきた。

婦研協の解消によってこのようなジェンダー問題の発言の場は限られ困難になっていったが，同じ時期，欧米のフェミニズムや国連では，議論が継続されていったのである。

(2) 女性管理職登用要求の消滅

婦研協が解消し，さらに教研への参加が困難になっていったこと，問題別分科会から教科別分科会へ移行したことによって，1960年代以降，女性の率直な発言の記録は減少し，女性管理職登用要求は消滅していった。

1950年代の女性教員たちは，「女性は劣る」というメッセージを多く受けていること，それに基づく劣等感や不安等を原因として教研等への参加や発言を躊躇する傾向があることを捉えることができた。参加や発言を怖れる傾向は，女性教員たちの議論の中に意識的・無意識的に現れ，話題の共通性があることも捉えられた。このような「学習された無力感」とさらに，威嚇や暴言，嘲笑を含めた女性に対する多様な暴力とそれによる「集団的トラウマ」が考えられる。

「暴力」は，今日定義されるように，身体的暴行だけでなく，暴言や脅迫など精神的苦痛をも含めて考える。身体に受けた傷を意味した「トラウマ」という言葉を，フロイトは「心の傷」として，精神医学の用語に転用したことによって，個人の神経症について，PTSD（心的外傷後ストレス障害）という診断名とともにトラウマが心理に与える機能についての概念が得られるようになった。フロイトはさらに，個人のPTSDと，集団の心理状態との間に「類似」(analogy)を見出すことが可能であるとする*96。

すでに1980年代，マリア・ミース（Mies, M.）らは，性別分業の社会的起源を暴力においている*97。そして1983年，ヴェロニカ・B＝トムゼン（Bennholdt-Thomsen, V.）は，「女性を従属的な地位につなぎとめているのは，暴力と集団的トラウマ（根拠のある不安）である」と述べ，「女性は主婦へと社会化されているのではなくて，トラウマを与えられている」，「女性労働（家事労働・稼得労働）は，管理された強制労働である」*98という。

女性たちが「学習された無力感」や「集団的トラウマ」の状況にありながら，長く「女性自身の問題」とされてきたのではないかと考えられる。それは，分析対象となった1950年代の女性教員だけに起きていたのではなくて，女性参画を阻む要因として広く社会に存在していたと考えられる。例えば，1960-70年代に盛んに書かれた「女教師論」は，育児休業制度等の労働環境が整わない中での厳しい二重労働を抱える女性教員を劣った教師として批判してきた。家庭役割を一人でかかえ，学校では主体性の弱い女性教員について，当時日教組婦人部長だった奥山えみ子は，それを「女性教員自身の問題」，「これまで受けてきた教育による問題」だとして女子教育運動を開始している。

また，1980年代には，欧米での女性管理職登場に比較し，日本の女性教員の半専門職意識，管理職へのアスピレーションの低さを，天野正子は，「女性教師の意識の問題」だとした。今日においても同様の言説がある。例えば，

2006年，高野良子は，女性の昇進機会の平等がある程度機能しているにもかかわらず女性管理職率の低さ（女性公立小学校長率，2005年度18.2%）の要因は，「育てる側のみならず，育てられる女性教師の側にも問題がある」「女性教師の側で自己規制している」と，女性教師側の問題として強調し，「怯まず果敢に挑戦する仕事姿勢が女性教師には強く求められる」*[99]とした。

女性教員の管理職への進出が進まない状況について河上婦志子のシステム内在的差別の指摘もあるが*[100]，今日まで一般に「女性自身の問題」と結論づけられる傾向があるといえる。「女性自身の問題」とは何か。なぜ，今日においても女性たちが「怯え」なければならないのか。「女性自身の問題」としてしまうことでこれまで見落とされてきた問題があるのではないかと考えるのである。それが，ジェンダー・ヒエラルキーというジェンダー関係の中で「学習された無力感」や構造的暴力による「集団的トラウマ」とこれらを女性の側に与え続ける男性性の問題なのではないかと考えられるのである。

1995年の第4回世界女性会議でのキーワードは，「エンパワーメント（女性が力をつけること）」であった。女性たちは，従属や差別の経験を繰り返すことによって「学習された無力感」にとらわれていることから，自分への自信と自己評価を獲得し直す必要がある，という考え方からきている。

2. アジア・アフリカ（A･A）諸国との女性の連帯

1960年の第3回FISE総会は，ギニアで開催されたこともあり，アジア・アフリカ諸国の女性たちの状況に目が向けられた。残念ながら，我が国からは女性は参加していないが，南アフリカ婦人同盟・国際民主婦人連盟のあいさつは，女性たちの深刻な状況を伝えている。「世界の7億の文盲・半文盲は，主として女性たちであり，その大多数はアジアとアフリカに住んでいる。特に経済的条件が家族に押しつける選択が，就学当初からさえ娘と息子のあいだに差別を生ませる」。貧困によってジェンダー不平等な選択が家族によってなされ，女児の教育が阻害されることから低識字率が生じていた。ユネスコ（国連教育科学文化機関）や国際教員組織など政府間・非政府間組織は女児の教育の促進が深刻な課題であることを受け止めるようになっていく。

一方，我が国では，戦後から50年代にかけて，貧困はほぼ同様の状況にあり，児童労働・人身売買が頻繁に起きていたが，教師たちは女児の教育阻害は，日本の封建制度の残滓であり「封建性と貧困」の問題であると捉えた。しかしそれは，A・A諸国にも共通に存在する深刻なジェンダー問題だったのである。「日本の家庭や地域社会に残る封建制の残滓」と説かれていたものが，日本以外でも共通に存在していた。すなわち，封建制（feudalism）の残滓と捉えるのではなく，各国に広くみられる家父長制（patriarchy）や暴力と捉えることができる。家父長制は，「家長の支配」といったものだけを含むのではなく，性に基づいて権力や役割が配分される関係と規範の総体のことである。したがって家父長制は，近代から現代の時代が下ることで消滅するような性質のものではない。女性が家事を担うという役割が固定的に性に基づいて配分されているという状態も，家父長制概念で捉える*[101]。ラディカル・フェミニズムは，男性中心の文化や知識そのものを疑問視し，男性支配，家父長制的構造そのものの除去を目的とした。

M. ミースは，インドにおける女性に対する暴力について，次のように述べている。「インドの左翼はこうした富裕層の貧困層へのテロリズム，とりわけ女性に対する性差別主義的暴力をインドの農村における『封建的』ないし『半封建的』な生産関係の遺物として解釈してきた。しかし，暴力の増加，とくに性的暴力の増加は（農村地域だけでなく都市においても）もはや否定のしようがないのであるから，封建遺制テーゼにはあまり信憑性がない」*[102]とし，資本主義的家父長制（capitalist-patriarchy）を指摘する。これは，資本家による労働者の抑圧（資本主義的抑圧）と，男性による女性の抑圧（家父長制的抑圧）という2種類の抑圧の重層性や関連性，または一体性を強調する用語である。マルクス主義フェミニズムの立場をとるミースは，家父長制概念を資本主義生産体制と関連づけて不平等を捉えようとした。

日教組がアジアの一員としてA・A諸国の問題を受け止め，そこから学ぶためには女性を会議に送る必要があったが，1960年代は婦人会議と銘打った会議以外には女性派遣がない時期であった。労働運動にとっては，A・A運動への連帯意欲は乏しかった。

それについて，1960 年第 2 回 A・A 諸国国民連帯会議に参加した加藤万吉は，報告書の中で「労働問題と A・A 連帯運動の大衆化について」次のように述べている。

「A・A 運動なりアフリカの独立問題というものを階級的基盤の中に運動としておろす，このことがどうしても必要ではなかったかということを痛切に感じました」。

加藤がこのように述べるほど日教組にとっては，A・A 運動や女性の低識字率克服は階級闘争の一環として捉えることは難しく，したがって連帯の意味を捉えることも難しかったといえる。1950 年代の我が国の児童労働や女児の人身売買・性暴力も，「貧困」によるものとされ直接的には警察や福祉の問題として扱われ，日教組の関心事項ではなくなっていくが，アジア諸国には，日本軍占領時代の性暴力，「従軍慰安婦」，混血児の問題があり，1953 年の FISE 総会では，インドネシアから，日本人との間の多くの混血児達の不十分な教育状態の問題が出されていた。しかし，復員教員たちは語ることなく，戦地を経験したはずの槇枝元文も日教組の関心も低かったといえる。

しかし，ユネスコや WCOTP，各種 NGO はこれらの問題を教育問題として位置づけ続けたのである。

【註】

*1　槇枝元文「戦後労働運動を生きる槇枝元文」月刊労働組合編集部編『戦後労働運動を生きる』労働大学，1995，p.155.「戦前は翼賛団体の帝国教育会があって，教員は，すべて当然のこととしてそれに結集してましたが，教員組合を作れということで，地方では教育会を解散して教員組合に変えたんですね。それで，教育会の会長，副会長，事務局長だった人が，組合の委員長や書記長になったりして，名称は変わったけど，中身は全然変わらないわけです。だから特に労働組合思想があったわけではなく，教育会の延長上に作られたようなものでした。」

*2　石川ふさ先生教壇 50 年記念祝賀会編『石川ふさ先生と女教員会 20 年史』大空社，1992.

*3　木内キヤウ『教育一路／汎太平洋婦人会議に列して 伝記叢書 65』大空社，1989，pp.138-146.

*4　1928 年第 1 回汎太平洋婦人会議がハワイで開かれ小学校女教員が 6 名参加している。木内が参加する連合婦人会の幹事会に開催連絡が入ったのである。幹事会には吉岡弥

生・井上秀子・ガンドレット恒子らが参加していた。以後全部で3回，人員12名の代表を送っている。第1回汎太平洋婦人会議に参加するに当たっては，「日本に於ける初等教育上考慮すべき諸問題」と題して意見を広く募集し，73名，1小学校から意見を得ている。昭和3年当時の女性教員に関する意見がみられる。

＊5　木内キヤウ『汎太平洋婦人會議に列して』矢島印刷所，1929，pp.91-92.
＊6　木内キヤウ『教育一路』日本文化研究會，1941，p.188.
＊7　同上書，pp.185-186.
＊8　ジョジョ企画・編『女たちの20世紀・100人』集英社，p.47.
＊9　福田寛『文部省指導要項―母性訓』『女と戦争 第8巻〔近代女性文献資料叢書8〕』大空社，1992，pp.150-158.
＊10　石川ふさ「全國小學校聯合女教員會20年史」，前掲書＊2，p.167.
＊11　新井淑子「解説」，前掲書＊2，p.7.
＊12　伴 栄子「占領期の熊本における女性対策」『新女性史研究』1996.
＊13　シーマンズ，H. H.，土持法一訳「ある占領体験者の観察：戦後における日本女性の変遷と向上」『戦後教育史研究第4集』明星大学，1987.
＊14　千葉県教職員組合婦人部『あゆみ第5集 婦人教師の歴史と現状』婦人部結成20周年記念号，1969，p.75.
＊15　石川県各種女性団体連絡協議会編『石川の女性史 戦後編』2000，p.153.
＊16　同上書，p.153.
＊17　高野良子『女性校長の登用とキャリアに関する研究』風間書房，2006，p.267.
＊18　文部省初等中等教育局地方課『教職員の組織する職員団体の概況（昭和38年6月1日現在）』1963.
＊19　清水一彦他『最新教育データブック　第11版』時事通信社，2006，p.164.
＊20　日本教職員組合『2002会計年度第三期決算監査報告書』2003.
＊21　文部科学省『教育委員会月報』2012年1月号，p.19.
＊22　同上書，p.19.
＊23　高田なほ子『雑草のごとく』ドメス出版，1981.
＊24　「戦後日本教育史料集成」編集委員会『戦後日本教育史料集成』第一巻，三一書房，1982，p.160.
＊25　槇枝元文，前掲書＊1，pp.155-167参照。
＊26　日本教職員組合「第1回教育研究大会行事経過報告」『教育評論』臨時特集号，1952，p.3.
＊27　木村松子「『新教育指針』序論（文部省1946）の再検討」日本学校教育学会編『学校教育研究』第16号，教育開発研究所，2001，pp.142-155参照。
＊28　鹿児島県教職員組合『10年のあゆみ』1957，p.2.
＊29　同上書，p.3.
＊30　同上書，p.95.
＊31　初代婦人部長となった高田なほ子が次のことを述べている。「私の品川区では，教育会や校長会があって，その偉いのが，敗戦と同時にGHQから『組合を促進せよ』という命令を受けてたらしいんだね。だから，校長がめぼしいのを呼び集めたことは事実なんだね。私もその中に入ったわけ。（略）男の前でもの言えなかったのが，男の前

で言えるわけでしょう。言ったってだれもおこんないでしょう。はじめから私は組合が楽しかったね。」高田なほ子他「座談会 日教組婦人部30年の歴史の上に」日本教職員組合『教育評論』1977年7月，p.27.

＊32 鹿児島県教職員組合，前掲書＊28，pp.110-111.

＊33 奥山えみ子の語り。筆者によるインタビュー，2003年12月25日。

＊34 読売新聞戦後史班『教育のあゆみ』読売新聞社，1982，p.142.

＊35 伊福部敬子『母の世紀の序』萠文社，1940．中嶌邦監修『女と戦争 第6巻〔近代女性文献資料叢書6〕』大空社，1992，序参照。

＊36 伊福部敬子『母性の歴史』新踏社，1942，pp.0-3．山崎朋子監修『叢書 女性論 40』大空社，1997.

＊37 福田寛『文部省指導要項―母性訓』『女と戦争 第8巻〔近代女性文献資料叢書8〕』大空社，1992，p.72.

＊38 「戦後日本教育史料集成」編集委員会，前掲書＊24，p.171.

＊39 同上書，p.173.

＊40 伊福部敬子，前掲書＊36，pp.71-72.

＊41 神近市子「総選挙に婦人はいかに行為したか」1928，神近市子『現代婦人読本』天人社，1930，p.54．原ひろ子監修『神近市子 現代婦人読本』ゆまに書房，2000.

＊42 山川菊栄「本邦婦人問題の前途」『女の立場から』三田書房，1919，pp.19-24．山崎朋子監修『叢書 女性論16』大空社，1996.

＊43 吉武輝子「人物女性解放思想史講座・第8回吉屋信子」女子教育もんだい編集委員会『季刊 女子教育もんだい』No.16夏，労働教育センター，1983，p.64.

＊44 読売新聞戦後史班，前掲書＊34，1982，p.142.

＊45 田中耕太郎「現代の思想的アナーキーと其の原因の検討」『改造』1932，田中耕太郎『現代知性全集（30）田中耕太郎集』日本書房，1959，p.3.

＊46 田中耕太郎「序」『現代知性全集（30）田中耕太郎集』日本書房，1959，p.86.

＊47 成田龍一『〈歴史〉はいかに語られるか 1930年代「国民の物語」批判』NHKBOOKS，日本放送出版協会，2001，pp.27-28.

＊48 鹿児島県教職員組合，前掲書＊28，p.109.

＊49 木村松子「公務員制度確立期の教育職賃金観に関する一考察 ジェンダーの視点による再検討」日本学校教育学会編『学校教育研究』第17号，教育開発研究所，2002，pp.86-101.

＊50 日本教職員組合婦人部編『日教組婦人部三十年史』労働教育センター，1977，p.60.

＊51 槙枝元文「高田なほ子さんとの出合い」退職婦人教職員全国連絡協議会編『扉をひらいた人』第一書林，1992，p.22.

＊52 鹿児島県教職員組合，前掲書＊28，p.125.

＊53 河上婦志子『二十世紀の女性教師―周辺化圧力に抗して―』御茶の水書房，2014，pp.241-269参照。

＊54 宮本英子「全国婦人教員研究協議会の研究」『日本教育史研究』第16号，1997.

＊55 日本教職員組合『教育評論第1回教育研究大会報告書』1952，pp.2-5参照。

＊56 日本教職員組合「第1回教育研究大会行事経過報告」日本教職員組合機関紙『第1回全国教育研究大会報告書』1952，p.3.

＊57　村上貴美子『占領期の福祉政策』勁草書房，1987，pp.46-50 参照。
＊58　富山県教職員組合『県教組 10 年史』1957，p.192.
＊59　文部省『学校教員調査報告 昭和 25 年 4 月 30 日現在』1950.
＊60　文部科学省『データからみる日本の教育』資料編，2006，p.72.
＊61　池木清「公立小・中学校，高校の男女別採用状況」日本教育新聞社『週刊 教育資料』No.864，2004 年 10 月 4 日号，pp.36-43.
＊62　日本教職員組合婦人部編，前掲書＊50，p.232.
＊63　松田佐和「婦人教師の参加をすすめるために」日本教職員組合編『日本の教育 第 4 集』国土社，1955，p.614.
＊64　日本教職員組合，前掲書＊55，p.3.
＊65　新福祐子『女子師範学校の全容』家政教育社，2000，p.157，「大正六年には第一回全国小学校女教員大会が開かれた。ここで第二議題として有夫女教員の勤務時間をめぐり白熱した討論がなされた。」
＊66　日本教職員組合婦人部『真実を求めて』非売品，1952，p.2.
＊67　同上書，p.10.
＊68　外崎光広「山川菊栄論社会主義女性解放論の泰斗」女子教育もんだい編集委員会『季刊 女子教育もんだい』No.9 秋，労働教育センター，1981，pp.108-111 参照。
＊69　社会福祉法人「全国社会福祉協議会連合会」は，1952 年『婦人福祉対策』の中で次のように述べている。「売春婦の総数は 30 万を下ることはあるまいといわれている。この数は，わが国の女子の総人口 4,139 万人について見ると実に女子 137 人に 1 人の売春婦がおり，15 才から 40 才までの女子の総人口 1,688 万人についてみると実に 56 人に 1 人の割で売春婦がいるという恐るべき事実を見出すのである。」『性暴力問題資料集成』第 4 巻，不二出版，2004，p.3.
＊70　藤原房子「はじめに」東京女性財団『都民女性の戦後 50 年―通史』1997，pp.20-24.
＊71　日本教職員組合婦人部編，前掲書＊50，p.148.
＊72　内閣府「男女間における暴力に関する調査」2006 年 4 月 14 日発表。調査は昨年 11-12 月に全国の 20 歳以上の男女計 4,500 人に実施したもの。回答率 64.2%。
＊73　本来「肉体に受けたひどい傷」を指す言葉であった“trauma”を「心の傷」という意味で精神病理学の用語として用いたのはフロイトである。フロイトは 1938 年，共同体あるいは集団のトラウマという概念を示した。例えば戦争という衝撃的な出来事と共同体の歴史の中でトラウマ記憶の様相があらわれるという。下河辺美知子『トラウマの声を聞く 共同体の記憶と歴史の未来』みすず書房，2006，pp.49-77.
＊74　日本教職員組合婦人部『扉をひらくもの第 2 回全国婦人教員研究協議会報告』1953，p.63，pp.72-73 参照。
＊75　同上書，p.61 参照。
＊76　日本教職員組合婦人部，前掲書＊66，1952，pp.55-56 参照。
＊77　同上書，p.59.
＊78　Mies, M., *Patriarchy and Accumulation on a World Scale*, Zed Books Ltd, 1986.［邦訳］ミース，M.，奥田暁子訳『国際分業と女性 進行する主婦化』日本経済評論社，1997，pp.271-272.
＊79　多賀は，由美さん（仮名）の体験と思いを次のように記している。「教員の誘いで入会

した『母と女性教職員の会』では会長をつとめた。それがきっかけとなって，女性運動団体の活動にもかかわるようになり，市の女性問題審議会の委員にも任命された。(略) それらの活動を支えていたのは，自分の子どもに限らず，子どもたちによい成育環境を提供してやりたいという『母』としての思いだったという。」多賀太「大人の『男』と『女』は変わらない？―成人期のジェンダー意識の変容―」天野 正子・木村涼子編『ジェンダーで学ぶ教育』世界思想社，2003，pp.254-255.

*80 ゴードン，アンドルー（Gordon, A.)「55 年体制と社会運動」歴史学研究会・日本史研究会『日本史講座 戦後日本論』第 10 巻，東京大学出版会，2005，p.268.

*81 Whitworth, S., *FEMINISM AND INTERNATIONAL RELATIONS*, Macmillan Press Limited, 1994.［邦訳］ウィットワース，S., 武者小路公秀他監訳『国際ジェンダー関係論―批判理論的 政治経済学に向けて―』藤原書店，2000.

*82 石川ふさ「全國小學校聯合女教員會 20 年史」，前掲書*2，p.167.

*83 宮本英子，前掲書*54，p.91 参照。

*84 富山県教職員組合『県教組 10 年史』1957.

*85 島根県教職員組合『島根県教組十年史』1959，p.147.

*86 上原専禄「特別講演民主主義教育の世界史的自覚」日本教職員組合編『日本の教育 第 4 集』国土社，1955，pp.6-18 参照。

*87 島根県教職員組合，前掲書*85，p.147.

*88 上原専禄「封建制度概念の多様性」『思想』1950，2 月号。上原専禄『歴史学序説』大明堂，1958，pp.278-303.

*89 上原専禄「第三歴史学の研究課題」『歴史学序説』大明堂，1958，pp.91-118.

*90 International Federation of Teacher's Associations, ヨーロッパの主として義務教育関係者の集まりで，古い伝統をもっている。WCOTP に加盟してからは，その中の主要な組織となるとともに，従前から世界教員組合連合会（FISE）や FIPESO とともに合同委員会を作り，独自の活動もしている。日本教職員組合『国際会議報告』1957，p.7 参照。

*91 日本教職員組合『第 1 回世界教員会議報告書』1953.

*92 1956 年 第 5 回 WCOTP 総会「WCOTP の組織団体は（IFTA および FIPESO），WCOTP の団結のために，憲章第一章第四条で規程されている WCOTP の権限に属する事項に関しては，FISE と積極的に協力することをやめるべきである。われわれは，憲章および 1955 年のイスタンブール決裁にしたがって，国際問題における WCOTP の地位を確立するために，執行部が直ちに措置をとることを主張する。」日教組報告書。

*93 江藤恭二・篠田弘・鈴木正幸編『子どもの教育の歴史―その生活と社会背景をみつめて―』名古屋大学出版会，1992，p.226 参照。

*94 日本教職員組合編『EI 第一回世界総会関係資料集』日教組，1995 参照。日本教職員組合国際部『教育インターナショナル第 3 回世界総会報告書』日教組，2002，参照。

*95 「女性に対する暴力の撤廃に関する宣言」（国連総会決議）による定義は，「性に基づく暴力行為であって，公的生活で起こるか私的生活で起こるかを問わず，女性に対する身体的，性的若しくは心理的危害または苦痛（かかる行為の威嚇を含む），強制または恣意的な自由の略奪となる，または，なるおそれのあるもの」（第 1 条）

*96　下河辺美知子『トラウマの声を聞く 共同体の記憶と歴史の未来』みすず書房，2006，pp.49-77.

*97　Mies, M., Veronika Benholdt-Thomsen and Claudia von Werlhof, *WOMEN: THE LAST COLONY*, Zed Books Ltd, 1988.［邦訳］ミース，M.「序」，ミース，M.・ヴェールホフ，C. V.・B＝トムゼン，V., 古田睦美・善本裕子訳『世界システムと女性』藤原書店，1995，p.28.

*98　同上訳書，p.219.

*99　高野良子「女性校長の誕生」日本教育新聞社『週刊教育資料』No.928，2006年3月6日号，p.31.

*100　河上婦志子「システム内在的差別と女性教員」女性学研究会『ジェンダーと性差別』第1号，勁草書房，1990，pp.82-97.

*101　瀬地山角「近代社会とジェンダー」金井淑子監修『ジェンダーと女性政策』神奈川県立かながわ女性センター，1995，p.14.

*102　ミース，M.「インド農村における階級闘争と女性の闘い」前掲訳書*97，p.235.

第2章　労働権運動の展開
—1960・70年代を中心として—

労働の場と家庭の場での婦人解放を推進していくことができるのは女性教師であり，女性教師の役目である。（奥山えみ子 1962）

占領軍の指令通りに婦人部が廃止されたままの労働組合も多い中で，女性が運動に取り組むことができた数少ない組織の一つが日本教職員組合婦人部である。

序章で述べたとおり，これまで日本の女性学やフェミニズム研究に労働組合や教職員組合がほとんど登場せず，日教組婦人部の運動もまだ正当な評価を受けていないといえる。奥山が，基本的人権としての労働権確立運動として位置づけていた育児休暇運動も，岩本美砂子は，「『働く母親』としての女子教員の母性保護が主眼であった」*[1]とし，鹿野政直も，「就労する女性たちの母性保護の運動」*[2]と評価する。すなわち，これらの運動は労働組合による母性保護を求める運動であると今日まで受け取られてきた面がある。

女性教員の育児休暇運動が労働権運動なのか母性保護運動なのか未だ明確に捉えられていない。そもそも，女性の労働権とは何か，それがなぜ確立しないのか，という議論も充分であるとはいえない。

奥山は，女性部の「50年という長いたたかいのバックボーンは，女性が働き続けるための権利問題です」(5-③，2002，p.64) と述べている。国民は，勤労の権利を有し，義務を負う (憲法第27条)。しかし，女性の勤労の権利は，結婚・出産・育児等により，就労の初期の段階から脅かされ，生涯にわたって働く目標をもつことを困難にしてきた。女性にとって労働とは何か，家事・育児などの家庭的責任は誰がどのように担うのか等について，家庭・社会の中には矛盾が山積していた。

この章では，奥山の労働権確立運動を具体的に追いながら，公的・私的な生活での労働のあり方を模索する過程を明らかにする。

奥山の就任以前の運動により，産休補助教員の確保法が成立（1955年）し，産休による学級分散やそのための保護者からの非難，同僚への迷惑を避けることが可能となってきた。しかし，出産休暇後の育児に関してはほとんど個人的な解決に任され，やむなく辞職に追いこまれる教員もいた。教職の前期に多くの教員が直面する育児が，労働権を脅かす状況が放置されていた。そこへ，「育児休暇」という考え方が導入され始めたのである。奥山の肩にかかってきたのは，乳幼児の育児期間の労働権確保をどうするかその運動の方向を決定することである。保育所の設置が不充分である以上，緊急措置としての育児休暇が必要となっていた。しかし，当初の運動方針は保育所増設であって，育児休暇は想定していなかった。

一方，国際社会では保育・育児に対する考え方が大きく転換していく時期であり，奥山らの運動中も法案成立後も，影響を与えてきた。本章では，語り尽くされたかにみえる日本の育児休業制度の導入についてジェンダーの視点から再検討を加える。

第1節は，労働および労働組合をジェンダーの視点で検討したこれまでの研究を概観する。

第2節では，奥山の婦人運動論を探り，教師が抱える問題の捉え方や運動の方法や方向は何だったのかを考察する。また，奥山が運動を開始しようとした時点で，日教組組織は奥山にどのように見えていたのかを明らかにする。また，当時盛んに書かれた女教師論や女性教師自身の手記から，家庭的責任はどのように考えられ，実際にどのように担われていたのかを探る。第3節は，育児休暇運動をめぐって展開された多様な議論を再検討する。第4節は，育児休暇法案はどのように展開されたのかを探り，国会を中心とした女性の労働権確立に対する認識を明らかにする。第5節は，家庭的責任に関するILOやWCOTPなどからの働きかけや，スウェーデンなど北欧での育児の考え方を奥山がどのように受け止めて行ったのかを明らかにする。第6節は，政府与党からのバックラッシュの様相を明らかにするとともに，女性の労働権の確立には，労働政策だけではなく家族政策，教育政策とが密接に関連していることを運動の中から明らかにしてきた過程を述べる。

なお，奥山の記述や語りはゴシック体で示し，序章の**表序ー1**「奥山えみ子の著述文献リスト」の文献番号を付記した。

第1節　労働と労働組合に関するこれまでの研究

1．労働とジェンダーに関する研究

赤松良子らの「婦人労働・労働時間」『労働問題と労働法』(1956) は，女性労働について戦後初めて体系的に論じたものといわれ*3，欧米各国の女性労働の保護と平等の法的規制の歴史を紹介した。ここですでに，女性の「保護と平等」が矛盾しない福祉社会と，当面の問題として起こる企業と労働者間，男女労働者間の対立を指摘し，労働運動の方向も示されていたことは興味深い。働く女性の「保護と平等」は，長く女性労働のテーマであり，一方が他方の実現を妨げるという緊張関係が常に存在した。

S・ウィットワース (Whitworth, S.) は，ILO の「保護と平等」に関する政策の変遷について述べている。ILO にとって男性は「標準の」労働者であり，保護や休暇を与える対象としては不可視のものであったこと，子どもを産む者，あるいは育児者としての役割ゆえに，女性には保護や休暇が必要であると考えられていたこと，しかし，育児責任を女性だけが負うものではなくなるにつれて，男性もまた諸政策において可視的なものとなっていったことを示した。ILO の保護労働立法に反対する女性団体の運動は，1920 年代半ばから増加していた，という。当時の ILO 政策についてウィットワースの指摘をまとめると，以下のようになる。

ウィットワースは，本来女性を保護することを目的としていながら，実際には女性を差別するような働きを担ってしまったことに ILO が気づいたのは 1977 年であり，女性の不在が不平等に寄与していたことを認めはじめた，ということを明らかにした*4。ILO という一組織の歴史を通じて女性と男性に関する捉え方がどのように変化してきたかを検討することで，そこに反映されているジェンダー間の権力関係を分析することができる，というこのような研

表2－1　S・ウィットワースが指摘する初期ILOの「女性の保護」がもたらしたジェンダー

女性労働者に付与されたジェンダー	男性労働者に付与されたジェンダー
・妊娠に悪影響を与える物質や作業から保護されるべきである。 ・子育て能力を損なうものから保護される必要がある。 ・妊婦か母親以外の女性は保護する必要はなく，「標準の」男性労働者と同じ。 ・女性の労働が禁止される職種では，女性がどうしても働かなければならないという事実の無視があった。 ・女性の労働は家庭を疲弊させる。 ・生殖に重要な役割を担っている。 ・女性自身よりも将来の子どもの保護を目的とする。	・男性は「標準の」労働者である。 ・生殖やセクシュアリティゆえの保護を必要としない。 ・男性の労働は家庭を疲弊させない。 ・女性が働くことは，主要な稼ぎ手としての役割を夫から奪うことによって，夫の道徳的な退廃につながる。 ・生殖への役割が不可視化されている。
・女性の保護や労働禁止は，すべての労働者が厳しく危険な労働状況に直面していることの重大さに取り組めなくした。	

（出所）ウィットワース，S.，武者小路公秀他監訳『国際ジェンダー関係論～批判理論的政治経済学に向けて～』藤原書店，2000，pp.188-225より筆者作成

究は，日教組という一組織を取り上げる本研究にも示唆的である。

我が国の女性問題・女性労働について思想信条を問わない研究交流の場として，婦人問題懇話会（1962年設立）*5および婦人労働研究会（1965年設立）*6が設けられ，調査研究が進められている。奥山も，1977年，この婦人労働研究会で「育児休業の現状と課題」を報告している。女性雇用の実態や変化が国際比較等で調査され報告されているが，1986年の男女雇用機会均等法施行以後も共通に述べられていることは，我が国の賃金の男女間格差が諸外国に比べて大きいこと，30歳前後の労働市場からの退出・再参入いわゆるM字型就労の傾向が顕著なことである*7。

日本の男女賃金格差が縮小しない原因の一つとして，田中かず子は，「家族賃金イデオロギーを体現化した年功賃金制度」をあげている。田中は，日本の年功賃金は「仕事」の内容ではなく，その人の属性で決まる属人給であり，「仕事」に賃金がつくのではなく，「年功」につくと指摘する*8。教職員の場合は，平等取扱いの原則をもつ公務員制度によって男女同一労働同一賃金が確立している

が，民間企業の年功賃金制と「家族賃金イデオロギー」が作用し，共働き女性，特に年齢の高い女性教員が嫌われる原因となっていることが指摘できる*9。

田中は，賃金格差が縮小しないもう一つの原因は，「働きぶり」を評価する人事考課のあり方にあるとする。年功賃金体系の中で，昇進昇格速度を決定する要素として職務遂行能力があるが，この能力は企業の都合にあわせて働く「能力」，24時間会社第一という生活態度をもって行動できる「能力」であり，これはつまり，家庭や地域社会を完全に託すことのできる「妻」がいる「男性」がモデルとなっている。

竹中恵美子は，女性の低賃金がこれまで有償労働の中だけで説明されてきたが，有償労働と家事や育児等の無償労働をトータルに捉えたうえで説明しなければならないとする。有償と無償の労働を男女に公正に配当してこなかった社会のシステムを分析することなしには，女性の社会的地位が依然として低い状況にとどまっていることを説明できないというのである*10。ILOは，1980年に「女性は世界の労働の3分の2を担いながら，その収入は5%，資産は1%に過ぎない」と発表した。有償労働の背後には膨大な無償労働が存在し，その圧倒的部分は女性が担っている。

1981年にILOが，家族的責任に関して男性労働者と女性労働者を平等に扱うよう求める条約（156号）と勧告（165号）を採択したことは，画期的なことであった。

我が国では，1960-70年代を中心に女性の労働権と家族的責任をめぐって，教師たちは活発な議論を行った。その議論と運動を通して何がどのように明らかになってきたのかを再検討することは，まだ充分には行われていないといえる。A・ゴードン（Gordon, A.）は，「55年体制と社会運動」の中で，女性の労働権を求める努力が男性労働者の活動に比べてほとんど労働史家の関心を引いておらず，今後研究を進めていく必要がある，と指摘している（2005年）。例にあげたのは，看護職に占める既婚者の割合の変化である。1958年に2%だった既婚看護婦の割合が，80年代までに69%にも上がるほどの女性の努力に対して，労働史家の関心は向けられなかったという*11。同じことが女性教員の努力に対しても起きているといえる。

2. 労働組合とジェンダーに関する研究

ウィットワースは，初期のILOに女性の保護の考え方をもたらした労働組合には，男性の雇用を脅かすことのないように女性の雇用を制限したいとの動機があったとする。女性との競争から男性を守ることに衝き動かされたために，組合は社会における女性の役割についての一般的な考え方に頼ってしまった，と指摘する*[12]。

同様にJ・W・スコット（Scott, J. W.）は，「ジェンダーと階級」に関して，階級が男性として表象されたこと，生産性と男性性とを等値するような階級の構築だったこと，したがって，男の職種に競争による危機が生じた時には，女を排除することができたこと，女の組合加入が拡大しても，女は階級を代表して政治行動をするのに適任とは見られていなかったことを述べている。さらに，「階級」や「労働者」の構築性に関して，まずカテゴリーそれ自体，すなわち労働者，男と女というカテゴリーそのものにまで及んでいる差別を分析することの重要性を指摘する。「階級」概念がいかに過去の運動の言説の中で，さらにそれについて記述する歴史家によって形成されていったか，男性的階級概念の形成にジェンダーがいかに大きく関与していたかを例証し，「階級という言語」がどのように現実を構成するのかを示す。労働者階級というカテゴリーは，対立物（資本家）と包含物（賃金労働者）および排除物（女・子ども）によって成り立っている。「階級」は「労働者」と同様に，一連の対立の構築をとおしてその普遍性が確保されていたのであり，そこでは働く人間・家族を養う第一責任者として男性を設定し，女や子どもは副次的で依存的な地位に置かれたのである。男性的な階級の構築はジェンダーに基づく家族内の分業を前提としている，とスコットは指摘する*[13]。

木本喜美子によると，男性を家族の扶養者，女性と子どもを被扶養者と想定する特定の家族像を含意した「家族賃金」という観念は，「資本主義の要求」であるだけでなく，組織された男性労働者が自分たちの利益にかなうものとしてこの戦略を選択し，支持した，という*[14]。田中かず子も，労働組合が家族賃金イデオロギーに基づく年功賃金制を支持し，女性が差別されている実態を隠蔽してきたとする*15。フェミニストたちは，近代社会における女性の従属的地位を，この「家族賃金」観の成立・定着過程に見出し，そこに労働運動がかかわったという事実をあげたのである。労働組合が結婚退職制・出産退職制に与し，その撤回を求める女性労働者を支援しなかった三井造船・住友セメント訴訟問題はその具体的な証左といえる。大河内一男らの戦後の労働運動史*16（1969年）をみてもわかるように，扶養者である男性の「馘首反対」「賃金引き上げ」を主とした運動には関心が向けられたが，女性労働についての記述はほとんどなかったのである。

さらに竹中恵美子は，日本の労働組合の労働時間短縮要求は，働く時間を短縮するという形で出され，男性が家事を分担するための家事労働時間確保のための要求はほとんどなされなかったという。すなわち，労働か余暇かという二分法の運動は，それ自体がきわめてジェンダー的な行動であったという*17。男性にとっての時間は，労働か余暇の時間であって，家事・育児の時間を想定しなかったため，家族的責任を果たすための時間の要求はしてこなかった。育児・介護などの家族的責任を果たすのは女性であって，労働運動が要求する責任とはみなされてこなかったのである。

第2節　運動の発端

1．奥山えみ子の婦人解放論

(1) 女性教師の二つの任務

1962年，7月の定期大会で日教組婦人部長となった奥山は，すぐに機関誌『教育評論』8月号に「母親大会と女教師の役割」を執筆した。奥山が初めて発表した論文といえる。奥山は，「教育労働者である婦人教師」さらには「労働婦人」という言葉を使って，婦人解放の道筋と婦人教師の役割を次のように示した。

労働婦人の運動は階級的立場における婦人解放の運動であるし，母親運動もまた，すべての人が皆幸福になる世の中を作ろうとする運動の中で終局的には母親の立場に立つ婦人解放の運動なのであるから，日本の婦人運動の中で，組織としての学習や訓練をもつ労働婦人は運動の中での大きな支柱となり，地域における推進体となるべき任務をもっている。（2-①，1962，p.55）

奥山がいう婦人解放運動とは，「形式的な男女平等を実質的な男女平等にもち直していくのだという婦人解放運動」(2-②，1963，p.57) のことである。奥山は，階級的立場からと母親の立場からの婦人解放運動を示し，組織としての学習や訓練をもつ婦人教師はその両方を推進していく「二つの任務」があるとする。すなわち，労働の場と家庭の場での婦人解放を推進していくことができるのは女性教師であり，女性教師の役目であると考えている。「労働婦人の二つの任務」という主張は奥山独自のものではなく，日教組婦人部初代部長，高田なほ子も同様に「労働組合の闘争の目標は，いうまでもないことながら階級的な人間解放の闘争史であり，婦人部運動は，もう一つそのなかにある封建社会，封建思想からの解放の歴史である」*[18] としていた。人間解放と婦人解放の二つの闘争があり，婦人解放は人間解放に含まれるとしている。そして，婦人解放とは封建社会，封建思想からの解放であるという。これは，婦人部運動を行う者の捉え方であり，社会主義婦人解放論に基づいていたといえる。

二つの任務をもつ労働婦人とはいっても，連帯できる他の労組婦人部の弱体状況は明らかだった。多くの職場では，早期退職制度により女性の勤続が短いのである。国勢調査が行われた1960年，労働関係団体が主要労組の女子組合員について調査した結果，日教組は平均年齢32歳，平均勤続数年11.6年で，これがともに第1位であり，教職が当時としては最も長く勤続できる職であったと同時に，他の職場では働き続けることがいかに困難であったかを示していた*[19]。このような状況下で，奥山らは婦人解放は婦人教師がしなければならないと考えたのである。

(2) 日教組の組織と運営の問題

奥山は，婦人部という組織の専門部としての性格に疑問を感じていた。婦人部長に就任した9カ月後，日教組書記次長の三原大乗に日教組の組織と運営の問題を指摘している。

> 専門部といっても，学校種別専門部もあれば職種別の専門部もある。性別，年令別のものもある。考え方によると，職種別専門部というのにも婦人部の総括すべき部門というのがあるわけです。たとえば幼稚園も大部分が婦人，養護職員もそうです。婦人部が，これらの専門部と並行した形でおかれるのが，果たして妥当であるかどうか。そういう位置づけを，書記局構成という面から，検討すべきだと思うのですね。（2-②，1963，p.57）

奥山は，婦人部は他の専門部と並ぶ一部門ではないと考える。婦人労働者の任務である階級闘争と婦人解放運動という「二つの意味からいっても，婦人部は職種別や学校種別の専門部とは若干違う」（2-②，1963，p.57）と考える。これでは，委員長や役員は男性が占め，財政なども限られてしまう。また，専門部の運営に関しては「専門部委せ」（2-②，1963，p.56）になっていることに関して書記局運営の在り方に問題があるとした。

奥山には国内外の婦人運動の興隆を前にして婦人部の役割の重大さに対する認識があった。しかし改善しないまま日教組の組織上の問題は，奥山の運動の足枷となっていく。

(3) 自立した女性組織の結成

運動組織の問題を解決するには，独自に婦人解放運動を展開できる自立した女性の組織を作ることであった。そこで考えられたのが退職婦人教職員全国連絡協議会（退婦教）である。後年，奥山はこの設立について，自分が納得できる仕事の内の一つだ，と述べている（2007年，筆者インタビュー）。

早期退職勧告により生活に困窮している退職婦人教員が多く，恩給・年金の改善運動が必要であった。1966年，高田なほ子の呼びかけで，奥山を中心に各都道府県婦人部長が事務局長となり準備会が発足した。準備会は各県婦人部長の全員参加体制をとった。現職婦人部長を要として，四散した退職後の女性教職員を組織しようとしたのである。日教組男性執行委員の反対や組織化に反対する県教組もあったが，1968年に退婦教は結成された。

その5年後，日教組は，退職男性教職員を組織した退職教職員全国連絡協議会（退教協）を結成し，退婦教の統一を打ち出してきた。それに対して，会長高田なほ子と事務局長の奥山えみ子は抗議を行っている。組織の主要ポストを男性が占め，女性が手足とされるだけであることは明白であったからである。

結局，退婦教は日教組方針には従わず，退教協とは統一しなかった。女性たちの組織として確保したかった背景には，女性が政治に参画する必要性も，女性候補の推薦を日教組の中で認めさせる困難さも自らの体験から充分に知っていた高田なほ子の過去の経験がある。

その後，日教組が1986年参議院比例選挙に女性を推薦しなかった時は，退婦教が粕谷照美の公認申請を行い，また，千葉県退婦教は，千葉千代世・糸久八重子を国会議員に擁立している。彼女らは，奥山の育児休暇法案の国会成立に尽力した人物である。

退婦教は，訪ソ・訪中団派遣，日ソ婦人セミナーの開催など国際連帯活動や書籍出版にも取り組んでいる。設立当初から16年間退婦教の事務局長を務めた奥山は，次のように述べている。

> わが国の女性解放運動進展の中で，退婦教は，ますます婦人団体としての色彩をつよめ，中央・地方で運動推進の一翼を担いつづけてきている。
>
> （1-⑬, 1987, p.318）

退婦数は，婦人部の「母と女教師の会」の運動支援，国際婦人年に向けた女性団体との共同行動，国連軍縮特別総会への代表派遣等の活動も行っている。

事務局長である奥山の働きぶりについては，約700名集まった第20回記念総会の構成劇の中で，こう語られている。

「結成を前にしたあの日，北海道から鹿児島から青森から四国から，財布の底をはたいて，運動靴でかけつけました。私もこのかっこうでかけつけました。長く苦しい準備でした。現職の奥山婦人部長が，手をさしのべ，全国の現職婦人がいっせいに各県で立ち上がりました。すばらしい熱い友情によって，（略）とうとう私たちに結成大会の日がやってきました。」*20

日教組は，退教協に統一するようにいまだに言ってる。日教組本部が言うのはおかしいでしょ。退職者の組織に介入している。いい運動ができる女性団体なのにね。女性の退職後の深刻な生活要求が根底にあったの。現職と一緒に現退一致で女性解放運動ができる。支配下に置かれない独自の組織が必要で，女性部の時は基本組織の影響を受けるけど，退職後は頭を押さえられる状態には戻りたくないのよね。（インタビュー，8-③，2006）

2. 国内状況

(1) 中ソ論争のあおり

1964年，奥山は第2回世界婦人労働者会議（ルーマニアの首都ブカレストで開催）に事務局長として参加している。山本まき子（総評）が団長に，国労と全日自労代表が副代表となって総勢14名の参加であった。世界労連から総評にあった参加要請に応えたものである。奥山にとっては初めての海外出張・国際会議の体験であったが，中ソ論争の影響が，女性たちの国際会議から国内婦人部までひびいていることを実感するものとなった。

日本は，世界労連の傘下組織ではないためオブザーバー参加であったが，代表団の大きさはソビエト，中国に次ぐものであった。総評が世界労連を重視していたことがわかる。世界婦人労働者会議は「国情や相互の思想・信条の違いを越えて，婦人労働者としての共通の要求と闘いを支持しあい，連帯しあって労働者階級の統一と団結を強めることをめざすもの」である。第2回会議日では，山本団長が「日本婦人労働者の反独占の闘い」を報告している。しかし，統一と団結とはほど遠いこの会議の様相について奥山は次のように伝えている。

この会議の全日程をつうじて最も特徴的であったことは，（略）折から激しさをくわえつつあった中ソ論争のあおりをもろに受け，ことごとに意見が対立し，終始統一とはほど遠い雰囲気が流れていたことである。（略）なかでも「憲章」について，中国・アルバニアとフランス・イタリア・ソビエトに代表される思想の対立が終始激しく繰り返された。（略）こうした意見対立は，じつは日本代表団内部にも起こっていた。

（日教組婦人部編『日教組婦人部30年史』労働教育センター，1977，p.349）

中国・アルバニア・インドネシアは，アメリカとユーゴによるアルバニア攻撃にかかわってアメリカ帝国主義に対する闘いをもっと明確にするべきであると主張したのに対して，フランス・イタリア・ソビエトは，具体的な共通の要求で統一をはかっていくべきだとした。「婦人の権利憲章」とILOへのメモランダム作成のために集まった世界の女性の統一は，「アメリカ帝国主義に対する闘い」をめぐって対立し，困難な状況を呈した。

日本代表団の中も中国側・ソビエト側の二つに分かれ，帰国も別々になっていたという。婦人部内部にも対立が起き，奥山にとって困難な課題となった。

(2) 母親運動への影響

奥山は，女性教師が母親運動などに参加し，地域における婦人運動の推進体になるべきだと訴えた。教師たちが働きかけることができる女性は，子どもを通して繋がれる母親たちだったのである。そのため当時の主な女性運動は，労組婦人部運動とこの母親運動だった。加納実紀代がいうように「日本の婦人運動は，母親運動にみるようにずっと『母性』がつきまとっていた」という理由は，最大の女性組織「日教組婦人部」の個々の女性教師たちが働きかける対象が母親たちだったからである。

しかし，その母親運動の成長に注目した社会党と共産党の思惑によって，母親大会実行委員会が干渉される事態が生じてきた。そこには，革新政党間の路線の違いによる対立が入りこんでいた。中ソ論争など国際共産主義運動の路線をめぐる社会主義諸国間の対立などが国内の女性運動にも影響を及ぼしたのである。日教組婦人部の運動である「母と女教師の会」から出発した母親大会も，政党間の思惑が入り，実行委員会では会場も決定できなくなっていった。「いったん決定しながら，あとから政党の決定に従って変更しようとすることも再三に及んだ」*21という。このような事態に対して奥山は以下のように述べている。

勤評をたたかい，安保を激しくたたかう中から日本の母親たちは急激に政治意識が高まった。その政治意識の高揚と相まって昨年後半，活動家の中には運動の中に政党色をもちこもうとする動きが見られたりしたが，この事は巾広い層をカンパニアとして結集する母親運動の趣旨に全面的に反するものであり，考慮しなければならないことである。（2-①，1962，p.55）

子どもの手を引き，背中にわが子を背負っての小児マヒワクチン要求行動（1961年）や物価値上げ反対，高校全入運動などの運動は，「本能的なまでに純粋な母親としての一途な願いが，今まで政治活動などした事もなかった母親達」（2-①，1962，p.54）に展開させたものである，と奥山はいう。この「婦人の力を評価するそれぞれの政党は，婦人の組織化にのりだした」*22 のが1960年代である。奥山が危惧する通り，1966年には母親大会役員決定をめぐって意見の一致がみられず，総評・日本婦人会議（社会党）などが不参加を決定した。

3.「女教師論」の興隆と女性の二重労働

女性解放のための二つの運動である労働運動と母親運動の二つの役割をもつ女性教師であるが，現実には奥山も言うように，「母親運動にさく時間が見出せない。またそのための学習会を開くことも出来ない」という声があった。女性教師の運動を阻んでいるのが職場や家庭での多忙さである。運動を担う女性の職場と家庭における両方の責任が，そこから解放されるための運動を困難にしている。

(1)「女教師論」の興隆

1960年代，小学校の女性教師は増え続け，1969年には50.3％と過半数となっている。この時期，女性教師に関心が向けられ，その教育実践について批判的あるいは共感的な「女教師論」が盛んに書かれている。それらの「女教師論」に共通していたのは，「女性教師」と「教師」という異なった教師が存在するかのように論じていることである。「教師」である男性教師とそれに対する女性教師が描かれるが，目に見える大きなジェンダー格差があることがわかる。

品角小文『女教師』（三一書房，1958）は，女性が封建的なさまざまな制約を背負い込んでいること，日々新たに進み行く教育の道と，現実の女教師のもつきびしい悩みや苦しみとのきずなの中に多くの問題を複雑に幅広くもっていること，その中で平凡な女教師たちが立ち上がろうとしていることを記している。50年代は，女性が直面する問題を「封建的な問題」と捉えていることがここでもわかる。

帯刀貞代・城丸章夫『現代女教師論』(明治図書，1964) は，「研究意欲が乏しい，責任感が希薄だ」等の女教師に対する非難や批判に対して，女教師の家事労働の負担が研究時間をケズリとっていること，育児施設厚生施設を整えること，悪条件にかまけないで少しでも教育実践を充実させていくこと，等を主題とした。

重松敬一・丸岡秀子編『女教師の家庭と職業』(明治図書，1967) は3人の新聞記者が各章を執筆したもので，Ⅰ章「よき職業人はよき家庭人である」，Ⅱ章「女教師は甘えるな」，Ⅲ章「女教師と他の職業との比較」，Ⅳ章「母性的女教師論への疑問」とあり，Ⅳ章では，女教師はまだ職業意識が低いもっとがんばれ，というものである。Ⅲ章を担当した徳武靖は，「小学校はすでに女教師がほぼ半数という状態なのに，婦人校長は全校長のわずか0.5%を占めているにすぎない。ここでは厳然と男女差別が行われている。教頭もほぼ同じ傾向だ」*[23]と述べている。徳武は，また，奥山の次の言葉を引用している。

> 「待遇の悪さから男子がこなくなったのに代わって，女子がダンピングの役割りをしている」*[24]。
> 「教科主任など研究部門や教科運営上の重要ポストも男性中心だ。外形は男女同一にみえるけれども，差別のカベは予想外に厚い。退職勧奨年齢にしても男女差が設けられており，女子は早く辞めさせられている実情だ」*[25]。

さらに，徳武は，民主教育協会が1961年にまとめた調査「女子の高等教育と職業および家庭の問題」を次のように紹介した。「職業と家庭の両立生活についての不満の率は，中学校女教師は相当に高い。調査対象者のうち『しかたがない』『早くやめたい』と感じつつ，職業を継続している者が五分の一以上もいた。同報告は『教員は女子にもっとも適した職業の一つであると考えられているが，職場で種々の心理的圧迫をうけていることは，みのがすことはできない。全般的にみて，男性は女性が職業分野に進出することを，男性との対立関係において考える傾向が強い。社会の向上のため，男女の協力が必要である，ということが理解できるまで進歩しなければ，女性に対する心理的圧迫は減少しないであろう」*26。

深谷昌志『女性教師論』（有斐閣，1980）は，教員養成大学から学生を送り出し数年もすると，男子卒業生が立派な中堅教員の感じがしてくるのに対して，女子卒業生が職場と家庭との両立に疲れ悩んでいる姿が見えてくる，という。

(2) 女性の二重労働

① 学校と家庭の両方にある偏見と差別

このように外部からの「女教師論」が活発ななか，女性教師自身の方から率直に発言することが必要であった。奥山の最初の編著『共働きのもんだい』（明治図書，1971）は，このような必要に迫られて生まれた。奥山は，主に女性が担うとされる家事・育児等の家庭責任の在り方に注目し，女性教員６人に率直な原稿を依頼し出版した。６人は次のように書いている。

「『女はすぐに家のことをもち出してくだらん話をする』と男の人たちから侮蔑的な言い方をされることがあるが，女性の話題がそんなところへ落着くのも，女の苦しみとか悩みとかを女性が一様にもっているからである」

（福岡県小学校教員　荒巻久美子「家庭責任にどう対処しているか」p.16）

「私は家庭と学校は両立できなかったといった。そしてよい教師であるために必要以上の犠牲を家族に強いてきた。悪いと思う気もちやかわいそうだと思う気もちも，情けないと感ずることも，むりに押しころしてすぎてきてしまった。」

（群馬県小学校教員　金井道子「学習時間をどのように確保しているか」p.51）

「葛飾のＫ先生は，３人の子どもをかかえて退職を余儀なくされたひとりである。次女が生まれたとき３歳と１歳の子どもがいた。長男は公立保育園に，長女は無認可保育園に預けられており，次女は個人宅に託児することになった。３ヶ所の距離は葛飾区内とはいえ決して近くはなかった。朝は夫婦で手分けしての保育所通いも，夫の帰宅の遅い夕方は，すべてＫ先生のしごととなった。せめて２ヶ所での保育と懸命に働きかけたが成功しなかった。母も子どもたちも疲れきってしまった。K先生にとって余りにも苛酷な毎日だったのである。」

（東京都中学校教員　及川信子「育児の状況―保育所にあずける」p.59）

「先進校視察，関ブロ図工大会西日本図工大会と全職員で研修に出かけました。そのころ長男は6ヶ月から3歳頃でした。私ひとりだけが研修に不参加では，とり残されてしまうので主人とおばあちゃんにたのんで出かけました。忘れもしない32年の西日本図工大会は静岡でした。6ヶ月の幼児を残しての2泊3日の研修旅行は，母親としてもつらいことでした。それからたびたび3泊4泊と大津大会，鳥取大会と出かけました。今考えると，よく主人やおばあちゃんがいやな顔をせず出させてくれたものだと思います。」

（千葉県小学校教員　斎藤智恵子「育児の状況―家族がみている」p.94）

「職場段階では，そもそも婦人部という組織自体，必要なのかどうなのか，ということすら真けんに討議されないという状態がありました。県段階でも，婦人部委員会がきちんと確立されておらず，したがって，婦人の独自要求がほりおこされ，とりあげられ，対県交渉など必要な活動が系統的におこなわれるという状態になってはいませんでした。」

（茨城県高教組婦人部「育児の状況―育児時間がとれるまで」p.105）

「主人は，やはり社会的な責任のある仕事をもっているので，いわゆる仕事第一主義，家庭のことはタッチしない。（略）今のところ母も若いので，家庭責任を母におしつけ社会活動を続けている。正常ではない生活なのかも知れない。しかし母は母なりに，家のなかでの自分の位置を自覚し，家庭内の処理をするのは自分しかないという生きがいを感じて頑張っている。」

（静岡県教組婦人部長　山田綾子「社会活動と家庭責任」p.122）

奥山は，これまでの女教師論が家庭責任と学校責任の両立を女教師側に当然のこととして要求しているのとは異なり，家庭責任の在りようと学校責任の状況の両方に疑問を示した。家庭にあっては，

まだまだわが国では，家事労働は主婦労働という状況が圧倒的多数をしめている現状。

（1-②，1971，p.1）

として捉え，職場にあっては，女性に対する偏見や差別があることを次のよう

に指摘している。

どんなに婦人が多数をしめている学校でも，校長や教頭など責任あるポストは多く男教師であり，20県近くの県で男女年齢差による退職勧奨が行われている。
(1-②，1971，p.2)

女であると云う事で職場ではさまざまな雑用のシワよせや，悪条件下におかれ，母という立場では更に家庭の重荷を背負っている。　(2-①，1962，p.55)

② 個人的解決から制度的解決への提起

奥山はまとめの中で，6人の記録から読みとれることとして，「既婚婦人が働くということに伴う問題」は，たんにその当事者ひとりの個人的な問題ではなく，大きな社会問題のなかの部分としての位置づけをもっている問題である，と述べている。奥山は，保育の社会化，家事労働の社会化・共同経営化を望ましい方向と考えながら，当面の解決策として，家庭責任を夫婦・家族で分担しあうこともひとつの解決策としている。

日教組婦人部のアンケート調査によりますと，婦人教師の約3分の2が既婚婦人ですが，その大部分が家事労働の主担者であり，学校責任と家庭責任との両立を余儀なくされています。まだまだわが国は，どこの家庭でも家事労働の大部分が主婦労働であるという現実のなかで，既婚婦人教師もまた家庭に帰れば，家事労働と育児の主担者となっています。　(1-②，1971，p.12)

育児中の婦人たちを，学校でも家庭でも時間の刻みに即して，追い立てられる多忙のなかに追いこんだまま放っておいてよいのでしょうか。育児や家事は個人の問題なのだから，その婦人が自分で個人的に処理すればよいのであり，もしもそれが解決できなかった場合は，さっさと教職を辞めてしまえばよい，というものなのでしょうか。　(1-②，1971，p.13)

家事労働を社会化したり，共同経営化したりということは，まだ当分の間実現されそうもありません。とするならば，今日ただ今の解決法としては，家庭責任全般を，いくつかの分野に分けて，夫婦で分かち合い，家族で分担しあうということもひとつの解決策であると思います。　(1-②，1971，p.132)

奥山のめざす社会は，保育の社会化（集団保育），家事労働の社会化・共同経営化が実現した社会である。それが実現していないただ今の解決策として家事の分担があるとする。当時の奥山には，社会化による女性の家事労働からの解放が強く意識されている。

同じく１日の労働を終えて帰宅しても，夫は家事一切には手もふれず，作られた食事をし，新聞を読み，テレビに興じ，なかには手近かにあるものまで妻に運ばせ，結果的に明日の労働力再生産のために十分な休養を取ることが可能であるのに比べ，共働きの場合の妻は，１日の社会労働から解放される暇もなく，帰宅早々に台所に立ち，炊事，子どもの世話，後片付け，洗濯……と目まぐるしい家事労働の連続，しかも，こうした夫と妻のあり方が，共働きの家庭に温存され，家庭がまるくおさまるためとか，家庭の平和を維持するためだというならば，家庭の平和とはいったいなんなのでしょうか。（1-②，1971，p.141）

ILO 第123号勧告「家庭責任をもつ婦人の雇用に関する勧告」（1965年），ILO・ユネスコ「教員の地位に関する勧告」（1966年）が示す育児休職制度の導入が当面の課題となった。

国際的に，どのようにすばらしい勧告や条約ができても，それが国内において，具体的に生かされ，実現されなければまったく意味がありません。

（1-②，1971，p.153）

勧告には法的拘束力はないが，政府としては努力すべき道義的責任はある。この勧告は，女性の育児を理由に在職を継続できなかったり雇用の差別が生じたりすることを防ぐもので，育児期の雇用を個人的解決から制度的・社会的に解決しようとする考え方の導入である。奥山も一刻も早い制度的解決が必要だと考えた。

第3節　育児期の労働権の模索

1. 育児休暇制度の提起

日教組婦人部の育児休暇制度要求の始まりは，1963年，日教組定期大会で神奈川県の代議員から女性教師の育児休職制度が提起されたことからである。当時，全電通労組が育児休職制度を検討し，電々公社とのあいだに協約を締結する前提として，3カ年の試行期間に入っていたが，女性の解放にとって保育所要求こそが望ましい運動の方向であると考えていた奥山にとっては，意外な提起だった。

育児休暇のような考え方が，これまで教員間に全くなかったわけではない。1953年，第2回全国婦人教員研究協議会において産休補助教員に関する発言の後で，「産休については1年間位，有給或いは半有給位にして休み，育児に専念し，復職出来る方途が講じられたら安心できると思う（山梨）」*27という発言が出されている。たとえ減収となっても育児のために職場を離れ，その後復職できる制度を望む声は早くからあったのである。

奥山は問題提起を受け，国内外の状況調査・婦人教師の育児状況調査に取り組み，「女子教職員の育児休職は是か否か，また可能か」の討議資料をつくり，組織内の下部討議の促進をはかった。1965年，アンケート調査で，年間の育児のための退職者が3,500～4,000人と推定されたこと，それは40歳以下の退職者の約51％に当たることがわかった。また，40歳以下の退職女性教員の48％は復職を希望していた。保育所増設運動でいくのか育児休暇制度も要求していくのか充分な議論が必要だとして，下部討議に3カ年という異例の長さの時間をかけている。

女性教員の育児休暇制度要求をめぐって，以下に述べるような多様な考え方が錯綜した。本書の中では原則として，「育児休暇」という場合は有給を，「育児休職」「育児休業」という場合は無給を意味しているが，当時の発言や記録の中では必ずしも使い分けられているわけではないことに注意したい。

2. 保育所増設か育児休暇制度か

(1) 総評の事情

これまで婦人部は，総評傘下としての保育所要求運動に取り組み，1961年保育所要求婦人大会，1962年保育所要求中央婦人大会を行い，その後も1964年・1965年・1967年と大会を開催している。保育所要求一本でいく総評には，企業に対する育児休暇制度要求に取り組むことが困難な事情があった。当時，まだ結婚退職制・出産退職制・女子若年退職制の企業や労働協約が存在し，いくつかの単産で育児休暇制度への慎重論があったのである。

当時，労働省にいた赤松良子は，結婚退職制（住友セメント事件），出産退職制（三井造船事件）について，「労働組合が賛成し，正規に協約事項となっていたという点で，労働組合の女子従業員に対する考え方を知る材料にもなる。労働組合は女子労働者の利益を守るものと甘く信じていた者には冷水三斗の思いがする事実である」*[28]と語った。このような協約を結ぶ労働組合と企業のもとでは，女性たちは育児休暇どころではないそれ以前の退職問題を抱えていた*[29]。

このような一般女性労働者の状況が，教員・看護婦・保母の三職種に限る後の育児休業制度をめぐって，女性労働者間の分断を招くことになる。

(2) 女性採用抑制を招くおそれ

「誌上討論・育児休職制度をめぐって」（2-③，1966）の中で，奥山と日教組内の賛否両代表者の討論が行われた。育児休職制度要求に反対の立場の福岡教組大町婦人部長は，「これを制度化する条件のない現在では賛成できない。きびしい合理化攻勢を正しくみきわめよう」，と述べた。そして，「この制度が口実になって婦人の職場進出が抑制されるおそれがある」*[30]懸念を主張した。したがって，保育所増設要求一本でいくべきだという考え方である。

これらの討論は，すべて「育児休職は女性が行使するもの」ということを前提に行われていた。後年，当時の考え方を確認するために，座談会の中で，「その当時，男性に育児休業という発想はあったのでしょうか」と質問されたのに対して奥山は，「そのときは全然なかった。」（4-②，2002，p.68）と答えている。

女性の休職を要求することは女性の採用を狭めることになりかねないおそれがあった。

(3) 女性の休暇に対する反感の存在

女性が休暇をとることに対する反感は，すでに出産休暇に対しても存在していた。

「妊娠したら辞めたらいいんじゃない」という声が同僚たちの間にもあった。
(4-②，2002，p.68)

職場の中での妊娠女性への配慮や仕事の軽減は，同僚教師への負担増を招き，さらに母親からの反感も存在した。

女性教員に対する意見はお母さんたちに強かった。「家の子が『またね担任の先生に赤ちゃんが生まれるの。嫌だわ』と言っている」という声が出るわけです。つまりお母さんたちは，自分は子どもを産んでいるのに，女の先生には産んでもらいたくないし，休んでもらいたくないのよ。 (4-②，2002，p.68)

さらに，学者の発言も追い打ちをかける。

その頃，「多きがゆえに尊からず」なんて文章を早稲田大学の教授が『朝日ジャーナル』に載せた。その中身は，女性が学校現場にどんどん増えてきている。これは大変なことで，多ければいいというものじゃない。女の人というのは赤ん坊を産めば休む，子どもが病気をすれば休むとか，学校現場にいいことばかりじゃないのだというようなことをとうとうと述べているのですよ。当時は，「女子大生亡国論」なんて言われたりしていた時代でね。 (4-②，2002，p.68)

そのような状況では，出産休暇と同様に有給育児休暇を要求することはさらに反感を生み出すことになる。「はじめて文教委員会に提案された段階では，革新政党内にも『自分の子供の育児のために有給休暇を要求するなんて虫がよすぎる』という声も聞かれた。」*31

「自分の子どもを育てるのにお休みとって有給でなんてぜいたくな」という，社会一般がそういう発想ですよ。 (4-②，2002，p.68)

出産休暇に対する社会一般からの反感がある中では，育児休業さらにはそれを有給休暇にする要求は理解されがたい。母親など他の女性たちの状況からあまりにもかけ離れた要求であったからである。女性間格差が女性間反目を生み，それが女性一般の労働環境改善の歩みを遅らせるように働いたのである。

(4) 保育所保育に対する従来からの疑問

一方，保育所，特に0歳児保育そのものに対する疑問は根強く存在していた。定期大会等には出されてこないこのような疑問は，全国教研集会幼年教育分科会に集まる教師の発言に表れてきた。全電通の育児休職制度導入は，再び保育所保育への疑問を提起させたのである。育児休職制度は，辞職せずに親（母親）による育児に道を開くものであった。労働の継続と保育所保育を奨励する日教組方針とは異なって，親の育児を望む教師もいた。

1966年に開かれた全国教研幼年教育分科会では，「全電通が協約したといわれる育児休職については，賛否ともにおそろしく遠慮がちに論じられていた」と，助言者 古川原は分科会記録に述べている。多くの教師の発言が従来の常識を反映したものであり，執筆に当たった古川原は「後退の感がある」と嘆いた。兵庫代表の発言は，「私はスキンシップを信じます。母親の特権と本能とを無視した科学というのはありえないはずです。集団教育は早くても満二歳からでよろしい」というものであった。古川は，「いったい特権ということを認める科学がありうるだろうか」という。「母親の家庭外労働を罪悪視することは『男には子どもが理解できない』という迷信と一つのことではないだろうか。常識的結論をあえて軽蔑しようとは思わない。そうではなくて，常識になっている，どの部分にどういう意味で疑問を感じ，矛盾をみつけ，それをどう考えていったか，ということが問題なのである。数年前は，レポートの一割以上が『三つ児の魂百まで』という諺を引用した。なぜならば改訂前の幼稚園教育要領の冒頭にそれがのせられていたからである。つまり常識なのであった」＊32

と記述した。

古川は，1962年まで家庭科教育分科会の講師を務めていたが，「家事労働の社会化」を当然とする古川の助言は，女性教師たちから疑問や反感を受けていた。今度は，幼年教育分科会の講師となったが，古川が方向づけようとする「集団主義」や「保育所保育」に対する疑問や抵抗にぶつかったのである。確かに母性神話と保育の女性役割を信じる教師も多かったであろうが，親として我が子の保育を望む教師もいたであろう。なぜ親が幼い自分の子を家庭で育てることができないのか，このような疑問を日教組全国教研幼年教育分科会で主張することには困難があった。古川を嘆かせた女性の発言には，実は親の育児権や家庭保育か集団保育かを選択する権利の要求が根底にあったと考えられる。

(5) 必要悪としての育児休職制度

奥山は，育児休職制度は必要であると主張しつつも，「必要悪としての育児休職制度」という考え方をもっていた。奥山は当初から，労働婦人には階級闘争と婦人解放運動の二つの任務があり，その任務は労働と労働運動によって遂行されると捉えている。そこから，女性が働き続けるための「労働運動としての保育所増設要求」があった。しかし，それ一本でたたかうべきだという考え方では行けない状況があることに気づいた。次のような回想がある。

> 保育所増設運動だけでは間に合わないんです。そういう声が，静岡，神奈川，大阪などから切実な要望として定期大会に出たんです。　(4-②，2002，p.67)

奥山らは実態調査を行い，女性が退職に追い込まれることを防ぐための育児休暇制度が必要であることを確認した。また，家事・育児を担う共働き女性教師の苛酷な生活状況もわかった。しかし，この制度で女性を職場から家庭へ戻し，育児の主担者とすることに対しては危惧を抱いたが，しかし，奥山もまだ男性の育児休暇は考えてはいなかった。言葉はまだなかったが，「性別役割分業とジェンダー」の問題にぶつかり始めたといえる。後年奥山は，次のように述べている。

性別役割分業固定派をどうやって打ち砕くのかというのがなければ，女性の労働権は確実にならない。それで，とりあえず女性教職員の育児休業法というのを，便法として，女の人が働き続けるための一つの必要条件と位置づけた。これを「必要悪」という表現をしたこともある。（4-②，2002，p.70）

当時は，女性の育児休業という捉え方ではあったが，保育所保育か家庭保育かの選択の可能性を不充分ながらも親に与えるものであったととることができる。しかし，すべての人に一時的にも家庭保育の選択を可能にするには，それが有給休暇であることが必要になってくる。

(6) 女性教員の育児休職制度に関する国際的な動き

WCOTPは1963年第12回総会テーマを「教育の質を高めるための教師の勤務条件」とした。多くの国では初等教育はほとんど女性教師が担当していることから「女性の勤務条件は教育の質を左右する重大事項」*33と早くから位置づけていた。この総会参加者の約半数が女性だったが，日本からの女性の参加はなかった。女性教師の勤務条件が話題になった会議であったが，日教組は例外的に66年に女性を3名派遣しただけで，60年代は国際会議に女性を派遣することがなかった。この間，女性と教育をめぐるWCOTPの国際会議の場から日教組婦人部は遠ざかっていたといえる。

1965年ILO第123号勧告「家庭的責任をもつ婦人の雇用に関する勧告」は，その第4章3項で，「出産休暇ののち，引きつづいて育児のために休む婦人に対する休職制度の確立」を勧告した。翌1966年には，ILO・ユネスコの「教員の地位に関する勧告」（以下，ILO・ユネスコ勧告）が特別政府間会議で採択されている。ILO・ユネスコが各国政府，教員団体に討論を呼びかけ，1958年以降から討論が続けられていたものである。本勧告第103項は「子どもを持った女子教員は，子どもの生まれたのち一年までは付加的な無給休暇のような措置により在職でき，雇用に基づくすべての権利がじゅうぶんに保護されるべきである」とした。このILO・ユネスコ勧告は，育児休暇を政府が教育施策として制度化することを勧告したものである。

勤務条件の不備は，教育の質に影響を与えるものであり，教育施策として整えるべきものであるということが，国際機関や国際教員組織で確認された。

これを受けて文部省初中局の今村武俊審議官は，「今後の文部行政の検討すべき課題の一つである」と認めた。また，都道府県教育長協議会は，1966年末この問題を研究テーマの一つとして取り上げることに決定したというが，具体化はしなかった。

第４節　育児の女性責任から両性責任への過程

1．運動の決定と展開

(1) 運動の決定

1966年婦人部総会は，「婦人の労働権確立のためと熟練した婦人教師の退職防止のために，育児休暇を制度化する」という決定をおこなった。奥山は，運動を開始する前に，文部省がILO・ユネスコ勧告を受け，行政的対策を検討することを期待していた。

> 本来的には「婦人教育職員の育児休暇制度化」や，「保育所の完備」などということは，労働組合の要求や，国会における議員立法などということを待たずに，それこそ，日本の政府が，行政的立場から教育施策として，将来的展望のなかで実施すべきものであってしかるべきだと思います。　(1-②，1971，p.150)

奥山は，文部省に電話をかけ婦人教師問題を担当している課を尋ねたところ，電話口に出た係官は，「文部省は，教員については何も男女差別をしていないので，そのようなセクションはありません」と答えたという (1-②，1971，pp.152-153)。それに対して奥山は，文部省は教育現場について，男子が多数を占めていた過去の想定のままであること，育児に直面している教師の問題に関心をもたず，「男女差別をしない」という理由で行政的対策を取らないところから男女差別が生まれていることに気づいていない，とした。

奥山らは，「育児休暇制度は，現在のように保育所が絶対的に不足しているなかでは，教職員が退職しないで働きつづけるためにはぜひ必要であるという結論」に達した。そして，日教組運動方針として1966年5月の定期大会で育児休暇制度の早期実施を決議した。育児休暇立法の内容は，①選択制（育児休暇をとるかとらないかは本人の希望による），②先任権（休暇終了後は，原則としてもとの在籍校へ復帰する），③有給，ということを原則とした。

奥山らはまず，参議院文教委員会に議員立法として社会党提案にするための法案作成に取り組み約1カ年を費やした。1967年「女子教育職員の育児休暇法案」が初めて提案されたが時間ぎれで審議未了廃案となり，その後も提出の度に時間切れ・会期切れが続いた。

教職員の育児休業制度は，1966年の日教組の運動開始およびILO・ユネスコ勧告から1975年の国会成立までに9年かかっている。女性の労働権確立が，他の法案に比較して軽視されたことがわかる。

> 制度を作るには，国会で政党の力を借りなければいけないの。「日教組は社会党でしょ」と言われるけれど，政党とは別。政党を選ぶ時に，いかなる国の核実験にも反対というスローガンをもっている党を選んだの。社会主義理論に凝り固まった運動をしているのではないの。戦争準備の核の問題が出てくる。報復でやっていくと戦争は未来永劫なくならない。向こうが準備しているからこっちも用意しないと，という論はすんなり入ってしまう。これではどこまでいっても終わりが見えない。戦争を経験した者には身に覚えがあるけど，戦争放棄の憲法を学んでいない子がいたら心配ね。（インタビュー，8-③，2006）

(2) 具体的な展開

育児休暇法案は，1967・68年の第55・58国会で，参議院文教委員会に社会党から提案されたが，審議未了で廃案となった。1969年，衆参両院の超党派婦人議員懇談会で，第61国会での法案提出に取り組む態度が決定され，参議院自民党婦人議員から有給50%案が示された。

しかし，第61国会は，会期末にいたって大学管理法強行採決などにより混乱し，育児休暇法案は正式に提案されないまま会期ぎれとなった。奥山は夜12時の国会終了時まで本会議場の廊下に待機していたが廃案となった。

法案は通る直前まで行っていて通らなかった。涙が出ますよ。本会議が開かれたのは開かれたのだけれども，育児休業法案は審議されない。委員会を通ってきているから，本会議に上程されれば通るのに，されないままポシャってしまった。
（4-②，2002，p.67）

1970年，婦人部は，第63国会での育児休暇法案成立を最重点にして署名活動や動員行動を強化した。そんな折，槙枝委員長のところに政務次官から「奥山さんに会いたい」という連絡が入り，奥山が政務次官室に行くことになった。

「『教職特別手当法案』を婦人部がのんでまとめてくれたら，育児休暇無給を30%有給にしよう」という交換条件なのね。私は，「あなたは，組織というものをご存じない。部長一人で決められないんですよ。婦人部だけで合意してもできない。日教組として決定しないと」と答えた。そうしたら「そう，だめなの」と言っていた。トップとの交渉で決められると考えているのね。（インタビュー，8-①，2003）

育児休暇法案を教職特別手当法案との取引の道具にしようとする動きも現れた。さらに，経団連から政府・与党にたいし，教育職員に育児休暇を立法化すればただちに民間に波及するということで，その成立に圧力がかかり，また労働省・厚生省からは看護婦や保母などの人員不足対策と関連して，教職員のみの立法化にブレーキがかかった*[34]。

1971年参議院文教委員会に女子教育職員・育児休暇制度に関する小委員会が設置され，1972年には第1回育児休暇法成立のための中央要請行動をおこなった。各県婦人部代表が国会議事堂に集まり，安永英雄議員への議員対策の後，小委員会室で傍聴した。有給か無給かという議論の最中に，小委員会の議員の一人が居眠りを始めた。宮崎県から参加した婦人部長伊地知フサは，「何を考えて国民の代表になっているのかと心から腹立たしく思いました。小委員会が終わると，私たちは国会議事堂内の赤いじゅうたんの廊下を先回りして，その議員をつかまえ，みんなで取りかこみ，目に涙を浮かべながら抗議しました」*[35]と記している。

国会内の赤ジュータンの上を，お腹の大きな先生たちがデモンストレーションを行って，「この人たちに間に合うように育児休業法を成立させてください」と国会議員に訴えたり，手を変え品を変えた要請行動，大衆運動を繰り返しました。
（1-⑯，1995，p.107）

国会審議が進展しないなか，奥山は，女性教師の生活状況を『共働きのもんだい』（明治図書，1971）として発表し，保育所増設運動と同時に育児休暇制度も必要であることを述べた。最終的には1975年ノーワーク・ノーペイの自民党の主張により無給となったが，選択制・先任制は保障され，適用範囲は教員・看護婦・保母となった。成立した「義務教育諸学校の女子職員および医療施設等の看護婦，保母の育児休業に関する法律」の内容は，以下のとおりである。

(1)　教員，看護婦，保母の三職種を対象とする
(2)　育児休業期間は1カ年
(3)　選択制（本人の自由意志に基づく）
(4)　先任権（休業後，原則としてもとの職場へ復帰）
(5)　休業中無給（ただし人事院勧告による一定の給付）（注・76年度は共済組合掛金相当額）
(6)　休業中の昇格，昇格への換算率は2分の1
(7)　退職時の退職手当の換算も(6)と同じ。

奥山は，日教組大会のため育休法成立の場に居合わせることはできなかった。1975年7月，日教組大会（明石市）に奥山が行っている間に，第75国会で審議されることになり，国会傍聴のため副部長を東京に向かわせた。参議院本会議での全会一致による「義務教育諸学校等の女子教育職員及び医療施設，社会福祉施設等の看護婦，保母等の育児休業に関する法律」成立は，安永英雄・宮之原貞光・粕谷照美ら日教組政治連盟（日政連）議員の努力によるもので，2日前の文教委員会での育児休業法可決があったからである。奥山は9年間の運動の感慨をこめて次のように記している。

もし，この日，このような処置がおこなわれていなければ，あるいは7月3日午前4時52分，参議院本会議において全会一致をもって成立という歴史的瞬間

は，今年も実現しなかったかも知れない。

（奥山えみ子解説『日教組教育新聞号外』日教組 1975 年 7 月 24 日付）

この育児休業成立時，ちょうど日教組定期大会中であったことから，奥山は田中一郎副委員長に育児休業運動の経過報告を全体にする必要があるから経緯をまとめておくように指示され，婦人部を中心とした女性たちの取組みについて半徹夜で報告書を作成した。ところがその報告書は，国会担当の男性執行委員によって発表され，しかも，奥山の書いた報告書の表現は男性言葉に修正されていた。女性たちの運動の成果を，男性によって男性言葉で発表されたことが忘れられない，と晩年語っている（インタビュー，8-②，2005）。このような男性代表性の問題が組織の中の女性運動には常につきまとい，女性の意思や活動を外から見え難くしていた。このことが組織を越えた女性の理解と連帯を阻むことになっていたといえる。

教員・保母・看護婦という限られた職種への適用だったため，同じ学校に働く事務職員・栄養職員には適用されず，男女を問わず全労働者への拡大が求められた。

手離しで喜べる程，大きな成果をあげたとは云えないが，９年間のたたかいのつみ上げの結果として，退職を防止し，且つ育児の経験をもつ母親教師の教育実践への貢献度を考えるならば，一定の前進として評価すべきものと思う。しかし，あくまでもこれは，第一歩の段階であり，今後，さらに内容を充実させるためのたたかいが必要なことは云うまでもない。（2-⑦，1975）

しかし，奥山にとって，成し遂げた喜びは生涯のものとなっている。

国会のある期間は国会に出勤していた。担当議員の部屋にまっすぐ行って条文の検討に集中していた。集中するくせがあったみたいね。育児休業法の成立は，私の納得できる３つの仕事の内の１つ。（インタビュー，8-④，2007）

しかし，この育児休業制度は，無給でありごく一部の職種の女性に限る欠陥制度だった。一般の女性労働者の育児休業については，1972 年の勤労婦人福祉法によって，事業主の「便宜供与」として位置づけられ，「努力事項」とされたことで身分や賃金の保障がないものとなった。

2.「育児休業法」成立と同時にかかえた課題

(1) 女性役割に立つ育児休業法の陥穽

育児休業は成立したが，組合内に「育児休業反対」をとなえ，「女だけに育児を強いる過去の女のあり方にたっている」と批判するグループもあった。奥山はこれに対して，

> 育児のためやむを得ず退職に追いこまれる人々を何とか救いたいという，つまり，育児に当面しても労働権を確保しつづけられるようにということが第一のねらいである。もちろん，育児を女だけの仕事として限定するつもりは毛頭ない。(略) しかし，デンマーク等のように育児に対して夫婦交互に休暇をとるという制度ができる程，日本の政治状況もまた社会世論も熟していない。　(2-⑦，1975)

奥山は，育児休業法には落とし穴があることを次のように語った。

> 私たちの育児休業法は，育児の方途がつかず，退職のやむなきにいたる人々のための退職防止策としての権利なのであり，労働権行使の観点で，産休あけからは，現場へ復帰することが原則である。育児休業法は，基本的には日本のM字型雇用につながりかねない問題点をもっている。もし，育児休業期間が延長されればさらにそれは強まるであろう。職場の重要な役割に婦人がつきたがらない，また，婦人につかせたがらないという理由の大半が，育児による阻害状況があることを重視する必要がある。「婦人のみの現行育休を3ヶ年に延長せよ」とか，「権利だからすべての婦人が育休業を行使すべきだ」とかというのは，男女役割分業をみずから認める行為にほかならない。　(6-①，1980)

奥山は，育児休業制度は必要悪であり，労働権行使のため「産休あけからは，現場へ復帰することが原則」とした。確かに，育児休業制度は，女子のみの無給の制度で，「育児は女性の役割」であることを固定するものである。しかし，たとえ無給でも，我が子との時間をもつ方を積極的に選択する教師もいただろう。「産休あけからは，現場へ復帰することが原則」としたら，女性教師の苛

酷な生活，働く女性がかかえる労働と家事・育児の二重労働は変わらない。これを解決するには，もう一つ大きな改革が必要であった。

我が国で女子教育職員等の育児休業法が成立した年に採択された「国際婦人年世界行動計画」(1975年) は，「男女の役割分業の是正なしには男女の平等は実現しない」ことを確認したものである。育児休業法は，成立と同時に改正に向けて課題を抱えることになった。

一方奥山は，女性の労働の大部分が，賃金の低い補助労働であるのは，まだまだ育児・家事が足かせになっているためであり，女性労働の価値を向上させるためには，抜本的な社会的政治的解決が必要であると考え，社会主義の国に関心を向けていた。

> 社会主義の国の婦人たちが，「私たちは職場にいる間は，家のことも，子どものこともすっかり忘れて仕事に専念できます」と云うのに比べ，女の労働はその大部分が補助労働でしかなく，育児や家事が，婦人労働の課題としていつまでもつきまとう日本の実態を，どのようにしてとり除くのか，(略) たたかいの積み上げこそが重要だと思うのである。　(2-⑦，1975)

そして，女教師の役割を次のように確認している。

> 私たち女教師の役割は，労働者として目ざめ，階級意識にたった思想性を基軸として，多くの婦人の連帯の場をつくり出すことであろうと思う。　(2-⑦，1975)

奥山は後年，社会主義については次のように述べている。

> 「目標」としたんじゃなくて「理想」としたの。社会主義の国にしようなどとは考えていない。理想にみえたの。ソビエトの社会主義は本物だと思えた。みんな人間は幸せなのだろう。食事と住居がある。ホームレスはいない。女性も家事労働にかまけていないで力が発揮できると思っていた。（インタビュー，8-③，2006）

(2) 組合運動への新たな視点

育児が女性の役割と考えられていたのと同じように，育児休業運動も女性の運動となっていた。妊娠は女性だけでは成立しない事柄であるが，女性の身体を経たとたん出産・育児は女性の側の出来事とされ，女性のみがその労働権と対立する位置に置かれたことにより，出産休暇運動と同様に育児休業運動も女性たちの運動とされていた。

奥山は，婦人部長就任当初から，婦人労働者には，「階級闘争と婦人解放運動の二つの任務がある」としている。婦人部は，勤務評定反対運動や安保闘争に参加しつつ，婦人運動の方は婦人部独自のものとみなされ，国内外の婦人集会・大会等が頻繁に開催される中で多忙をきわめた。組合運動においても女性たちは二重の運動をかかえていたといえる。

> 労働組合の婦人部長といえば，今日の婦人の社会活動のなかでは，激務の最たる部類に属します。時間的不規則，出張の連続等々は，往々にして個人生活など度外視され，まして家庭生活などは二の次という場合が少なくないのが今日の実情といえます。
> （1-②，1971，p.139）

これは，奥山が静岡県教職員組合婦人部長の山田綾子の生活を推し量って述べた文章であるが，奥山自身の苛酷な生活を物語っている。1960・70 年代という労働運動・女性運動の興隆期に，21 年間婦人部長を任された理由には，奥山が家庭をもたなかったこともあげられるが，人並み外れた運動への集中力があげられる。在任中の約 40 編に及ぶ著書や論文は主に帰宅後の夜間に書かれている。

一方，婦人部運動に対する当時の男性組合員の態度について，小学校教員荒巻久美子が次のように述べている。

「婦人に対する差別は，全労働者にかけられた差別の集中的なあらわれであり，婦人解放の運動は全労働者の解放につながる，などといいながら，組合運動のなかでも婦人運動を婦人部独自の運動として婦人部長にまかせきりでいたり，婦人執行委員に対しても，補助的な存在として差別的な態度を示したりするという事例を多く聞かされる」*[36] という。

育児が女性の役割である以上，育児休業運動も女性の運動と考えられたために，両性による育児休業という議論が発展することは不可能であった。

ところが当時全く異なる考え方をする国があった。スウェーデンに注目し，約１年半滞在していた一番ヶ瀬康子に誘われて，奥山は1976年WCOTP総会の帰りにスウェーデンに立ち寄った。しかし奥山にはなぜスウェーデンなのかという疑問があった。

スウェーデンでは，仕事と家族的責任を男女双方で担うという「全人的な人間」(A Complete Human Being) の創造政策がとられていた。女子差別撤廃条約の中で注目される伝統的な性別役割分業撤廃の提起は，スウェーデン代表らの力説のもとに実現したといわれている*37。この全く新しい視点に奥山が触れたのがストックホルムでの４日間の滞在である。

> 一番ヶ瀬さんは，スウェーデン大学の客員教授として行ったんだと思う。ゼミの女子学生も連れて行っていた。一番ヶ瀬さんは講義もあるから，私にストックホルム在住の藤井恵美子さんを紹介してくれた。藤井さんは，ずっと私に付いてあちこちに連れて行ってくれた。進んだ高齢者福祉にも感動した。集合住宅で高齢者の住宅を中心に，向こう三軒両隣に現役者の住宅を置くの。そしてみんなでみる。高齢者は郊外の老人ホームに，という考え方とは全く違っていた。
>
> 藤井さんが演出家のお連れ合いさんと二人でスウェーデン料理を作って招いてくださった。「ここでは，女性が働くのはあたりまえのことで，育児休業は男性も取れるようになっている。日本もそういう法律にするようにされたらどうですか」と言われた。私は，希望をもって帰ってきて，スウェーデンの政策について説明し，両性の育児休業への改正運動について執行委員に話したら，「何言ってるんだ。日本じゃできないよ」の一言で否定され，全く関心も示されなかった。あの育児休業運動経過報告をした執行委員がね。社会党の日政連議員もそうだった。
>
> 女だけが育児をするのは当たり前。悔しくてがっかりした。男性の育児なんて論外の論外だった。性別役割分業ががちがちにたたきこまれていた。外を見て内を振り返るのはとても大事なプロセスなの。　（インタビュー，8-③，2006）

「育児の両性責任」へと組合内での合意を形成し，両性による運動を展開していくという大きな課題が明確になってきたのである。

第5節　性別役割分業の解消に向けた国際的な動き

奥山に影響を与えた当時のスウェーデンの育児休暇法をはじめ，国際機関等の決議について概観する。

1．国際婦人年（1975年）以降の変化

女性をめぐる動きは，75年以降，国際的にも国内的にも活発になってきた。奥山らの運動も日教組の中だけにとどまらなくなり，従来の枠を越えて世界的な動きと連帯し，時には巻き込まれながらもこのような動きを無視することはできなくなってきた。

75年の国際女性年に開かれたILO第60回総会で採決された「婦人労働者の機会および待遇の均等を促進するための行動計画」は，基本方針として「婦人労働者の機会および待遇の確立を目的としたいかなる行動も，すべて人間（男および女）は，働くという否定し難い権利をもつという基本原理に基づいて決定されねばならない」と述べ，「家庭責任は婦人だけのものではなく，男女が共有する問題としてとらえるべきである」との確認が行われた。

1979年国連採択の女子差別撤廃条約は，その前文14項に「社会及び家庭における男子の伝統的役割を女子の役割とともに変更することが男女の完全な平等の達成に必要であること」を示し，性別役割分担の意識をかえていくことをうちだしている。

また，1980年ILO第66回総会において「家庭責任をもつ男女の労働者」と改めた勧告案が提起され，「男女労働者：家族的責任を有する労働者の機会均等及び平等待遇に関する条約・勧告」に関し第1次討議が行われた。労働者側の強い主張とECや北欧諸国の政府の賛成によって，条約・勧告案として採択され，その後さらに各国で審議されることとなった。この総会に参加した総評婦人局長山野和子は，「同じ資本主義国でありながら，ECや北欧諸国の政府が，男女の平等化を国の法律や制度にとり入れ，社会や家庭における男女の役割分担の見直しに積極的な姿勢でとりくんでいる」ことに驚きと敬意を示しつつ，

日本政府の対応について「『国内事情』や『弾力的な対処』という主張から一歩も出ようとしない日本政府の後ろ向きの対応がひときわめだった」と批判をこめて報告している。

この「資本主義国でありながら」という表現の裏には，それまで「資本主義国ではありえない」という考えがあったことを示している。この頃の女性たちの文章に散見される表現である。

奥山は，1981年第67回ILO総会に労働代表として参加した。ILO第156号条約が，「家庭責任は両性に」という立場を明確にして採択された総会である。1981年6月3日から24日までジュネーブに滞在し，その間，連日の労働グループ会議に参加し，時には深夜に及ぶこともあった。委員会討議では，使用者代表の態度は強硬で，「家庭責任をもつ労働者にこうした条約まで作るということは過保護ではないかとの意見が，終始表明されていた」*38 という。奥山は，我が国の政府代表の発表について次のように報告している。

> わが国の政府代表も，開会初日の委員会で早くも，『条約をつくることは時期尚早であり，勧告のみでよい』との日本政府としての見解発表を行い，私たち日本の労働代表が驚かされるという一幕もあった。常に財界主導型のわが国の政府見解として，予想されることではあったのだけれど，同じ資本主義国の政府代表の多くが前向きの発言をする中で，あらためてわが国の保守性の根強さを痛感させられる思いであった。
> （3-⑤，1981，pp.89-91）

最終的には，反対ゼロで可決され，「わが国政府代表も賛成にまわらざるを得なかった」*39 という。

ILO第156号条約が採択された画期的な時に，ジュネーブに行って参加できたのはラッキーだった。1政府代表は松原亘子（のぶこ）さんで，労働省の婦人少年局次長かな係長かな。私より年下だから「たんこちゃん」と呼んでいた。総評代表は2人で，私と山野和子さん。山野さんも私より7，8歳下だった。3人でお茶を飲みながら討論したわ。

松原さんに，「もっと積極的にやってよ」と発破をかけたり，「また電話をかけてるの」とひやかしたりした。彼女は毎日政府に電話をかけて，それから態度を決めていた。

委員会では，「両性の家庭責任」について，ケニヤとサッチャー政権のイギリスが反対で，日本は公益代表（雇用者代表）の意見が強く時期尚早として保留だった。
カナダの意見が良かった。カナダもすぐに取り入れられる状況にはないが，国際条約が示す理想的な目標がなければ，国内での改善も難しい，という意見だった。
全体総会で採択のための採決の時に，日本政府は賛成に回ったの。前の年の1980年にも提案されて継続審議になっていたんだけど，私は行っていなかった。1981年に行けて本当にいいチャンスに恵まれたと思う。これも，1975年の国際婦人年が大きな役割を果たしている。世界の女性の歩みは，国際婦人年の前後で大きく違ってきた。（インタビュー，8-③，2006）

ILO第156号条約「男女労働者・家族的責任を有する労働者の機会均等及び平等待遇に関する条約」（1981年）は，家族的責任を有する労働者の問題は国家の方針において考慮されるべき家庭および社会に関する一層広範な問題の諸局面であるという認識を示した。「家族的責任を有する労働者」とは，「『被扶養者である子』及び『被扶養者である子以外の近親の家族であって保護又は援助を必要とすることが明らかであるもの』について責任を有する男女労働者」であって「この責任により経済活動への準備，参入若しくは参加又は経済活動における向上の可能性が制約されるもの」と明記した。この中の「経済活動」という表現は，教師に適用すると「教育活動」と言い換えることができる。そしてこれらのものが「差別を受けることなしに，かつできる限り就業に係る責任と家族的責任との間に衝突が生ずることなしに，就業または就業しようとする権利を行使することができるようにすることを国家の方針の目的とすべきである」とした。

そして，次のことを目的として，すべての措置をとるべきである，とする。

(a) 家族的責任を有する労働者が職業訓練に対する権利及び職業を自由に選択する権利を行使することができるようにすること。
(b) 労働条件及び社会保障において，家族的責任を有する労働者のニーズを考慮すること。
(c) 児童保育及び家庭に係るサービスその他の公的又は私的な地域社会サービスであって，家族的責任を有する労働者のニーズに応ずるものを発展させ又は促進すること。

しかし，古橋エツ子によると1987年当時，父親と母親に育児休暇の権利を認めている国は9カ国あるが，休暇中の所得補償をしている国はスウェーデンなど少数にすぎなかった*40。

2. スウェーデン・北欧への注目

(1) スウェーデンの育児休暇法

一番ヶ瀬康子は，スウェーデンで得た情報を『女子教育もんだい研究』(1977)に伝えている。一番ヶ瀬の招きで奥山もスウェーデンを訪れて以来，スウェーデンの諸政策に惹かれるようになった。

1974年以降，スウェーデンには「育児等を理由とする休暇法」(以下，育児休暇法という）と国民保険法の一部改正による育児休暇中の両親手当および子どもの介護休暇中の一時介護両親手当の「両親手当給付制度」が新設された。この立法の背景には，1960年代後半の急激な出生率低下と女性の就労率上昇に対応する家族政策上の配慮がある，と古橋エツ子は述べている*41。当時の子どものいる家庭の家族政策目標は以下のとおりである。

(1) 社会的援助を得て家庭で育児ができること
(2) 家庭，職場，社会で男女が平等に貢献できること
(3) 両親が仕事と育児をともにできること

育児休暇法と両親手当給付制度は，単に出生率の増加を目的としたものではなく，仕事と家族的責任を男女双方で担うという「全人的な人間」(A Complete Human Being）の創造，真の男女平等を基本としている。手当受給金額は，働いている親の場合，子どもの出生前に継続して240日間被保険者であったときは，本人の傷病手当相当額＝{本人の年間総所得÷365}×90%で計算し，支給される。親が専業主夫／主婦・学生などの場合は，日額60クローナ（1987年当時，約1,300円）の最低保障額を受給できる*42。スウェーデンは，職業と家族的責任との人間らしい両立調和への政策・施策を，早期にかつ経済

待遇を含め充実した内容で導入していた。

(2) 公的・私的生活の捉え直しとケア労働への注目

『季刊 女子教育もんだい』No.6（1981）は，スウェーデンを中心とした北欧諸国での新しい男女平等観「全人的な人間」を紹介した。橋本紀子（女子栄養大学講師・教育学）は隣国フィンランドの状況を次のように紹介している。

「私が訪問したヘルシンキのいくつかの婦人団体は，みな60年代後半から男女の役割意識是正のための活動に取り組んでいたし，この課題はまさに民主主義の問題であるということも強調されていた。そして，日本と決定的に違うのは政府の諮問機関である男女平等委員会が，新しい男女平等観―従来の公的生活・生産活動は男性に，私的生活・再生産活動は女性にという役割分担は，各々が，他方の人間的な発達を制約してきたとして，新しい平等の目標を“全人的な人間”をつくりだすことであるとする，を採用したことである。」

スウェーデンは男性の育児休暇を義務づけ，フィンランドは両親の自由選択に委せている。両国とも有給の育児休暇制度や多様な保育システムを作り出した。北欧諸国が示したことは，女性の解放は社会主義社会でなければ実現しないということではなく，問題は，女性の参画が不充分だったという民主主義のあり方にあるということである。

同様の紹介が『季刊 女子教育もんだい』No.7（1981）の山本和代（日本女子大学女子教育研究所）の報告にもある。山本は，先進工業国の代表と国連機関・国際NGOの代表者が集まった「婦人のための教育・訓練・雇用に関する国際セミナー」に参加し，各国の報告の中で興味を引かれたこととして，次のことを報告した。「男性の側においても職業生活のみでなく，家庭生活を楽しみ，また文化的・社会的活動にも積極的に参加していこうとする気運がしだいに高まってきており，職業生活，家庭生活，その他の社会生活との調和をどうとっていくかといったことが問題になりつつある」という。これも“全人的な人間”として生きる社会の模索と考えられる。

さらに，デンマークのエコ・フェミニズム運動も，コペンハーゲンでの第2回世界婦人会議（1980年）を契機に紹介された。「発展と成長のイデオロギー社会―高度産業化社会のもたらす非人間性を拒否し，トータルな人格でありたいと願う。そして，自己の労働日は意味を生み出さねばならないと訴える。男も女も労働時間を短くし，日常の生活の家事・育児の中から，もっと人間的なものを見出せる生活をしよう，そして，地域コミュニティの抱える諸問題にかかわるエネルギーが得られ，隣人や家族や友人たちとの交わりや話す時間をもつ生活をとりもどそうと呼びかけている」*43。

同じく世界婦人会議に出席した大脇雅子（弁護士）は，スウェーデンの平等問題担当大臣の演説を紹介した。8歳以下の子どもをもつ父親や母親は，8時間労働制を6時間に短縮する法律があるが，男性の取得率が悪い。原因として男性の家事・育児訓練の弱さがある。男女の家庭科教育を国策として重視する*44，というものである。

我が国の労働組合による労働時間短縮要求は，労働か余暇かという二分法の上に考えられ，労働者がケア（家事・育児・介護等）を分担するための，家事労働時間確保のための要求はほとんどなされてこなかった。労働者とはケアを行わない男性を想定していた。

女子差別撤廃条約（1979年）第5条（b）は，家庭についての教育（family education）の中に，両性による育児の共同責任についての認識を含めるよう国に求め，また，ILOは1981年，「家族的責任を有する男女労働者」という表現に改め，両性の育児休業等を求める条約と勧告を採択している。

第6節　労働政策，家族政策，教育政策の関係

女性の労働権には，労働政策，家族政策，教育政策とが密接に関連していること，労働権確立のためには，家族政策と教育政策も調うことが不可欠であることが運動の中から明らかになってきた。奥山がこれらをどのように捉えてきたのか，状況を踏まえながらその過程を把握する。

1．家族政策と反論

(1) 国際婦人年に対するバックラッシュ

国際婦人年を契機として男女平等の要求が高まってきた。1975年の女性教員の育児休業法がようやく成立した年，国連では国際婦人年の運動が開始された。

「平等・開発・平和」をメインテーマにした第1回世界婦人会議（メキシコ，1975年）では，世界行動計画と地球規模のアクションを継続するための「1976年～1985年・国連女性の10年」を決定した。採択された世界行動計画（国際婦人年世界会議）は，男女の役割分担の是正なしには男女平等は実現しないことを確認している。

政府としても，そこで採択された世界行動計画を受け，総理府内に婦人問題企画推進本部を設置して国内行動計画をまとめる作業を進めなければならなくなった。女性をとりまく国際世論は，男女差別を見直すと同時に，女性の労働権確立，女性の「社会参加」にむけての気運を高めていき，1979年に国連採択された「女子差別撤廃条約」は，性別役割分担の撤廃，男女の行動様式の修正を明記したのである。

しかし，国内では，国際婦人年を契機とした男女平等の進展を警戒する声が起きていた。1975年，自由民主党政務調査会・同文教制度調査会は，森戸辰男の講演会『明日の教育を考える』を企画し，性特性論を強調している。中央教育審議会会長として「期待される人間像」(1966年)，「第三の教育改革答申」(1971年）を出している森戸辰男（元文相1947～1948年）は，次のように講演している。

「男女は抽象的な人間として同じであるが，具体的な人間としては異なる，というのが基本的なものでありますので，男女平等を論ずる場合には，この事実を十分考慮に入れたものでなければなりません。そして女子が男子と根本的に異なる点は，女子は母性であって，その本質は母たることであります。子供を生み育てるということが，女性の基本的な特色で，女子の体の構造も精神の構造もそのようにできているのであります。そして，これは男子に絶対できないことであります。これに対し違った意見があります。いや男女は平等である。女子はその本来の働きの場である家庭から社会に出て，男といっしょに同等の立場で働くことが女子の本来の姿であり，要求である，という主張であります。今日のウーマンリブの主張も大体そこにあるようであります。これに対しまして，“女子の特質は，そして本性は，母性である”というのです。」*45

そして，1979年，自由民主党政務調査会家庭基盤の充実に関する特別委員会から「家庭基盤の充実に関する対策要綱」が，同じく自由民主党幼児問題研究会から「乳幼児の保育に関する基本法（仮称）制定の基本構想（案）」が発表されたが，ここには，男女間の完全な平等の達成に必要な性別役割の変更や一方の性に偏らない家族的責任のあり方に関する認識はみられない。

前者の要綱は「母子家庭」「主婦の家事労働，育児」「婦人学級，母親学級」「母親等に家庭教育に関する学習，研修の機会を提供」「家庭婦人相互のふれあい」「妻の家事労働，育児」「主婦の負担軽減」「母親クラブ」「子供と母親とのスキンシップ」等の言葉が使われ，「父子家庭」や「父親」という言葉は一度も登場しない。「育児休業制度の確立を図るべきである」としているが，その内容は「婦人が育児に専念」するように書かれている。後者の基本構想では，「家計が成り立っているのに乳幼児を保育所に預けて働きに出ていく母親，職場をやめても保育所が親の育児放棄の道具にされる事例が増えてきている」として保育所を利用する母親への非難を表している。「育児放棄と，より楽をしたい，より余裕ある生活をしたいという甘えを助長している」とし，「母親が家庭において乳幼児等を保育できるよう（中央児童福祉審議会答申，1974年）」に，「何らかの歯止め措置」を検討するとした。家族的責任・育児を主婦・母親の責任とする考え方の維持・強調がみられた。

(2) 家族政策への反論

奥山は，政府与党が「男は社会，女は家庭」の性別役割分担の見直しを進めようとはしないのに対して，次のように述べる。

婦人の労働権確保の観点からも，保育の社会化は重要な課題である。乳幼児のためには１日24時間が保育時間であり，その保育をどのようにするかは母親だけの課題ではない。まず，婦人の側がそのことに対する確信を持たなければ，いま自民党から出されている「家庭基盤の充実対策要綱（案）」や，これとセットで出されている「保育基本構想（案）」に手を貸すことになりかねない。それはそのまま，「女は家庭」の婦人政策の術中にはまり込むものである。　(6-①，1980)

奥山は藤井治枝，村田泰彦，酒井はるみらとともに教育研究集会の分科会等で，家族政策の問題を指摘している。奥山と同じ女子教育分科会の藤井治枝は，次のように助言した。

「中曽根内閣は発足と同時に，三世代同居＝家庭基盤充実策＝日本型福祉を重点政策としてうち出した。母性主義をとなえる『生長の家』などの宗教団体の動きを背景に，『日本の母親はもっと子どもとともにあれ』のキャンペーンや，『胎児の生命尊重』をかかげて，優生保護法『改正』をすすめようとしている」(1983)

同年の家庭科分科会でも家族政策が問題とされ，酒井はるみが次のように助言している。「戦後家族政策の関心は，家庭基盤充実政策にいたるまで『日本的なよいもの』を失わないようにすることに終始したといえる。のぞましい家族関係は現在も依然として私たちの課題である。今次集会では，家族が多く論じられたが，父親不在は自明のこととして生活の崩れを母親の就労と結びつけることは問題である。母の就労は例外的なことではなく，すでに常態ととらえるべきである。」

(村田泰彦・酒井はるみ他執筆「第９分科会　家庭科教育」日本教職員組合編『日本の教育 第32集』1983)

2. 労働権と教育の関係

(1) 労働権と「教育の質」

奥山は，女性教師の労働権と勤務条件は，教育に直接関わるものと考えている。

婦人が学校のなかの主役を果たすためには，まず数々の問題がたんに個人的解決でなく，制度的，社会的見地にたって解決されなければなりません。なぜならばそれは，日本の教育にかかわる重要なことなのですから。　(1-②，1971，p.2.)

百年近くいわば制度的には放置されてきたに等しい共働き婦人教育労働者の，学校と家庭責任との両立という問題は，婦人が十分教育の主役たり得るためにも，日本の教育問題としての視点から検討されるべきであり，しかも一日も早く，社会的制度的に解決を迫られている重大な課題なのです。　(1-②，1971，p.153)

と強調している。1971年のこのような奥山の発言の背景には，ILO第123号勧告「家庭責任をもつ婦人の雇用に関する勧告」(1965年）とILO・ユネスコの「教員の地位に関する勧告」(1966年）がある。先にも述べたが，「教員の地位に関する勧告」第103項は「子どもを持った女子教員は，子どもの生まれたのち一年までは付加的な無給休暇のような措置により在職でき，雇用に基づくすべての権利がじゅうぶんに保護されるべきである」としていた。

これらの勧告が成立する以前に，ILO・ユネスコと連携する国際教員組織WCOTPの「女性の勤務条件は教育の質を左右する重大事項」(1963年）という確認があった。教育行為を行う女性教員の勤務条件と「教育の質」の関係が重視されたのである。女性教員の「教育の質」が低下するとしたら，それは女性が劣っているのではなく，勤務条件が不適切であると捉える。育児のように省力化できない家庭責任をもつ女性教員の勤務条件は，「教育の質」の確保のために特に考慮すべき教育事項であり，教員の勤務条件の改善は労働課題であると同時に教育課題であると捉えられる。

しかし，たとえ勤務条件が整ったとしても，家庭責任は女性の責任と捉え女性だけが育児休業を取得している限り，女性教員は家事労働という本業をもつ副次的教員，したがって質の低い二流教員として描かれてしまうのである。

(2) 労働権と「教育の内容」

国際機関で60年代にみられた「家庭責任をもつ女性」という考え方は，国際婦人年(1975年)の「性別役割分担の解消」を経て，ILO第156号条約(1981年)の「両性による家庭責任」へと大きく変化していく。労働と家庭をめぐる国際組織の諸政策の変化を理解し受け入れていくことは，教員にも教職員組合にも困難であった。これは，労働と家庭に割り振られてきたジェンダーに変更を迫るものであり，教育の課題でもあったのである。

ILO第156号条約は，「男女労働者・家族的責任を有する労働者の機会均等及び平等待遇に関する条約」は，家族的責任を有する労働者の問題は国家の方針において考慮されるべき家庭及び社会に関する一層広範な問題の諸局面であるという認識を示した。さらに条約は，先にもみたように「差別を受けることなしに，かつできる限り就業に係る責任と家族的責任との間に衝突が生ずることなしに，就業または就業しようとする権利を行使することができるようにすることを国家の方針の目的とすべきである」とした。そして，そのために各国の権限ある機関は，男女労働者の機会及び待遇の平等の原則並びに家族的責任を有する労働者の問題に関する一層広範な公衆の理解並びにこの問題を克服するために役立つ世論を醸成する情報及び教育を促進するための適当な措置をとるべきである，としてさらに具体的な勧告を行っている。

人々の働き方を変えていくには国家による労働政策の変更が不可欠であるが，労働政策を変えても，望ましい働き方が進められるとは限らない。その理解を醸成する教育を促進させる教育政策が必要となってくる。公的・私的な生活に埋め込まれたジェンダー秩序があまりにも強固であるため，これを変更していく教育政策は，教育内容の再検討から教師の再教育にまで及ぶ。労働政策と教育政策，さらに保育や介護などの福祉政策が切り離せないものであることがわかる。

(3) 労働権と教育課題

> 日本の最初の女性労働運動の先達の役を日教組女性部は担ってきた。
> (5-③，2002，p.65)

と奥山がいうように，育児期の労働権確立は日教組婦人部に課せられていた。

> いまさら憲法を引き合いに出すまでもないことであるが，「すべて国民は勤労の権利を有し，義務を負う」という第27条の条文を，そのまま女が完全に行使できる状態がどれ程整備されているだろうか。例えば，結婚しても，育児に当面しても，一社会人として，働きつづけようとする時，すべての人にそれがかなえられるようにはなっていないということである。(2-⑦，1975，p.26)

しかし，60年代は奥山も育児は女性の役割と考え，女性の育児休業を想定していた。奥山は，次のように運動を振り返る。

> 日教組婦人部が結成直後から，長い間，男女の差別撤廃をたたかいの軸にしながら，その一方で女なるがゆえに，家庭と職場の両立を課題に，たたかいつづけなければならなかったこととも同次元のことである。つまり，「女だから家事も育児も，老親をはじめ，家族全体の世話も背負わねばならない」という自他ともに女役割を肯定した中で，働きつづけ，たたかいつづけてきたのであった。
>
> （1-⑨，1983，p.75）

「家庭と職場の両立」とは，女役割を肯定した中で設定していた苦しい二重労働・二重責任の遂行だったのである。しかし，奥山は，労働権確立運動に取り組みながら，「女子に人権としての労働権を育てる」必要があると考えるようになっていった。それは，女性教師自身の自覚と労働者性にかかっている。奥山は，女子に労働権を育て，女性教師自身に自覚を促す女子教育運動に関心をもつようになった。しかし，この時はまだ，「性別役割分担の解消」という明確な認識はもっていない。

奥山は，従来の家庭科教育分科会を副部長に任せ，自らは女子教育問題の方向へ研究と運動を推進していくことにした。そして村田泰彦，一番ヶ瀬康子，田辺照子，星野安三郎，藤井治枝，佐藤洋子らを助言者に迎えた。

> 教師自らが，確かな労働者たりえずして，「女が働く」ということを教え，女子に人権としての労働権を育てることはむつかしいと思うからである。
>
> （1-⑨，1983，p.75）

女性の労働権運動から明確になってきた教育課題「女子に人権としての労働権を育てる」が，女子教育運動を生み出し，さらにその運動の中から「性別役割分担の解消」という新たな教育課題が認識されるようになっていく。

次章では，女子教育運動がどのように進められていったのかを検討する。

【註】

＊1　岩本美砂子「女のいない政治過程 日本の 55 年体制における政策決定を中心に」日本女性学会『女性学』Vol.5，新水社，1997，p.30.

＊2　鹿野政直『現代日本女性史』有斐閣，2004，p.146.

＊3　赤松良子『赤松良子 志は高く』日本図書センター，2001，p.65.
＊4　Whitworth, S., *FEMINISM AND INTERNATIONAL RELATIONS*, Macmillan Press Limited, 1994.［邦訳］ウィットワース，S., 武者小路公秀他監訳『国際ジェンダー関係論―批判理論的 政治経済学に向けて―』藤原書店，2000，pp.188-225 参照。
＊5　山川菊栄他数名によって設立された研究団体。常時約 200 名の会員が参加している。例会は，その時の重要な婦人問題をテーマに会員およびパネラーをえらび，一般公開している。また，会報は婦人問題の貴重な資料となっている。婦人問題懇話会（代表田中寿美子）『婦人問題懇話会会報』No. 93. 1983，p. 71 参照。
＊6　女性労働問題に関心をもつ者の集まりで，（財）日本 ILO 協会の協賛組織であり，ILO 月例研究会と年 1 回の会報『女性労働』を発行してきたが，2004 年に研究会は終了している。
＊7　三谷直紀「女性雇用と男女雇用機会均等法」猪木武徳・樋口美雄『日本の雇用システムと労働市場』日本経済新聞社，1995，p.205 参照。
＊8　田中かず子「危機を好機とするために」『女性学』Vol.7，新水社，1999 参照。
＊9　木村松子「公務員制度確立期の教育職賃金観に関する一考察―ジェンダーの視点による再検討―」日本学校教育学会編『学校教育研究』17，教育開発研究所，2002，pp.86-101.
＊10　関西女の労働問題研究会・竹中恵美子ゼミ編集委員会『竹中恵美子が語る労働とジェンダー』ドメス出版，2004，pp.14-15 参照。
＊11　ゴードン，A.（Gordon, A.）「55 年体制と社会運動」歴史学研究会・日本史研究会編『日本史講座戦後 日本論』第 10 巻，東京大学出版会，2005，p.269.
＊12　ウィットワース（Whitworth, S.)，前掲訳書＊4.
＊13　Scott, J. W., *Gender and the Politics of History*, New York: Columbia University Press, 1988.［邦訳］スコット，J. W., 荻野美穂訳『ジェンダーと歴史学』平凡社，1992.
＊14　木本喜美子『家族・ジェンダー・企業社会』ミネルヴァ書房，1995，pp.61-75 参照。
＊15　田中かず子，前掲論文＊8，p.120 参照。
＊16　大河内一男・松尾洋『日本労働組合物語戦後編［上］』1969.
＊17　関西女の労働問題研究会・竹中恵美子ゼミ編集委員会，前掲書＊10，p.74.
＊18　高田なほ子「はじめに」日教組婦人部編『日教組婦人部三十年史』労働教育センター，1977，p.iv.
＊19　徳武靖「Ⅲ章　女教師と他の職業との比較」重松敬一・丸岡秀子『女教師の家庭と職業』明治図書出版，1967，p.111 参照。
＊20　退職婦人教職員全国連絡協議会編『美しき生涯を 退婦教 20 年のあゆみ』ドメス出版，1987，p.33.
＊21　日教組婦人部編『日教組婦人部三十年史』労働教育センター，1977，p.334.
＊22　同上書，p.334.
＊23　徳武靖，前掲論文＊19，pp.114-115.
＊24　同上論文，pp.100-101.
＊25　同上論文，pp.114-115.
＊26　同上論文，pp.115-116.

＊27　日本教職員組合婦人部『第2回全国婦人教員研究協議会報告　扉をひらくもの』1953, p.43.

＊28　赤松良子『解説女子労働判例』学陽書房，1976．赤松良子『赤松良子 志は高く』日本図書センター，2001．p.92.「昭和44年に日本を代表するような大企業が，女子従業員に対していかに差別と偏見にみちた考えをもち，それを公然と主張して恥じることがなかったということの記録として，歴史に残してもいい文章だといえそうである。」

＊29　結婚退職制・女子若年定年制の企業や労働協約に対し，女性たちは独自に訴訟を起こさなければならなかった。1966年住友セメント女子社員鈴木節子の結婚退職制違憲勝訴，1967年パート・タイマー解雇無効勝訴，1968年女子地方公労員結婚退職誓約書に基づく免職処分無効判決，1969年東京地裁による女子若年定年制無効判決が出されている。育児休職制度以前の女性の労働権が確立していなかった職場が多かったことを示す。

＊30　徳武靖，前掲論文＊19，pp.108-109.

＊31　日教組婦人部，前掲書＊21，p.178.

＊32　日本教職員組合編『日本の教育 第15集』1966，p.353.

＊33　日本教職員組合「WCOTP報告書」1963年。「婦人教師が約半数近くをしめていた。これは初等教育に従事する教師が女教師が多いこと，中等教育にも相当数の女教師が進出していることを物語っている。関係地ブラジルでは，初等教育は100％女教師だというし，ラテンアメリカ全体に女教師の率が多い。また，アメリカでも初等教育は90％女教師だという」。

＊34　日教組婦人部，前掲書＊21，p.180.

＊35　伊地知フサ「すべての働く人に育児休業を」宮崎県教職員組合婦人部・宮崎県高等学校教職員組合婦人部『子どもと母と女教師と』1985，pp.96-97.

＊36　荒巻久美子「家庭責任にどう対処しているか」奥山えみ子編『双書／婦人教育労働者Ⅰ　共働きのもんだい』明治図書，1971，p.36.

＊37　一番ヶ瀬康子「婦人差別撤廃条約の意義と課題」国民教育研究所編『別冊国民教育⑥女子教育読本』労働旬報社，1983，p.8.

＊38　奥山えみ子「ILO第67回総会に出席して」女子教育もんだい編集委員会『季刊 女子教育もんだい』No.9，労働教育センター，1981，p.91.

＊39　同上論文，p.91.

＊40　古橋エツ子「スウェーデンの育児休暇と介護休暇制度」婦人労働研究会『女性労働』2004，pp.170-171.

＊41　同上論文，p.170.

＊42　同上論文，p.175.

＊43　芦谷薫「世界は動き，女は動く，どこに向かって？　80年女の集会PART Ⅱに出席して」女子教育もんだい編集委員会『季刊 女子教育もんだい』No.6，労働教育センター，1981，p.131.

＊44　大脇雅子発言「パネル・デスカッションテーマ…平和をまもり，差別をなくすために再び“あやまち”をくりかえさない」（司会　奥山えみ子）第26回はたらく婦人の中央集会実行委員会『第26回はたらく婦人の中央集会報告書』1981，p.43参照。

＊45　森戸辰男『明日の教育を考える』日本教育会，1976，p.18.

第3章　「自立」教育の誕生
—1970・80年代を中心として—

> どうして「自立」という言葉が使われるかとか，概念的にわかったわかったというやり方をしないで，丁寧に新しいメンバーが入るたびにそのことを議論して深めてほしい。
> （奥山えみ子 1980）

1970年前後の9年間，育児休暇法案の国会提案が通過せず膠着状態が続いていた頃，学校責任と家庭責任の両立を求められる女性教員の働く姿について，批判・共感を含めた「女教師論」が多く書かれた。

一方，国内外のウーマン・リブ運動は，かつての婦人参政権運動以来の第2波女性解放運動となってきた。全米女性組織（NOW: National Organization Women，1966年）がベティー・フリーダン（Friedan, Betty）によって組織され，日本においても第1回ウーマン・リブ大会（1972年）が開催されている。1975年の国際婦人年，1979年の女子差別撤廃条約による性別役割分業の解消という国際レベルでの意識変革は，ILOやWCOTPを通じて労働や教育をテーマとして日教組にも迫ってきた。また，国内では，「家庭科男女共修を進める会」（1974年）や「国際婦人年をきっかけに行動を起こす女たちの会」（1975年）などが発足し，女性や教育に関する多様な市民運動が起きて日教組と奥山を刺激するようになってきた。

そのような中，奥山らによる「女子教育問題」研究は，学校の教育実践を問題化し，その明示的・黙示的カリキュラムを分析に付すという作業を全国的な教育運動として行うものであった。教育運動とは教育改革を求めるものであり，「女子教育問題」研究は，女性たちが真に望む生き方を可能にするための改革運動である。教育改革は既存の教育を変化させようとする作用であり，現在あるものとの衝突と痛みは避けられない。女子教育問題研究はどのように進められていったのだろうか。

第1節は，「女子教育問題」研究の発端を，第2節は，「自立」と「自立」教育の模索，第3節は『季刊 女子教育もんだい』の発行とフェミニズム理論の導入，第4節は，国際的な女子教育への注目，を明らかにし，第5節で，「自立」教育運動の意味，を考察する。

第1節　「女子教育問題」研究の発端

1．女子教育もんだい研究会の誕生

(1) 一番ヶ瀬小委員会の設置

1972年，日教組教育制度検討委員会（委員長　梅根悟）の第二次報告書「日本の教育をどう改めるべきか」に対して，大分の高教組婦人部長仁木冨美子（奥山の次に婦人部長となる。ふみ子と書くこともある。）からの反論が起きた。報告書を全部チェックして婦人部に送る，という連絡を受けた奥山はそれを検討委員会（事務局長　小川利夫）に取り次いだ。大分高教組婦人部が問題としたのは，「高校教育の所では，男女の協力共働の家庭観が明確に示されているのに，乳幼児の部分では，母親の就労を現代の必要悪だと記述」したこと，「その他女生徒の問題はまったく欠落」*1 していたことである。

1974年の春，同教育制度検討委員会は，第四次報告『日本の教育改革を求めて（最終報告）』の草案ができた段階で，小委員会を開いて検討することとし，一番ヶ瀬康子を中心とした数人のメンバーによる女子教育にかかわる専門委員会を設置した。これは，一番ヶ瀬小委員会とよばれ，約5カ月間に数回の会合を重ね，女子教育の基本理念，子どもの実態と教育の現状，女子教育のあるべき方向と，具体的取組みについて検討を行い，最終報告を30数カ所修正しただけでなく，検討の要点を『日本の教育改革を求めて』に挿入することとなった。たとえば，「教育における男女差別の問題」や家庭科の問題が入れられ，家庭科については，「現行家庭科廃止・総合学習の中味としての男女共修」を打ち出した。

一方，奥山は，小委員会の中で女性教師の状況について報告した。当時，女性教師の増加が進む中，批判を含めた女教師論がマスコミ等にも盛んに取り上げられていたからである。

女教師の劣悪な状況，それはなぜなのか，ということについて報告をした。自身の問題と教育制度としての問題があると。教育制度検討委員会は制度の見直しを考えるわけだから，いまの教育制度のままでいいのかというところが重要なわけですよ。だけど，女の先生自身の成長過程においての教育内容に問題があったんだと。だから，女子教育の見直しは，自分の問題でもあるということにもなった。だから，婦人部の研究会でも，はじめは女教師論などをやったの。

(4-②，2002，p.74)

「これまでの教育内容に問題があった」という結論に，報告を聞いていた小川利夫も，「それだよ，奥山さん」と同意したという。

要するに，女は労働の場より，家庭が主役という考え方に女教師自身疑念を持たなかったばかりでなく，戦後の民主教育そのものが，総体的に「家事・育児は女のしごと」をひきずったままであったということである。 (1-⑩，1983，p.75)

この小委員会での研究内容をまとめ，一番ヶ瀬と奥山の編集で『婦人解放と女子教育』(勁草書房，1975) を発表した。これは，奥山らにとって「『日本の教育改革を求めて』の女子教育部門に関する一つの具体的な運動篇もしくは，実践篇とも言うべきもの」であった。奥山は，この教育制度改革を実現させるために，まず，1974年の定期総会でその運動方針に「女性解放のための女子教育推進」を明示し，決議を得た。運動方針を決定する場で教育運動の開始について確認を得ることで，各県婦人部長を核とした運動を全国に広げることができる。次に中央での研究会を組織した。それが，奥山が名づけた「女子教育もんだい」研究の始まりである。奥山は「もんだい」とひらがな書きにして堅さを避けていたが，時には漢字も使われている。研究会は高等教育に関して一番ヶ瀬康子，教育学的立場から村田泰彦，憲法の立場から星野安三郎，労働の立場から田辺照子を招き，小・中・高等学校の代表を含むレギュラーメンバーを加えて組織した。また，各県の婦人部長と希望者の参加による夏季女子教育問題研究会 (夏季女子研) を組織し，各県にも研究会を作るように促した。できたら各支部 (学校) にも研究会がほしい。1975年，第1回女子教育問題研究会を開催し，その中で，研究の柱を次のように立てた。

(1) 教育の中の女子差別について

① 教科書の中の女子差別（国語・社会科・家庭科その他道徳副読本等について）

② クラブ活動や生活指導の中の差別　③ その他

(2) あらゆる現行制度面からみた女子教育

① 家庭　② 学校　③ 社会等を中心に，女の子をとりまく環境と，現在の女子教育とのかかわり

(3) 女教師について

① 歴史的背景　② 現状と問題点　③ 今後のあり方等々

共同研究を運動論として文章化し，各県に下ろす時には，その表現をわかりやすく取組みやすくすることに腐心した。それに対する職場実践を通しての現場の反応との相互研究を進めていくことを次のように訴えた。

> 私たちはこの２月，中央で「女子教育もんだい研究会」をはじめた。レギュラーによる研究を重ねながら，できるだけその都度都度の討議内容を職場へ下していきたいと考えている。そして，職場からは，それに対する職場実践をとおしての多くの反応を示してほしい。つまり，相互研究としての運営ができることを希っているという意味である。（1-④，1975，p.380）

「下ろす」とは，学習資料・討議資料を配付して教育運動理論を示していく，という意味であり，全国の教師に対して「下ろす」側の責任として言葉と理論の吟味を慎重に行っている。これは教師の実践を変化させ，児童生徒に働きかけるものであるからである。そして，児童生徒の現実と実践を通した反応を求め，再度中央での検討を行う。奥山が「その都度都度の討議」と強調するのは，児童生徒の現実から考えようとする姿勢を示す。研究会では，「女子の機会均等たり得る内実の育成」という基本理念と自立の力をつけることを意見統一し，婦人部中央での研究と各地方での実践による相互研究を意図している。奥山は，研究組織と教職員を結びつける位置に自らを置き，理論と実践の相互作用で教育改革運動を進めていくことを意図した。

奥山は，この研究会での発言を次のように紹介している。

千葉県から出席した小学校のある女教師は，「社会科の教科書について，このさし絵は，家の中の一さいの事は全部お母さんがしなくてはならないように画かれている。家族の他の人がやってもいいようなことまでも全部母親のしごとになっている。このことに疑問をもつ必要はないか」と自分の学校の女教師のグループ学習で問いかけたところ，「あら，そんな見方もあるのねえ，私は，それは女の仕事だから当たり前だと思って，何の抵抗もなしにそのまま取り扱ってしまったけど，云われてみれば一寸おかしいわね。」という事になって，現在，教科書のなかにあるさまざまなそうした矛盾や，慣行化されているもの等の問題に気がつくようになり，教科書のなかのそういう問題を洗い出す勉強会をはじめたと述べられた。 (2-⑦，1975，p.27)

奥山はこの発言を聞いて，女性教師自身が疑問をもたずに問題のある教科書やその指導書のままに授業をしてしまうという現実があることを知った。これでは，子どもたちの教育に責任を果たし得た教育実践であるとはいえない。

地理的に近い小・中・高校の先生からも入ってもらいました。理論が現場に沿っているかを知りたかった。実践として可能か。現実的にはどうなっているか。空中分解するような理論ではいけないから。先生方は重要な役目を果たしてくれました。研究会は月に1・2回やり，自立論や女子教育の問題点について話し合いました。一人の人間が生きていくのに不可欠な力は何か。最も大きな基本は，経済的に自立する力だということになったの。 (インタビュー，8-③，2006)

このような経緯で1970年代の女子教育問題研究が開始されていく。奥山は，特に全国から自費で集まってくる夏季女子研参加者の意欲と継続研究に対して信頼を抱いた。毎年熱海や伊豆で行う2日間の合宿に200～300人が集まり，席は前列から埋まっていく。参加者は，教育論を身につけ納得できる実践ができることを期待していた。この経験者の中から退職後，市会議員・県会議員となる女性も出ている*2。

女子に対する教育研究が必要であることの指摘がこれまでなかったわけではない。1953年の第2回全国婦人教員研究協議会において，「家庭・学校・社会に於ける封建性とその打開策」をテーマとした分科会報告書の中で，「今なお，男の子が官立の有名な大学にはいることを喜び，女の子は，『どうせ嫁入り道具の一つだから』という気持ちが非常につよい。この家庭の封建性を捨てなければ男女共学を完全に推進することはできない。更に共学を推進する方法として，学校と家庭の連絡を密にする」*3 というまとめがされている。実質的な男女共学を実現する運動の必要性は早くから自覚されていたのである。

(2) 一番ヶ瀬康子の探求

奥山より若いが奥山が最も信頼を寄せた人物の一人である一番ヶ瀬康子とは，どのような人物であろうか。社会思想史研究者である安川悦子は，一番ヶ瀬を自らのフェミニズム思想の形成者と評価している。

一番ヶ瀬は 1927 年東京に生まれ，日本女子大学家政学部を卒業した後，鐘が淵紡績丸子工場の女子労働者の舎監およびその付属の学校の教員をしていた。1950 年代，農村の貧農上層部出身で繊維産業で働く若年女性労働者の実態調査を行っている。60 年代は，高度経済成長期を迎え共働きのパートタイマーにシフトした女性労働の実情を調査した。70・80 年代には，女子の自立をめざす女子教育問題研究に奥山らとともに取り組む。一番ヶ瀬は，この 35 年間の論文をまとめ，「自分史からの探求」と副題をつけて，『女性解放の構図と展開』（ドメス出版，1989）を出版した。その中で一番ヶ瀬が強調したのは，女性に保証していくべきことは「基軸としての労働と生活」と「基底としての福祉」である，ということである。

安川悦子は，この一番ヶ瀬の「自分史」は，フェミニズム思想の形成そのものである*4，と評価しているが，一番ヶ瀬と実践の中で共にいくつかの論文を発表してきた運動家 奥山に対する安川の注目はない。

一番ヶ瀬が大きな共感を寄せたのは戦争被害女性である。母子寮問題，売春問題，独身女性問題に取り組み，自立して生きるための労働権，生活権，老後保障の必要性を説いている。戦争によって夫を失ったり同世代の結婚相手を失ったりして一人で生きていかなければならなくなった多くの女性の中に，一番ヶ瀬も奥山自身もいた。二人のもつ戦争体験は，同性への共感を強くしていたといえる。

2.「家庭科教育分科会」の行きづまり

(1) 家庭科教育の意味の模索

女子教育問題研究を新たに開始する理由の一つに，全国教育研究集会での家庭科教育分科会に行きづまりがあったことがあげられる。女性たちが自らの問題を討議できた婦研協は3回で解消となり，日教組教育研究集会に一本化されたが，日教組教研も問題別分科会から教科別分科会へと移行したことによって，女性たちが自分たちの問題を発言できる分科会は主として家庭科教育分科会となった。多くの課題を抱えた家庭科教育分科会は混迷を極めることとなっていた。

1957年，教科別分科会になって以来，全国教研の家庭科教育分科会は婦人部が担当することになった。助言者の選定は当初中央執行委員会で決定していたが，婦人部に任されるようになっていった。

> 助言者の力は大きかったと思う。だから助言者の選び方は大事だった。現場の教師たちは論理に飢えていたの。だから助言者の論理に，時には着いていけなかったり，時には大きく納得したりした。　（インタビュー，8-③，2006）

1962年，奥山が部長になった年，依然として職場の問題の訴えが続く家庭科教育分科会に対し，第11回教研（1962年）講師団は，「この立ち遅れた教科」と酷評している。教育課程の自主編成を全教科が進めている中で，家庭科だけは進展しないのである。家庭や家族とは何か，家事労働はなぜ女性だけが担うのか，家庭科教育は何を教育するのか，参加者それぞれに多様な考え方があり，講師たちの家庭科教育論も必ずしも参加者に受け入れられなかった。

1962年の家庭科教育分科会の指導者であり記録の執筆を行った古川原は，「家庭科教育分科会に対する原因不明の反感に妨げられて討論にならない」と嘆いている。それは指導者・参加者が使用する言葉と理論が，集まった教師たちに共通認識されていないことから生ずるずれとそこから生まれる分科会そのものへの疑問，さらには現実の不平等状況から生まれる男性への反感があった。分科会で頻繁に使われながら共通認識が困難な言葉として「労働」「労働力再生産」「技術」「社会化」がある。これらの言葉には，その言葉を使用する理論が存在し，指導者・記録者である古川自身の理論も関与してくる。古川は「家庭科は労働力再生産の技術教科だと定義できる」「各家庭で行われている労働力再生産労働は，もっと社会化されるべきである」「問題は独占段階に入りつつある資本主義の矛盾と，半封建的な家族制度の遺制である」と捉え，分科会記録をまとめているが，参加した家庭科教師の中にはその指導に違和感を持つ者が少なからずいた。古川は，労働力再生産労働の社会化によって女性を家事労働から解放することによって社会的労働に従事することを重視する社会主義婦人解放論をもっていた。具体的な教師の発言は記録されていないが，古川の嘆きから教師たちの疑問が推量される。「労働」「労働力再生産」とは何か，「社会化」とは何か，何をどこまで社会化するのか，では社会化されるべき家事をなぜ教えるのか。本当に男女の特性は異なるのか，等々の疑問である。高校家庭科は，60 年の改訂によって普通課程の女子のみに対して「家庭一般」が 2 ないし 4 単位必修となっている。家庭科教師の中にも，家庭科を女子の特性と考える教師から，家事の社会化を考える教師まで多様であった。

講師団の感想をまとめた春田正治は，家庭科教育分科会について「この立ち遅れた教科」と表現し，研究になっていないとした。しかし，一定の前進をみせた理由は，「何と言っても勤評，安保，学テなどの巨大な諸闘争の成果」だという。しかし家庭科教育分科会で最も問題になり，教師たちが行きづまっていたのは，家庭科の男女共学をめぐる考え方や，さらには共学を実現する道筋だったのである。これらに対する日教組講師団の注目や関心，さらには具体的な行動はなかった。

全国教研が終わった後，家庭科教育をめぐって，その分科会講師，学者，研究者，教師間で論争が起きている。1962・63 年の 2 年間に 10 本の論文が『教育評論』に掲載されている。そこでもボタンつけやぞうきん作りの意味は何なのか，また，そもそも家庭科が教科として成立する教育学的根拠はあるのかという疑問があったのである。中央試案としてうちだした教科理論は，「家庭科は労働力再生産のための科学的法則をつかみ，社会のしくみの矛盾を認識し，克服する力を育てるもの」とし，「矛盾をかかえた家事労働の技能に習熟させることではない」と主張されたが,「子どもの完成の喜びや現行指導要領を無視できない」という意見が強く,中央試案は全体のものにならなかった。

1974年に発表された日教組教育制度検討委員会の構想は,「現行の家庭科は廃止し,家族制度・家計・家族労働・保育などは総合学習においてとりあつかい,とうぜん男女共修となる」*5というものである。村田泰彦によると,この場合の家庭科廃止の教育学的根拠は,教科の成立を,主要な文化価値を含む文化領域—言語・数学・科学・技術・芸術・体育など—に対応させる立場に立つため,独自の文化領域をもたない家庭科が教科組織からはみ出るという判断によるものである*6。また,村田は,家事の仕事に男女の個性差はないというクルプスカヤの総合技術教育を指摘している*7。

奥山は,現行家庭科廃止の構想を受けて,現実には教師や親が共通認識に至るのは困難であることを感じつつも実現を課題とした。

> 一口に「現行家庭科廃止・総合学習の中味としての男女共修」といっても,それがどのようなプロセスで実現可能となるのか,どのようにすれば,国民の大多数のコンセンサスが得られるのか,それだけでもこれからの大きな課題である。(略)しかし,最近,ようやく家庭科のあり方や男女共修論などが,マスコミに登場し,社会問題化へのきざしも見えはじめている。 (1-④, 1975, pp.379-380)

後に,奥山らが刊行した『季刊 女子教育もんだい』No.9(1981)は,「転機にたつ家族と家庭」を特集した。そこでイリイチの「シャドウ・ワーク」論やラディカル・フェミニズムの理論が紹介されている。高良留美子は,「マルクス主義の家族理論は,社会と家庭とを真二つに分断してしまう傾向があり,家庭の変化やそのなかでの女性の状況を,社会との関係でくわしく分析する方法と言語をもたなかった」「家庭責任担当者の面は無視して,社会的生産者としての面だけを強調し,労働者として扱うことしかしてこなかった傾向がある」と指摘している。

一方,文部省関係審議会の答申・建議及び学習指導要領などは,1950年代後半から特性論を顕著にしていた。例をあげると,

①「女子の特性にかんがみ,家庭生活の改善向上に資する基本的能力を養う

ため，家庭一般をすべての女子に原則として履修させるものとする」『教育課程審議会答申』(1960 年 3 月)

②「元来男女は，身体的，精神的にも異なるところがあるので，基本的には平等であるという基盤の上に立ちながら，それぞれの特性に応じた教育が必要である」『中央産業教育審議会建議』(1962 年 11 月)

③「高等学校においては，普通科目についても，女子が将来多くの場合，家庭生活において独特の役割をになうことを考え，その特性を生かすような履修の方法を考慮する」『中央教育審議会答申』(1966 年 10 月)

などである。日教組として家庭科共学運動に取り組むのは 1984 年であり，市民運動からはかなり遅れている。家庭科教育分科会を批判した講師団にも，無償の家事労働や家庭責任への軽視があり，したがってそれらを女性に割り当てていることは不問に付したまま，家庭科男女共学運動は遅れたといえる。

(2) 家庭科教師のもつ困難

古川は，1962 年の教研を最後に家庭科教育分科会を去ったが，去るにあたり次のように不愉快さが残る，と述べている。

「筆者は 5 年間，男として研究に参加させてもらった。たくさんの事を教えられ，いろいろな問題を与えられた。感謝すべきことが多いが，それよりも数としては多くの不愉快さを忘れることはできない。もちろん，筆者の女性無理解，そこからくる無作法が多かったにちがいない。しかし，家庭科教師に非常に多い男性を理解しようともしない頑固さ，男の子たちに対する憎悪と軽蔑とがぬぐえない不愉快な印象として残る」，というのである。家庭科教育分科会では，教師たちは男女共学を主張しながらも，指導の場面では，「やっかいな男の子」に悩まされていることを主張していたが，古川には，「男の子たちに対する憎悪と軽蔑」と映った。そして，古川は女性教師たちに対して「教師としては男も女もない，あたりまえな同僚でありながら，同時に 2 種類の人間として，氏も育ちもちがい，考え方感じ方にお互い長短補いあうべきものとして，あたたかな礼儀作法を作り出していくことが家庭科教育の内容そのものでもあることを考えてほしい」*8 と結んだ。

古川が体験した不愉快さは，学校の中で家庭科教師が，日常蒙る同僚男性や男子児童生徒からの不愉快さから来ている。家庭科教師にとっては，講師が問題とする家庭科の存在意味を問う本質論や教材論・指導論の前に，日常の学校の中のジェンダー関係の問題が家庭科と深く絡み合っていることに対して解決の方向が必要だったのである。当時としては，集まってきた女性たちにも分科会助言者にも不愉快さを解決することはできなかったといえる。後に，中学校家庭科教師の後藤己枝が次のように述べている。

「私も最初『家庭科の男女共学』を聞いたとき，びっくり仰天したものである。それほど中学校の男女共学には理解不足であった。また現実に中学校の生徒指導がいろんな面でむずかしいと感じている女教師も少なくないため，今まで指導したことのない男生徒を含めた学習指導に，家庭科教師がとまどう気持ちもよくわかる」「家庭科は女性の特性を生かす教科だと教え込まれてきた教育観が身にしみて，そこから抜けだすことができず，がんじがらめにされてしまっている。」(『季刊 女子教育もんだい』No.5，1980)

このような後藤の正直な感想は，日本の教師だけのことではない。イギリスの1982年のEducation誌によると，「性差別禁止法」(1975)，「1980年教育法」によって，家庭科，金工，木工など伝統的に男女別修であった教科を共修にした学校は，70年代初期はごく少数だったが，82年現在では79％以上になっている。円滑な男女共修を阻む要因として，施設・設備の限界，生徒の特定科目に対する変わり難い好悪感があげられるが，なかでも最も根強いのは，担当教師の性差意識である，という。これらの教科・科目の教師は，自分の受けもつ科目を，伝統的な履修主体の性に閉ざしておきたがる傾向が強い*9，と伝えている。

奥山には，1973年から実施された高校の女子のみの家庭科必修に対して，家庭科教育分科会に集まる教師だけではそれに対応する力に限界があること，男女共学が共通認識されても，そのあとそれぞれの県に帰り，学校に戻ると，他の教師には，「男女が平等に家事労働をする」などという雰囲気はなく，個々の教師が実践するには学習指導要領の改訂がなされない限り，管理職・同僚の理解は得られず孤立を招くばかりであること，分科会の議論が家庭科以外の教

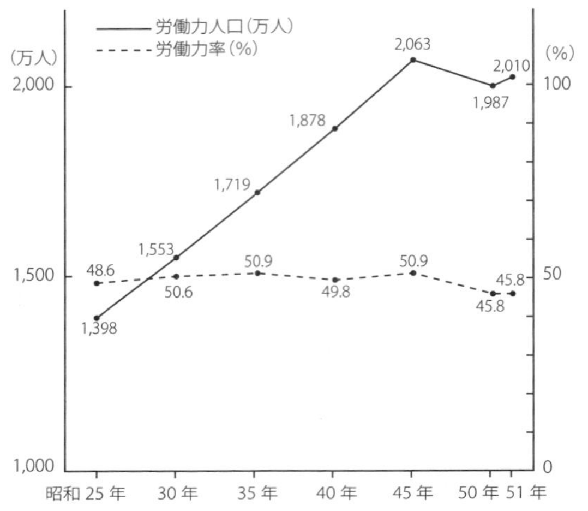

資料出所：総理府統計局「国勢調査」(25～50 年)「労働力調査」(51 年以降)
(注)　労働力人口の総数には従業上の地位不詳を含む。

図3－1　労働力状態別女子15歳以上人口の推移

(出所) 総理府編『婦人の現状と施策—国内行動計画第 1 回報告書』ぎょうせい，1978，p.42

師に広がらず翌年の発表にほとんど進展がみられないこと，等の行きづまりが明らかになってきた。家庭科教師の中にも，家庭科は男子にはやらせなくていいという人もいる。「依然として，学校でも家庭でも社会でも，女子は自立する人間としてではなく，家事，育児の担い手として再生産され続けている」という現実がある。

奥山が家庭科教育分科会と別に，女子教育問題研究を始めたことに関して，後に次のように述べている。

> 教育の見直しということは家庭科だけではだめだ。家庭科問題だけを婦人部の課題にしていても間に合わないという認識があった。　(5-③，2002，p.74)

奥山は，一教科の問題でも家庭科教師だけの課題でもなく，すべての教師がすべての教科で教科書や教材，指導を見直し，女子教育の改善へ急がなければならないと考えた。

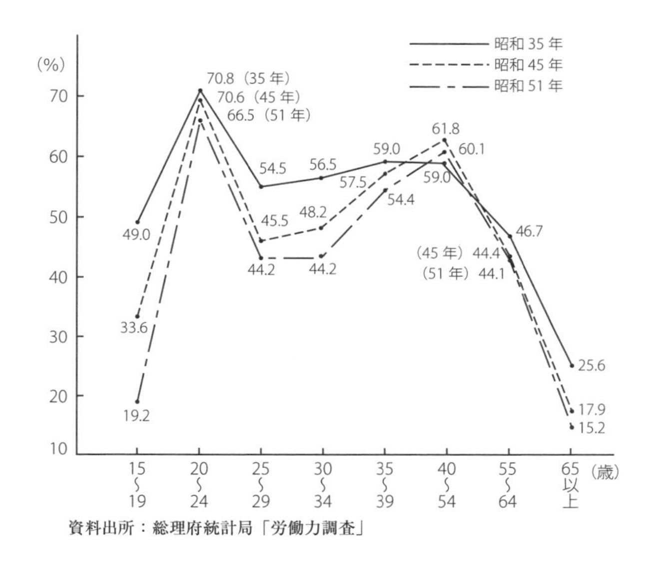

図3－2 女子年齢階級別労働力率の推移

（出所）総理府編『婦人の現状と施策―国内行動計画第 1 回報告書』ぎょうせい，1978，p.45

3. 女性解放論か「性別役割分業解消」か

1973 年，高等学校「家庭一般」を女子のみの必修科目とする教育課程が実施された。これは，「女子の特性に応じた教育的配慮」（中央教育審議会『後期中等教育の拡充整備について』1966 年 10 月 31 日）であるという。すぐに市川房枝の呼びかけで，1974 年「家庭科の男女共修をすすめる会」が発足した。この会は，「マスコミにも登場し，市民層に問題意識を植え付けた」*10，と半田たつ子が表現するくらいに，関心を広める役割を果たした。呼びかけに応えて賛意をよせる人の数は日増しに増加し，1984 年に文部大臣に手渡した要請署名は 12,000 人分に達した*11。婦人問題に関する有識者調査（内閣総理大臣官房，1977 年）でも，高等学校の家庭科教育について，「男女の選択にまかせる」41%，「男女とも学ぶ」40%，「女子だけ学ぶ」12%，という結果が出された*12。1975 年には，「国際婦人年をきっかけとして行動を起こす女たちの会」が発足し，教育分科会のパンフレット「女はこうして作られる―教科書の中の性差別」「翼をもがれた女の子―学校の中の性差別」等が出されていた*13。しかし，現場教師の反応は消極的だった*14。

今，民間レベルで「家庭科の男女共修をすすめる会」などの活発な動きもはじまっているが，何故そうしたことが，もっと学校職場の中で，騒がしくなってこないのであろうか。何故，もっと日本国中の女教師が，何とかすべきだという大声になり切れないのであろうか。あるいは，女教師自身余りにもそのことのなかにとっぷりとつかりこんでしまっていて，さきの千葉の例のように問題意識にもなり得ない部分の方が大きいという事なのであろうか。もしそうだとすると，「国際婦人年」という鳴物入りの国連による呼びかけは，日本の女教師にとっても一つの警鐘の役を果たすことになるのかも知れない。（2-⑦，1975，p.28）

1975年の国際婦人年世界会議において決定した十カ年の「世界行動計画」は，教育計画，カリキュラムを男女平等の立場で検討し，政治，経済，社会，家庭生活などを，男女ともに学ばせることを強調している。奥山には，そのことに対する女性教師自身の自覚がまず必要であると思われた。上記のような女性教師への批判を含む強い呼びかけは，奥山には珍しい口調である。

国内行動計画に対して起きてきたマルクス主義学者の嶋津千利世などの批判に対しても，「批判している段階じゃない」と一蹴している。しかし，奥山は，上記の同じ論文の中で，

やはり，私たち女教師の役割は，労働者として目ざめ，階級意識にたった思想性を基軸として，多くの婦人の連帯の場をつくり出すことであろうと思う。
（2-⑦，1975，p.28）

と述べ，基軸は「階級意識にたった思想性」であるとしている。

奥山は，まだ性別役割分業が性差別の根源にあるという国連の指摘を明確には受け止めていない。したがって，従来の女性解放論と解放の道筋に疑問を抱いてはいなかった。

第2節 「自立」教育の模索

1.「女子教育問題」研究の開始

(1)「自立」の意味の模索

国際婦人年・国連婦人の10年を契機に，「男女平等」への気運が世界的規模で画期的な高まりをみせ，政府・労働組合等へも国内外からの働きかけが起きている。

1974年に設置された婦人部中央の女子教育もんだい研究会で，「女子の機会均等たり得る内実の育成」という基本理念とそのための自立の力をつけることで意見統一をした。女子教育問題研究運動を全国各地に広げるには，その助言者同士のくいちがいを避け，意見を一致させておく必要があるからである。

一番ヶ瀬はスウェーデンに1年半滞在して調査し，1977年，スウェーデン教育についての報告をこの研究会で行った。スウェーデン教育は「自立と連帯」を目標とし，「生活の自立」を最初のステップとして「経済的自立」「精神的自立」を段階的に教育している，と報告している。スウェーデンの学習指導要領（1969年）は，その中に「男女の役割」を示し，「学校は，男女が将来，社会において同じ役割を果たし，親という役割も職業を持つことも同様に大切であることを前提としなければならない」としていること，教育省（National Board of Education）は，男女の役割問題プロジェクト・チームをつくり，教科書の点検，男女教師の意識の問題等を取り上げていること，家庭科教育が最も重視されていることを紹介した*15。それをもとに，奥山は，自立とは精神的・経済的・生活的自立が固く結合されたものと押さえた。

> まず，基本になるのは精神的自立。これは主体性という意味の精神的自立。本人の精神的自立を確固たるものとするためには経済的自立，みずからの労働によって得た賃金，その経済的裏づけを持った自立でなければならないということから経済的自立。もう一つは，自分の命を維持していけるだけの生活処理能力としての生活的自立という言葉がそこにあるわけです。 (1-⑦，1980，p.7)

自立論については，新しい方がお入りになったところでは面倒くさがらないで討論してほしいということを，私は地方に行ったときは絶えず申し上げておりますが，どうして「自立」という言葉が使われるかとか，概念的にわかったわかったというやり方をしないで，丁寧に新しいメンバーが入るたびにそのことを議論して深めてほしい，ということを申し上げ続けているわけです。（1-⑦，1980，p.13）

当時の状況を，中学校教師古川政枝は次のように述べている。

「市川市で女子教育もんだい研究会というのが初めて行われたのが，1979 年でした。70 年代の後半というのは，とても学校現場が荒れていたときで，女子のいわゆる『非行』がいわれ，学校のなかが苦しい時期でした。そういうときに中央の女子教育もんだい研究会から自立論ということが下りてきて，『これだ』と思った人が何人もいたのです。卒業後の状況を見ても男子は意外と『非行』からの戻りが早いのです。職業に就いたり，高校の定時制にいったりと。女子の場合，将来の展望が持てず，安易な方向へ流されているように思えてならなかった。」*16

教育研究運動は，討論や対話を通して一人ひとりの教師自身が変わることによって日常的な実践を変化させていこうとするものであり，また，研究者と実践者の相互研究の場である。奥山は，それをコーディネートする位置にいたといえる。当然，このような教育研究運動の限界や理論と現実の齟齬も出てくる。それらも教育研究運動の中で気づかれていく。奥山がいう理論とは，共通認識理論のことである。

「自律」はあるんだけど，「自立」がないのね。「自律」はほどほどにして自分で立たなくちゃいけない。夫を「主人」と言って一歩譲る，これは「自律」。「男の先生がいらっしゃるのに何で女のわたしが」なんて言うのは，禁句だ。県内に仲間ができるような共通認識理論が必要なの。（インタビュー，8-③，2006）

(2) 「女子の経済的自立」をめぐる議論

奥山は，特に女子の自立の基本を経済的自立におき，「労働をどう教えるか」を女子教育もんだい研究の基軸とした。このような中央からの呼びかけとは独立した形で仁木冨美子らを中心として，高等学校の教師による第1回全国高校女子教育問題研究集会（高校女子研）が，1976年に約500名の参加で開催されている。大分高教組の仁木は宋慶齢の研究者でもあり，仁木冨美子訳『宋慶齢選集』（ドメス出版，1979）を出版している。 男女の賃金格差やセクシュアル・ハラスメントも横行する労働市場へ女子生徒を送り出さなければならない高等学校教師が，女子に労働をどう教えるかを大きな問題としていた。当時は，結婚・出産退職制を定めている企業や，それが労働組合との協約ともなっていたところもある。したがって育児休業制度がないばかりかその要求運動も起きにくく，女性の経済的自立は困難な状況にあった。教員・看護婦・保母の3職種に限る育児休業制度は，奥山らの労働権運動で1975年に成立したが，他の職種での男女両性に適用される育児休業法は1992年の制定である。1970年当時の進路指導は，「女生徒の進路を考える場合，将来の結婚問題を考慮に入れることが大切である」*[17] としており，進路選択は，家事従事を含めた「就職・進学・家事従事」の3選択であった。

> 戦後も民主教育推進といいながら，女子にはまず家庭の主役になるための教育を第一にしていて，自立を育てる教育は二の次になってしまっていた。つまり，女子には長い間，経済的自立の力を育てるという視点は，むしろ，欠落していた。
>
> （1-⑮，1993，p.10）

奥山は，小・中・高等学校で取り組んでいかなければならない教育課題であるとして，毎年約1万名の参加で開催している教研の中に分科会ができることを望んでいた。しかし，教育文化部長の理解が得られない。

> 「地方からレポートがいっぱい上がってきたら分科会にしてやる」と教文部長が言うから，「中央になくて県から上がってくるの？」と言った。しかたがないから各県の婦人部長さんに，婦人部のグループでいいからレポートを出してくれるようにお願いした。30前後集まった。10くらいのレポートで成立している分科会もあったのに。「こんなにあるから分科会を作るべきだ」と言ったら教研担当者が，「『人権教育』の中の小分科会ならいい」と言ったの。教文部長が出張でいない時にね。
>
> （インタビュー，8-④，2007）

こうして1976年，教研「人権教育」分科会の中に「女子教育もんだい」小分科会を位置づけることができた。ここでは児童・生徒の実態や率直な疑問が出されてきた。この教研小分科会での報告・討論内容について，奥山は，以下のように記述している。

新聞で有名になったあの大分高教組からのレポートで，“23歳止まりの人生設計”という，女は結婚するとどんな夫と一緒になるかわからないから，夫任せ，だから人生の設計はできませんという，これは女の子の自立の教育ができていないという証拠を突きつけられたわけです。（1-⑦，1980，p.13）

奥山は，“23歳止まりの人生設計”という女子高校生の実態を深刻に受け止め，以後頻繁に言及している。

男性のレポーターが，「ぼくは自立論について，精神的自立，生活的自立は肯定します。しかし女子の経済的自立には抵抗がある」といったんです。つまり「ぼくの，嫁さんが経済的自立をもっているというのは，ちょっと都合悪いなあ」といういい方をしたわけです。そしたら，出席者の女性たちからすぐ反論されたんです。（略）そこにこれまでの女子の教育のネグられた部分の根拠があるんじゃないか，ということで，かなり面白い討論になりました。（1-⑮，1993，p.17）

教職員が意識して女子生徒に自立を考えさせるという取り組みを進めないかぎり，単に男女平等に取り扱うということだけでは，女子の「自立する」という生き方は自然には育たないということが明らかになった。

小分科会が順調にすべり出し2回目の開催を沖縄で迎えた時，副部長はその成長ぶりを見て不安をもらしたという。

副部長が「大変なことを始めたけど自信ある？」と聞いてきた。不安があったみたい。「差別だったと思わないの？それをなくすの。どんな批判があろうとやらなくちゃいけないと思う。これを絶対分科会にしなくちゃいけないと思うよ」とその時言った。（インタビュー，8-④，2007）

奥山の覚悟とリーダー性を示す言葉である。

1980年に小分科会から特別分科会に，さらに1981年，念願の女子教育問題分科会として開催することができたが，問題点が見えてきた。

> この年の分科会には初参加者が多かったためか，理論討議についてもこれまでの分科会における研究討議に無関係な意見が目立ち，あるいは意見にたいしての討議参加より自分のレポート発表にこだわり，討議がかみあわないなどもみられた。
> (1-⑧，1982，p.193)

ようやく教研の分科会にはなったが夏季女子研と違って研究の継続と広がりが少ないのである。奥山は次のように述べている。

> 全国教研の方は選手しか来ないでしょ。だから広がりがないの。反論がある場合は納得いくまで討論しましょう，と言ってきました。そのあと，「ここに視点を当てて来年はそれについて発表してください」と宿題を出すの。そうすると，それについて支部教研に出して，県教研に出すでしょ。討論する場所が増えるの。
> (インタビュー，8-③，2006)

これは，分科会をレポート発表会にしないで討論して欲しい，各県に定着して欲しいと考えた奥山が見つけ出した進め方である。3日間のまとめを必ず奥山が行い，論議の到達点と未解明の点を明らかにし，課題を提起してその回答を来年もってくることを約束したのである。

2.「女子教育問題」研究への反論

女子教育問題を教育課題とした奥山らの主張に対して，反論や批判がなかったわけではない。組合内外の女性や男性から次のような批判が起きてきた。「日教組は専業主婦を否定する」と捉えた組合外の女性からの投書*18や，「学校や家庭で女子教育問題について理解を得ることはできない。現実的には取り組めない」という女性教師からの声*19があった。例えば，実践してみようとすると「教育運動は組合運動だ」という校長によって退けられるという。さらに教育運動を阻むような反論が組合内部の男性から次のように起きてきた。

(1) 執行部内の反論

女子教育問題は教育課題であるとして，第26次全国教研（76年）で「女子教育問題小分科会」として教育研究の領域に位置づけることとしたが，奥山は，運動に対する教職員組合内の反感や反論について次のように述懐している。

> 女子教育問題を始めたときだって，「それは女性解放の運動なんだろう」，「女性解放というのは婦人部の運動ではないか。それを教育部門に持ってくるなんていうのはおかしい」という男性執行委員もいたからね。（5-③，2002，p.66）

> 女子教育問題を最初に提起したときには，日教組執行部の中でも孤立してしまいました。反対された理由は，これは女性解放を主眼とする女性運動であって，教育の問題ではないというわけです。（3-⑬，1999，p.49）

また，執行委員会では次のようなこともあった。

> 執行委員会で私は「性別役割分業」，つまり男は社会，女は家庭というパターン化が，教育の内容になっていることが問題であると話しました。すると，会議が終わってから，男性執行委員の一人が，「奥山さん，ほんとうに女は家庭にいてはわるいのか。じゃ，うちの女房もわるいんだな」とまじめな顔で言うのです。そこで私は，「そんなことは言っていません。これまでの教育で，女性は好むと好まざるとにかかわらず，家庭の役割を押しつけられてきた現実がありましたよね。これからの教育では，それを直したらどうかということなのです。これからの問題として考えることが，あなたにはできないのですか」といったのです。こうしたはげしい議論は何度も何度もやりました。（3-⑫，1999，p.50）

執行部での反対や修正意見に対して抵抗する力を高めるために，奥山は，各都道府県から選出されてくる一般執行委員の中の女性たちを巻き込むことにした。常時3名くらいいる彼女らも婦人部議案作成の常任委員となってもらい，彼女らの合意を得て決定した議案を執行部にかけるようにした。それが最も有効に働いたのが，この「性別役割分業の解消」を教育課題・運動課題とするという方針を立てた時である。執行委員会の中での男性からの反対意見に対して，「国際的な目標になっている。婦人部としては修正することはできない」と主張を通すことができた。

(2) 山科三郎の批判

婦人部が進めている女子教育運動に対して，その動きに反対し運動を牽制する主張が強くあった。教育労働者研究会が発表した『婦人のための教職員組合読本』(学習の友社，1979) は，「『女子教育』論の誤り」と題して，「『男性＝敵』論への傾斜の危険性」や「『女子教育』論の問題点」を述べた。執筆者は，労働者教育協会常任理事の山科三郎で，東京都高教組婦人部長吉村玲子，東京私教連婦人部長三井きみ江が連名になっている。

そこでは，「女子教育」論の誤りの第一として「現代の婦人の差別は，独占資本が憲法で保障された婦人の権利をふみにじることによって生じているもの」であって，独占資本とのたたかいこそが婦人を解放するものだ，としていた。そして労働者階級をはじめとする勤労大衆とのたたかいのプロセスをみると戦前とくらべて，婦人の解放に向かって前進している，という。

さらに「女子教育」論の誤りの第二は，婦人解放という社会変革の課題をストレートに子どもたちにもちこむことは，子どもたちの正常な発達を阻み，かれらの知識を混乱させるだけだ，とした。おとなの課題をもちこむこと，誤った政治課題を子どもにもちこむことが誤っている，というのである。

第三の誤りは，女子が男から精神的にも経済的にも自立し，対等 (傍点は原文) になることこそ平等なのだと機械的に対置することである，とする。原文は対等という言葉に傍点を付けて疑義を強調した。「男女平等を機械的に主張することは，母性保護がもつ意義を軽視する傾向におちいりがち」になること，「男女平等というとき，男女のすべての人間的な機能が同じであるということではありません。」「男女のそれぞれのちがいを否定し，女を従属させるのは男であるかのような『男性＝敵』論は，男女のあいだに分裂のくさびをうつ結果に終わるだけ」「『女子教育』論は，女性が社会的労働にたずさわるか否かが自立の岐路であるかのように問題をたてますが，やむなく専業主婦にならなければならない人たちは，自立していないのでしょうか。」「婦人の社会的自立は，国家独占資本主義の重圧によって人間の民主主義的諸権利が全面的におかされているとき，たんに婦人の問題にとどまるものではありません。それは，労働者階級を中心とする働く人びとの民主主義の課題です。」「民主主義の課題を男女の協力で実現するたたかいのプロセスそのものが男女の民主主義的な関係をつくりだすことを求めます。」「『女子教育』論にみられる婦人解放のとらえかたには，この歴史のダイナミズムが欠落しています。」「婦人の差別は民主主義の徹底によって解消する」，という。「女子教育」論は，「歴史と社会に対する科学的な認識が欠けている」と述べた。また，「女子教育」論を「婦人セクト」*[20]と称して，女性労働者と専業主婦との対立構図を示した。

『婦人のための教職員組合読本』が出された翌年の1980年に奥山は次のように述べている。

> やがて社会主義社会を実現していけば，人間の解放，婦人の解放もあり得るんだということで，女子教育問題という教育課題はおかしいという議論もちょっとあったわけです。しかし，このことについても，今年の高知教研の中で，一応女子教育の視点は何かというところで全体が合意に達したと私たちは確認することができたわけです。（1-⑦，1980，pp.16-17）

1980年の教研「女子教育問題」分科会でも，数県の教員から山科らと同様の反論が出ていた。「『女子教育』としなくても民主教育でよい」，「婦人解放は，資本の搾取とたたかうことなしには実現しない。したがって，教育課題ではなく労働者の運動課題だ」というのである。しかし，「討論の結果，女子に，自立して生きる力を育てる教育課題」（2-⑮，1980，p.72）という合意ができたという。

山科三郎らのマルクス主義理論は，性的差異や家族の問題を検討対象としては主にとりあげてはこず，女性抑圧からの解放は，階級抑圧からの解放に従属するものとする。したがって階級の解放や人間の解放をその主たる命題として追究する。階級闘争が主たる命題で，婦人解放は従属する命題であり，主たる命題に取り組む男性と従属する命題に取り組む女性が対等であるはずはないとする。

このような主張に対して，60年代以降のフェミニズム理論は，マルクス主義が資本主義社会下の性差別の分析に成功していないことを提示した。フェミニズムは，ジェンダーに基づく支配的な権力諸構造，女性と男性にかかわる，広く受容された社会の諸規範と諸価値への異議申し立てを表現するものであり，既存の労働組合や学校がもつ規範や価値に対しても疑問を向ける。

社会主義社会の実現による婦人解放という従来のイデオロギーと，国際婦人年を契機とした「性別役割分担の解消」という国連方針との相剋が女子教育問題をめぐって発生していたことがわかる。

(3) 国際婦人年「国内行動計画」への嶋津千利世の批判

社会主義運動こそ婦人解放の道筋と考える嶋津千利世は，政府の「国内行動計画」(1977年)は，「保護ぬき平等」を主張するもので，広範な婦人労働者の平等と保護の両立の思想上の足枷となっている，と批判した。嶋津は，日教組教研集会「進路指導分科会」や「職場の民主化分科会」で長く講師を務めていた学者である。「国内行動計画」に対して起きてきたこの嶋津のような批判に対して奥山は，「批判している段階じゃない」とした。

> 1975年の国際婦人年のあたりから，差別撤廃，平等問題の全体的な問い直しが始まっていると思うんです。政府がつくった国内行動計画の批判も出ますが，批判をしている段階じゃない。さっき高田先生がいいことを言われたんですが，女たちは理屈じゃなく行動だと，その行動を何から起こさせていくのかということが，国際婦人年から新たな段階に入ったんじゃないか。 (2-⑨，1977，p.33)

では嶋津は，なぜ反対したのだろうか。嶋津は批判の内容を，「男女平等と母性保護論」*21 (1978年)に発表した。嶋津が拘ったのは，『国内行動計画』の中の「固定的な男女の役割分担意識を見直す」という言葉である。嶋津は，まず「固定的な男女の役割分担」を封建的男女差別のことであると捉え，「今日の男女差別を旧い封建的なものの残滓とのみ捉えるとするなら，いわゆる『高度成長』の時期を経た日本資本主義のもとでの反封建闘争における男女差別と捉えるということになり，疑問をもたざるをえない」とした。次に，嶋津は「実は男女の『固定的』な役割分担意識は今日の資本主義社会で育成される意識なのではないだろうか。深く検討を要する課題である」とした。意識を決定するのは社会構造であり，したがって資本主義社会が変革されなければならない，とする。

嶋津は，生理休暇や育児時間などの母性保護運動は，反封建の民主主義的要求運動として定着し，1976年以後，母性保護をおしすすめることが，独占資本の「合理化」に反対する闘争の一つであり，労働時間短縮要求の範疇であるとした。戦後の労働組合運動の主流を占めていたのは母性保護運動であり，平等と保護の統一的実現は，婦人解放の課題とともに，社会の変革による社会主義社会においてはじめて現実となる，とした。嶋津にとって母性保護運動は，民主主義的・社会主義的目標を設定した階級闘争だったのである。男女差別の発生と女性労働者の母性破壊の原因を資本主義搾取制度に求め，社会主義社会を展望し，労働者階級の解放によって女性の解放も実現すると考えた。

奥山自身も，これまで同様の女性解放論をもっていた。しかし，既に女性をとりまく状況は『国内行動計画』を批判する段階ではなかった。かといって，性別役割分業に基づく社会の構成原理を批判し，それからの解放をめざす思想と行動であるフェミニズム理論を取り込んでもいない。そのことが奥山に，「女たちは理屈じゃなく行動だ」と表現させたのである。これまで理論を重視し納得して行動することを自分自身にも他の教師にも勧めてきた奥山ではあったが，「性別役割分業の解消」は理論ではなく，行動そのものであると捉えたのである。

スコットは，過去の労働運動は，女やジェンダーに注意を払ってこなかった，したがって，原理的には終息させたいと願っているはずの不平等を再生産しているにすぎない*22，と述べている。国際婦人年『国内行動計画』は，女性役割や母性を強調し保護を求めるこれまでの運動とは全く異なり，固定的な男女の役割分担の解消をめざすものであるが，嶋津には「保護ぬき平等」の主張と捉えられたのである。

国際婦人年「国内行動計画」以後，男女の役割分担意識は，有識者を対象にした調査では，大きな変化が起きている。「婦人問題に関する有識者調査」（内閣総理大臣官房，1977年）*23によると，「男は仕事，女は家庭」という考え方に対して「同感する」と答えた人は，前年の1976年には56％であったが，1977年では20％に減少している。一方，世論調査の変化は緩慢である。「夫は外で働き，妻は家庭を守るべきだ」という考え方について世論調査を初めて行った1979年には，賛成72.5%，反対20.4%で，以後長く賛成が反対を上回ってきた。ただし，差は徐々にではあるが縮まり，逆転したのは2005年である。「男女共同参画社会に関する世論調査」(内閣府，2005年）で初めて，賛成45.2%，反対48.9%となり，「夫は外，妻は家庭」という考え方は反対とする者が賛成者を上回った*[24]。

3. 女性の経済的自立への障害

(1)「仕事と家庭」の二重労働

女性が経済的に自立しようとすると，それは「仕事と家庭」の苛酷な二重労働を意味する。奥山は，これまで女性教師が働き続けるための育児休業制度要求運動に取り組み，女子教育問題分科会では，当初から「女子に経済的自立の力を」と主張してきた。しかし，1980年の教研集会女子教育問題分科会で報告された女性教師自身の意識の中には異なるものがあることがわかった。奥山は，次のように述べている。

> 共働きをして子どもを育てながら頑張って来た女教師のなかに，「わが娘にだけはこんな苦労をさせず，幸せな家庭人にしてやりたい」という人のあることも，意識調査の結果として報告された。「“女子に経済的自立の力を”という教育は，結婚否定か」という錯覚さえある。まだまだ女子教育問題のかかえる問題は多く，根はふかい。 (奥山えみ子「編集後記」『季刊 女子教育もんだい』No.3，1980，p.188.)

当時，都市部の若い主婦の中には，公民館の学習講座に参加したり，反公害活動や消費者運動など地域活動に取り組むようになったりする人たちも目立ってきていた。職業をもつかもたないかは女性の自由な選択とも見えるようにもなり，働き続けるべき論は表面から姿を消していくように思われた。

しかし，その裏には，就職の機会均等の保障がないこと，保育所不足によるM字型雇用や不安定な低賃金での再就職という現実問題があった。不利な年金による老後生活の不安を考えると「女は家庭に」という考え方はいかに甘いものかを1978年に初めて総理府が発表した『婦人白書』をはじめ各種調査・論文は指摘していた。

都市部の女性たちが経済的に夫に依存しながら，家庭内の家事・育児・介護等を専ら行う専業主婦になっていくことは，一方で職場で働き続ける女性の立場を脅かすことになっていた。夫の昇進と賃金上昇を望む妻たちは，職場の女性の昇進や賃金上昇は望まないのである。女性の分断を引き起こし，女性差別が維持されてしまうという性別役割分担社会の中に組み込まれたシステムがあったといえる。

(2) 政府の「家庭基盤づくり対策」

1975年，国際婦人年を契機に日本の社会においても男女平等は進展するかに見えたが，自由民主党政務調査会・同文教制度調査会は，森戸辰男（元文相1947-1948年）の講演会『明日の教育を考える』を企画し，性特性論を強調した。第2章（pp.166-167）で紹介しているが，再度ここに引用する。森戸は次のように述べている。

「子供を生み育てるということが，女性の基本的な特色で，女子の体の構造も精神の構造もそのようにできているのであります。そして，これは男子に絶対できないことであります。これに対し違った意見があります。いや男女は平等である。女子はその本来の働きの場である家庭から社会に出て，男といっしょに同等の立場で働くことが女子の本来の姿であり，要求である，という主張であります。今日のウーマンリブの主張も大体そこにあるようであります。これに対しまして，“女子の特質は，そして本性は，母性である”というのです。」

結婚・出産後も働く女性が多くなり，働く権利を基本的人権として認める風潮が強くなると，女性が働き続けるために保育の社会化，福祉施設の充実が求められてくる。このような傾向に対して，女性を再び家庭に戻そうとする対策が立てられるようになっていった。1979年6月，自民党政務調査会と「家庭基盤充実に関する特別委員会」は，「家庭基盤の充実に関する対策要綱」を発表し，9月には，自民党幼児問題調査会が「乳幼児の保育に関する基本法（仮称）

の制定」を発表した。

これに対して『季刊 女子教育もんだい』の論者たちは危機感をもち，そろって反論した。1980年藤井治枝は，「性別分業の固定化を前提に，女性の役割を原則として家事・育児・老親の介護に限定し，女性だけによる子育て・老人介護・地域ボランティアを想定している。ここでは，憲法に保障されているはずの男女差のない『働く権利』も，女性の個人としての自立も，まったく抜けおちてしまった」*[25]という。

同じく，1980年，「国連婦人の十年・中間年日本大会実行委員会」の女性団体・労働組合48団体は，総意として「家庭の日制定反対，家庭基盤充実をすすめることが男女の役割分担の固定化につながらないようにすること」を決議している。

奥山は，次のように述べている。

> いうまでもなく，こうした一連の動きは，中教審が，女子の特性に依拠して，「女は産む性であるから家庭責任の主役たれ」とする女づくり教育を存続し，また，それに関連して，女子の労働は結婚までの若年期と，子育て後の中高年期に，臨時またはパート雇用で，とする労働政策とが，一連のものとして継続していることを裏づけている。この中で，いまなお「女は家庭」指向の女子が再生産されつづけているのである。
>
> 私たちが，教育現場や地域ですすめている，女子に男女平等たりえる内実を育てるための「女子教育問題」研究は，こうした「女は家庭」の女づくり教育を見直し，女子の経済的自立の力を育て，男女が，家庭でも社会でも，平等に協力し合って生きていくことのできる未来を展望するものである。（1-⑨，1983，pp.2-3）

(3) 主婦イデオロギー・家族賃金イデオロギーの存在

自由民主党政務調査会が講演を依頼した森戸辰男は，社会主義婦人解放論者の一人だと考えられていた。1947年「婦人解放の意義について」を『婦人の世紀』第1号に載せている。そこで森戸は，「婦人解放運動もまた，過去の封建制度からの解放から現在の資本主義制度からの解放へと發展せざるをえないのであり，人間が人間として現實に解放されるところの將來の社會主義社會においてのみ，眞に男女の平等に基づく婦人の解放が實現される」と考えるのであるが,「未來の社會主義社會においては,『才能に應じて働く』ことが要求される如くに,男女の間においてもおのづからそこに分業が行はれ,職場や家庭において特に母性が尊重され,母性は保護せられる」としている。社会主義社会を展望しつつも,性別役割分業と母性主義をそのままにして,「女性の自由と自覺」で解放されるのだと説く。そして,ベーベルがいう「男性からの經濟的獨立」でも,ギルマンがいう「男性からの性的解放」でもなく,エレン・ケイがいう「女性の本性としての母性の尊重」だと主張する。そして,「益々『男らしさ』,益々『女らしさ』が自覺されるところに解放の完極の眞意が横はつてゐる」という*26。一見,革新的論者にみえるものの,実は「母性」という得体の知れない性を強調することで男女を公的労働と私的労働に割り振ってしまう考え方であった。

1960年代後半のウーマン・リブの問題提起以来,学問の世界でもフェミニズム研究が着手された。1975年の国際婦人年と国連婦人の十年行動計画以後,政治,経済,文化のどのような要素が女性を低い地位に押しとどめるのか,そして「主婦」とは何か,その「性別分業」や仕事と家事の「二重労働」について欧米を中心に議論が進展していた。

B= トムゼン (B. -Tomsen, V.) は,女性の地位について次のように述べている。「主婦」とは一つの社会的地位であるが,女性は自ら主婦になるのではなく,生来主婦であり,家事労働を無償で行う存在に出生と同時に帰属させられる,という。主婦であるということは,無償で働くということであり,稼得労働に主婦である女性が参入していくところで賃金が低下していく。女性には「主婦」と「無償性」という烙印が押されている*27,という刺激的な結論を示した。

これは,教職員関係でもみられる。1954年,富山県教職員組合が行った「1人1要求運動」の中で,11通の次のような要求が提出されていた。

「へき地で女先生の一番の苦労は男先生の炊事を三度三度することです。休み時間もそのため全然休めません。子供に打ち込みたいと思ってもこれがさまたげます。然も無報酬の奉仕です。年中そのことで頭を痛めています。何とか解決出来ぬものでしょうか」*28。「主婦」という烙印は暗黙のうちに夫婦間や男女間,職場や学校,あらゆるところにあらわれる。

男性と女性がともに家事労働を行っていた時は，男性の貢献も女性の貢献も全く同じ価値であったが，近代的貨幣・商品経済が導入されたことにより，男性が家庭外労働，女性が家庭内労働という性別分業が生じ，家庭外労働に貨幣が支払われることにより価値ある労働とされ，女性に割り当てられた労働は価値の低い無償労働となった。これが近代的貨幣合理性である。しかし，その女性労働は，それなくしては資本主義的蓄積も，社会一般の再生産も機能し得ないような必要不可欠な労働であり，中断も少しの休止も許さない。女性がさらに低賃金労働に従事することにより再び資本主義的蓄積に従事する二重労働のシステム化が生じた。

また，主婦は，第一義的に育児に単独で責任を負う母親である。彼女たちは労働時間と空間的移動性という点で強く拘束されるが，その拘束は幼い子どもの世話をする間だけでなく，労働生活の間も働いている*[29]。

ヴェールホフ（Werlhof, C. V.）は，女性の「主婦」と「公的生産への参加者」という二重労働はシステム化されると同時に，女性を主婦とする伝統的なイデオロギーの主張と，逆に「公的生産への参加は女性の解放である」という主張が両者とも進行するという。しかし，女性が男性の労働を引き受けるのとは逆に，男性は女性の労働を引き受けようとはしない*[30]，というのである。

ミースは，女は基本的には主婦であるというイデオロギーを支持し，広めたのは中産階層である，という。メディアはみな，とくに映画はこのイデオロギーに基づいた女性のイメージを描く。この思想が女性たちを感情の面で家父長制的で性差別的な関係に縛りつけるのに最も貢献してきた，とする。企業にとって中産階層の女性たちは，国内消費の主役であり，生産された商品のために必要な市場を提供する。多くの途上国でも，中産階層女性のイメージである主婦は，意識的にあるいは無意識的に依然として支持され，進歩のシンボルとして宣伝されている，と指摘する。女性の主婦化は，従属的で脱集団化，個人化へ向かわせ，政策の決定過程から退却させる*[31]，という。1980年代のこれらの論文は，我が国では90年代に紹介されているが，70年代後半からフェミニズム理論は徐々に紹介され，「主婦とは何か」「家族とは何か」が議論されるようになってきた。

一方，労働組合運動の中では，労働者階級を代表するのは男だと考えられ，母性保護を必要とする女は，階級を代表して政治行動をするのに適任とは見られていない。そこには，生産性と男性性とを等値するような階級の構築があったとスコットはいう。男性的な階級の構築はジェンダーに基づく家族内の分業を前提としていたため，専業主婦をもつ男性労働者も多い。スコットは，労働者階級の家族構造が中産階級の理想像を模倣したため，中産階級からの圧力に影響されやすくなることを容認しなければならなかった*32，という。

木本喜美子によると，前述 (p.132) のように，男性を家族の扶養者とする家族賃金イデオロギーという社会意識の一形態が存在した。それは，賃金制度など社会諸制度と密接にかかわりあっており，労働組合運動は，賃金交渉の重要な論点として家族賃金イデオロギーを掲げ，賃金交渉の主要な武器とするようになった。ここには，家事に専念する妻にかしずかれることを理想とする男性の家庭像があり，これがすべての階層に普及していった*33，という。

女子教育もんだい研究が政府の政策に対立しただけでなく，労働組合の男性の反感をかったのは，以上のような性別分業構造を前提とする主婦イデオロギーや家族賃金イデオロギーが労働組合内部にも存在したことによる。

(4) 家庭科教育の脱性別化への動き

奥山は，女子に経済的自立の力を育てると同時に，男子に生活的自立の力を育てるのでなければ，家庭における対等平等の関係はつくれないことを強調している。そして，女子教育運動は再び「女子のみ必修」が行われている家庭科教育を問題とした。

> 女子教育もんだいの中で，いち早く家庭科というのが俎上にのったんだけど，初めは共学についてもなかなか意志統一ができなかった。「なにも男の子にまで家庭科を教えなくても」というようなね。家庭科の先生の中にも抵抗のある人たちがいたりして。
> (1-⑮，1993，p.9)

生活的自立，特に男子の生活的自立の教育を保障するには，家庭科教育の脱性別化が必要になってくるが，それは，女子差別撤廃条約を契機に，批准に向けて進展していくことになる。我が国の家庭科は女子差別撤廃条約の批准に際し，日本の教育課程編成における男女差別（技術・家庭科や高校女子のみ必修家庭科）として抵触する問題であり，国際会議・国内会議で攻防が続くことになったのである。

芦谷薫が伝えるところによると，日本政府は条約文作成審議の過程で，「同一の教育課程（the same curricula）」に対して「同一（same）又は同等（equal）の教育課程」という修正案を持ち込んだ。この修正案は第三世界（冷戦期に東西両陣営いずれにも属さない発展途上国を指して使われた）の人々に“Separated but Equal”は差別の常套手段だと反対された結果否決されたという経緯がある。また，同条約第10条（c）「男女の役割についての定型化された概念の撤廃」に関して，教科書の中の性差別を指摘された文部省は，「教科書や教育は，世の中の後追いをすればよい。今までの価値観を身につけさせないと世の中が混乱する」と発言した。1979年，女子差別撤廃条約の国連総会採択の署名の後，文部省は，「条約中の『同一の教育課程』（第3部第10条（b））は男女の特性に応じた教育までも排除するものではない。新学習指導要領を改訂しなければならないとは考えない」という姿勢を示した*34。

喜多明人は，1981年12月16日の参議院決算委員会の様子を伝えている。文部省は，高校女子のみ必修「家庭一般」等が条約の許容範囲であるとの主張をしたのに対し，外務省は次のように答弁しなければならなかった。「国連での条約の英訳に当たってセイム（same）でなくイコル（equal）でいいのではないかということがあったが，イコルでは十分でないとセイムになった。セイムとなると，男子の木工，女子の裁縫はイコルは許容されるかもしれないがセイムになると認めることは難しいと思っている。中・高の家庭科のあり方が条約との関係があるが，条約上許容すると考えることはムリと考える」（外務省，小西企画調整課長）*35。外圧による我が国の教育課程上の脱性別化，ジェンダー解消の過程があらわれている。

職業・家庭科男女別学は，教師たちの中でも賛否両論あるものの，1950年代から教研集会では，男女差別につながる問題として議論が続けられてきた。その間，家庭科教師が実践の場で板挟みになる場面もみられた。教師を取り巻く教育団体が共学反対を表明しているからである。全国高等学校長協会家庭部会は，「高校の家庭一般は，母性教育のための科目だから女子のみ必修とし，男女共学は好ましくない」という公式見解を発表した*[36]。全国家庭科教育協会，全国高等学校PTA連合会も同様であり，県教育委員会指導主事による指導も強化された。一方，日本弁護士連合会は，共学を提言している*[37]。

日教組としての運動は，ようやく1984年「家庭科の男女共学・必修」要求署名運動が実施され，10年後の1994年に高校家庭科男女必修は開始される。しかし，朴木佳緒留が指摘するように，男女共学家庭科の実現は，女子差別撤廃条約がいう教育課程問題という了解の仕方ではなく，家庭科問題として片づけられたために教師全体がその理念を探究する時間や機会がないまま改訂された面がある*[38]。

これは，権威ある教育団体や教育行政担当者，管理職等が改訂反対の立場であったことから，改訂後もその意味を広く確認することが避けられてしまったと考えられる。ジェンダーが長く社会規範であったため，ジェンダーに関する教育改革は，国内の権威ある組織や人々から警戒されたこと，そのため改革後もその意味の確認が充分には行われなかったことを示す。家庭科男女共学実施でカリキュラム上の問題は解決されたかに思われたが，性別役割分担を前提とする教科書の記述や挿し絵，学校の中の隠れたカリキュラム（hidden curriculum）の問題は存在している。

4.「性の自立」と「自立の柱」の確認

(1)「性解放」と「性の自立」の捉え方

1970年代後半から80年代前半にかけて女子中学・高校生の妊娠・中絶率が増加した。これは戦後社会が初めて直面した10代の性行動の変化であり，当時の社会を驚かせた。「性非行」「少女非行」という言葉も流行した。「性教育」がなかった当時，スウェーデンでの取組みに関心をもっていた奥山らによる中央の研究会は，これまでの三つの自立と性の教育との関係をどのように捉えるべきかを検討した。1980年の研究会で奥山は次のように述べている。

> スウェーデンなどでは，これに対して，プラス性的自立というものもある。向こうでは４つの結合，そういう形で性的自立も必要なのではないかという意見もいま提起されておりますが，しかし私どもの中央の研究会の現在の意見統一といたしましては，最初に申し上げました３つの結合した自立が確実にできれば性的自立はおのずからできるのではないか。この辺については異論を唱える方も地方の研究者の中にはいらっしゃるようなので，まだまだこれは研究課題といえるかと思います。
> (1-⑦，1980，p.8)

として，性的自立は経済的・精神的・生活的自立と並ぶものではなく，それらが確立した時におのずとできるものと捉えた。すなわち，自立を育てる柱として捉えるのではなく，三つの自立が確立した後に実現するものと考えたのである。しかし，性的自立という言葉とその導入を検討課題とする方向性は示していた。当初は性的自立という言葉ではなく「性解放」という言葉も流布し，スウェーデンの性解放は，ウーマン・リブ運動がとなえる性解放とともに表面的・観念的に受け取られ，同棲や離婚，未婚の母や婚外子を増加させているフリーセックスだと捉えられた。1973年に改正されたスウェーデンの婚姻法は，結婚と同棲つまり，正式婚と事実婚との区別をなくし，離婚理由や根拠を撤廃した。1977年，改正親子法は，法律上の婚外子と婚内子の差別をなくしている。それらのことが，我が国の通念での家族とあまりにもかけ離れているため，家庭崩壊が著しいものとみえたのであろう。

スウェーデン教育の三つの自立を我が国に紹介した一番ヶ瀬康子は，もう一つの「性的自立」については当初紹介しなかったのである。「性的自立」は「スウェーデンの性解放」であり，日本とは風土的前提が異なるとしてその導入を躊躇したのである。理由は，第１にスウェーデンは出生率が低く，わが国は高い。第２にスウェーデンでは愛のある主体的な（傍点は原文）性行為は評価されるが，わが国では女性の自由な性行為は罪悪視される。第３にスウェーデンでは女性の経済的自立が前提にあり，両性の育児休暇も出現しているが，わが国では，女性の経済的自立を可能にする条件が保障されていない，というものである。

しかし，現実に10代の性行為や妊娠があり，その場合女子の方が内面的にも社会的にも決定的な転落を招く恐れが大きい。親による叱責や落胆，遺棄，学校への不登校，退学，転校も少なくない。一番ヶ瀬は，対処的に事をすますだけではなく，基本的には，教育とりわけわが国の女子教育問題として，家庭，学校，社会が，より積極的にとりあげるべきであるとして，イギリスの学校カウンセリング，アメリカのグループワーク，スウェーデンの女性解放の手引き等をもとに次の4点を示した。

第1に，人間として豊かな人生目標を培う援助，努力。第2に，進路指導と結びつけた経済的自立の教育。第3に，失敗をプラスにかえる強さと女性同士の連帯。第4に，“性”そのものへの正しい教育。これらを積極的に検討すべき時である*39，という。

奥山も一番ヶ瀬も，**図3−3**に示すように，性の教育は生き方教育であり経済的自立と結びつけることを重視している。また，「性的自立」という言葉は使わない，とした。一番ヶ瀬は，女性同士の連帯，「“性”そのものへの正しい教育」を提起しているが，それらが具体にどういうものになるのか，まだ一番ヶ瀬にも明確ではなかったと思われる。

当時スウェーデンの性教育は，すでに50年の歴史があり，1977年からは「性教育」と呼ばず，Samlevnadsundervisning となっている。ビヤネール多美子

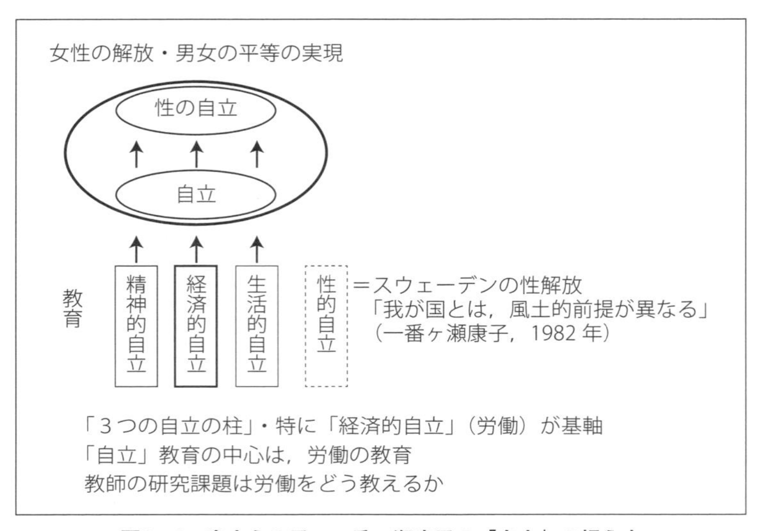

図3−3　奥山えみ子・一番ヶ瀬康子の「自立」の捉え方

は次のように説明している。「訳が難しいが，意味をとれば，共に生活する，または人間関係の授業ともとれるので，ここでは『共同生活授業』としておく。この名称からみても，同国の性教育が１人の性についてではなく，２人の性を対象としており，セックスよりセクシュアリティ，つまり全人格的な性を強調していることがわかる」。授業方法としては対話や討論が強調され，質問することができる，答えることができる，話し合いができる，が性知識を学ぶ授業の３原則である*40，という。スウェーデンでは，1977年からセクシュアリティ教育が始まっていたことがわかるが，その内容がわが国の風土的前提とはあまりにも異なるとして，一番ヶ瀬も奥山も教育運動課題としての導入は行わなかった。

(2)「性非行」に対する生徒指導への疑問

図３−４が示すように，1970年代後半から80年代前半にかけて急増した女子生徒の妊娠という事例に直面した学校は，これは非行であり生徒指導の問題であると捉えた。

10代女子の人工妊娠中絶の推移を**図３−５**でみると，急激な上昇期が70年代後半から80年代前半にかけてと，90年代後半と2回あり，80年代の「性非行」対策が生徒指導の問題となったのはその第１期である。多くの学校で，「性非行」は生徒指導の対象として扱われ，退学や転校を招いていた。純潔教育や性(道徳) 教育から逸脱する「非行」であるということに，疑問をいだく教師は少なかったといえる。当時の「性非行」，「少女非行」という表現は，女子の性行為や妊娠に対する激しい罪悪視からもきている。これらは日教組教研集会「生徒指導」分科会においても，生徒指導が扱う非行問題として男性教師による取組みが時には退学処分という結果が発表されている。そのようななか，高校女子教育問題研究会 (1980年) の中では，「性は個人の生き方の問題であって，誰からも強制される問題ではない。したがって，売春を除いて，性的問題行動は罪ではない。指導はありえても処分はあってはならない。性非行という言葉も使わない」という熊本の教師からの発表があった。性的問題行動を起こした女子生徒こそ真の女子教育が必要であり，処分主義でなく，学校へ残すことを考

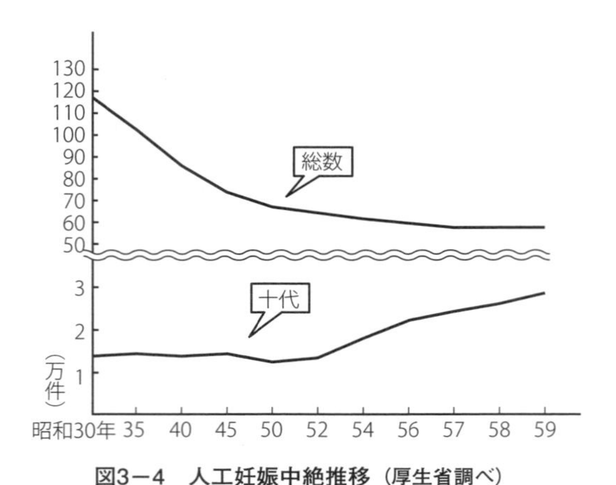

図3－4　人工妊娠中絶推移（厚生省調べ）

（出所）文部省『生徒指導における性に関する指導』1986，p.18

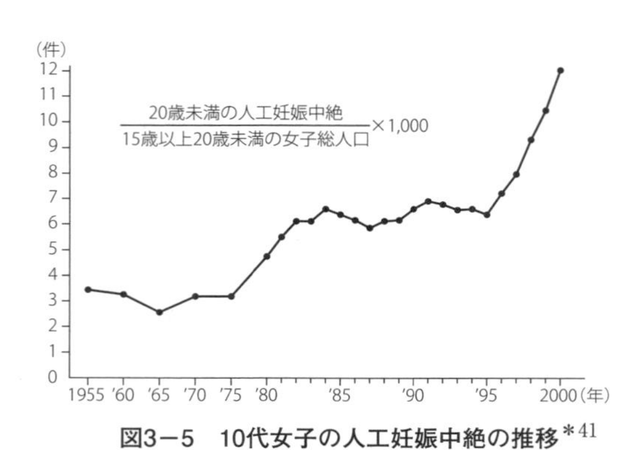

図3－5　10代女子の人工妊娠中絶の推移＊41

（出所）『周産期医学』vol.32，No.4，2002-4

える，というのである。しかし，多くの学校で「非行少女」たちは学校に残ることはできず，女性教師も信頼できる存在ではなかった。このような状況に異議を唱えたのはジャーナリストたちである。

日教組全国教育研究会生徒指導分科会「非行へのとりくみと学校の課題」（1981年）に参加したジャーナリスト永畑道子とルポライター宮淑子は，そこで報告された取組みや処分に対して，「性非行・不純異性交遊とはなにか。そこには男の視点の限界がある。女性教師はなぜ語らないのか」と次のように問うている＊42。

○**男の視点の限界がある**

「荒れや性非行への対応は，男性の生徒指導担当による男の視点に立った生徒管理の側面が，衣の下のよろいのように見えてくるレポートばかりだった」（永畑道子）

「男が男の視点で語る『性』の限界をつくづく感じてしまう。これが，『男』であり，『教師』であるという，この社会では抑圧構造に二重に荷担する自分自身の足もとを見すえた発言なのだろうか」（宮淑子）

○**女性教師はなぜ語らないのか**

「この分科会でこそ女性解放の視点が，人間平等のあたり前の原則が，できれば女たちによって，はげしく説かれねばならなかった。（略）まず，女である私たちの生き方を示す以外にないのだが，いまの生活指導の現場で，あるいは家庭で，オトナはどれほどの自信をもって性を語りえているだろうか」（永畑道子）

「女教師たちが語らないのは，自分のからだや性を語ることを恥だとする専門家と称する男たちのつくりあげた価値観で，女たちの意識もからだもガンジガラメになっているからではないだろうか」（宮淑子）

（出所）女子教育もんだい編集委員会『季刊 女子教育もんだい』No.7，労働教育センター，1981，pp.2-9，pp.28-35 より抜粋

図３−６に示したように，女子が自ら性行為におよび時には妊娠することに対する激しい罪悪視は，それが想定外の事態であったこと，すなわちそれまでの純潔教育（**表３-1**，1966 年）・性教育（性道徳教育）（**表３-1**，1972 年）が，男子の性行動，性衝動を許容するのに対して，女子の性行動を許さず「処女」に価値を置く社会通念に基づいた性の二重基準（ダブルスタンダード）をもっていたことから発生していた。男の性衝動による性被害に遭わないように女子の外見や性格を問題とするなど当時の生徒指導がもつ「被害者落ち度」論（**表３-1**，1977 年）は，そのまま性被害者非難につながる二重基準の矛盾の顕著な例である。

「女子非行」には，当時まだ注目の低かった虐待や暴力，セクシュアル・ハラスメントなど男女の不均衡な構造的力関係のもとでは，どこでも起こり得るとされる暴力の存在も予測される。内藤和美は「ある不均衡な力関係が構造化されているところでは，誰かが意図してしかけなくとも，そして関与する人びとがとりわけ悪人でなくとも，構造的力関係を磁場として，いわば自動的に，

表3－1　戦後の文部省文書における「純潔教育」・「性教育」と「生徒指導」の変遷

年	純潔教育	性（性道徳）教育	生徒指導
1947	文部省社会教育局長通達「**純潔教育**の実施について」		
1949	文部省純潔教育委員会「純潔教育基本要項」		
1950	社会教育審議会編集『男女の交際と礼儀』発行	1952：文部省「中・高生徒の**性教育**の基本方針」通達	
1955	社会教育審議会「純潔教育の普及徹底に関する建議」「純潔教育の進め方（試案）」		
1956	文部省『高等学校学習指導要領保健体育科編』「性の純潔に関する道徳を高める」	1957：山形県教育委員会編『学校における性教育の資料』刊行	
1959	文部省純潔教育懇談会『性と純潔―美しい青春のために―』		
1962	純潔教育懇談会『思春期までの子どもの指導―母親のよい理解のもとに―』『男性と女性―若い人々のために―』	1963：全国中学校教育課程研究会「保健学習における性教育」	
1965	宇都宮市教育委員会「第1回全国純潔教育研究集会」開催		1965：文部省『生徒指導の手引き』「近時暴行，恐喝などの粗暴犯が著しくふえて，強姦，猥褻などの性的非行がこれに次いで多くなっている。」
			1966：文部省『生徒指導の実践上の諸問題とその解明』「性的被害を受けた生徒をどのように指導したらよいか。平常から正しい純潔教育を徹底させておくことが基本。賢明でなかった問題点をよく考えさせ，今後再び同様の失敗をくり返させないように，目を開かせる」
1972		1972：文部省『**純潔教育と性教育の関係**について』「純潔教育と性教育とが同義語である」「性教育のねらいは，心身の発達における男女差および家庭生活における男女の役割と責任を生理学的，心理学的，倫理学的面から理解させ，性に対する健全な態度を培い，現代社会にふさわしい性道徳を確立し，男女間の精神的，肉体的関係を正しくするための人間教育にある」	
			1977：文部省『問題行動をもつ生徒の指導―中学校編―』「性的な被害を受けやすい生徒の特徴 外見上，気が弱そうで脅しのききそうな生徒，どこか後ろめたそうなところのある生徒，愛情に飢えていてだましやすそうな生徒，虚栄心が強く，周りの人を意識している感じの生徒，ぼんやりして油断の多い生徒，派手な顔立ち，服装，髪型の生徒。性格的には，八方美人的でお人よしの生徒，注意力が散漫でやや暗い影のある感じの生徒」
1979			1979：文部省『生徒の問題行動に関する基礎資料（中学校・高等学校編）』「女子少年の性非行最近における性解放の風潮に象徴される風俗環境の中で，女子少年の性の逸脱行動が目立っている。」

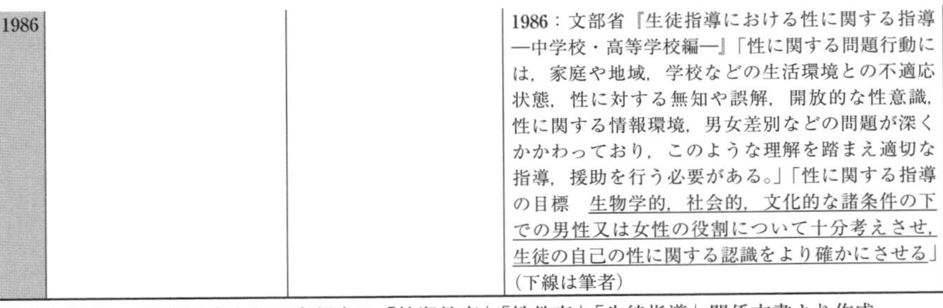

1986			1986：文部省『生徒指導における性に関する指導―中学校・高等学校編―』「性に関する問題行動には，家庭や地域，学校などの生活環境との不適応状態，性に対する無知や誤解，開放的な性意識，性に関する情報環境，男女差別などの問題が深くかかわっており，このような理解を踏まえ適切な指導，援助を行う必要がある。」「性に関する指導の目標　生物学的，社会的，文化的な諸条件の下での男性又は女性の役割について十分考えさせ，生徒の自己の性に関する認識をより確かにさせる」（下線は筆者）

（出所）1947 ～ 86 年の主として文部省の「純潔教育」「性教育」「生徒指導」関係文書より作成

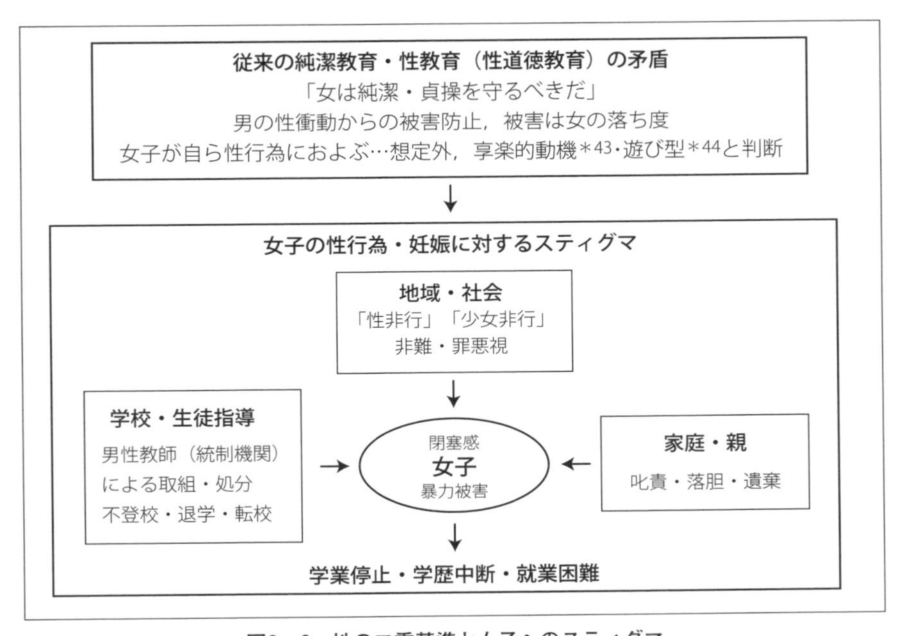

図3－6　性の二重基準と女子へのスティグマ

一時的・状況的・偶発的な力の不均衡のもとでは起こらないようなことが起こってしまう」*45 と指摘する。女子への性暴力は，性に対する意志決定・態度決定が未熟な児童に対し，「育つ権利」と「性的自由」を侵害する暴力であり，たとえそれが売買春であったとしても，対等な売買関係ではあり得ない。被害者落ち度論によって女性に対する暴力の問題が曖昧にされ，「女子非行」の中に明確にされないまま存在していたことも十分考えられる。

1983年全国教研女子教育もんだい分科会で，高校生の性的問題行動に取り組んだ実践の中から「性の自立」の必要性が出されてきた。『女子教育もんだい』編集部は，「今まで女子教育というと，労働の自立とか精神的自立とか，生活面での自立とかはよく語られてきましたが，性の自立という問題はあまり話題にされなかった。教研集会としては，昨年あたりから非行との関連で性の問題が出始め，性教育の問題に関心が高まっているのが今年の新しい傾向」*46と述べている。1980年に奥山が研究課題だと言っていた「性の自立」が，1983年に生徒の実態の中からその必要性が認識されるようになってきたのである。1985年の分科会においても，女子高校生の妊娠に対して，男教師の側からは女子生徒を切りすてる意見が多く出され，退学に追いこまれるがどうしたらよいか，という疑問が依然として報告されていた。

(3) 性別役割分担社会における「女性の生」の閉塞感の存在

「どうせ私たちは，もう何年かしたらつまらない女房稼業なんだから，今のうちにうんと楽しまなくちゃ損よ」

性非行に走る女生徒が吐く言葉を紹介した永畑道子*47や宮淑子*48は，共通に少女たちの閉塞状況を指摘した。永畑は，フリージャーナリストとしての取材の中から，「“女の性”をなやみ，自分がなぜ女かの確証がつかめず，このあとどのように生きてゆけばよいのか，母親にみる世の中の女にとっての暗い状況をまことに未熟な感覚で受け止めて，身体でまるごと反乱を起こす，そういう少女たちであることをひしひしと感じてしまうのである」と述べる。同様に，宮も「自分の未来は，主婦という灰色の一本道。もう先が読めてしまった少女たちが，“いま”という刹那に自分の全存在を賭け，『非行』へ突っ走ってゆく。『女の生』へのこれほど悲しい反旗はない」とみる。育児休暇が存在せず，結婚・出産退職制が一般的だった当時，妊娠・出産は退職・就労停止を招き，「女の生」の変更を迫った。同様に，雇用の場だけでなく学校にも退学・学業停止の当然視があったといえる。

宮は，「生活指導」分科会の大半を占める男教師たちは，この反乱の契機をつかめず処分主義を基本とした“克服”を報告し合っている，と批判し，女性教師が「女である性」を誇りをもって語れなかったら，彼女らをいったい誰が救うのか，と迫る。また，批判は問題解決に直結しない教師の実践研究のもどかしさにも向けられた。「女子教育問題」分科会に感じたもどかしさの原因を次のように述べた。

① 意識調査による状況把握で終わっている。

②「調査で語る」ところで完結し，個性的な実践までいかない。

③ 県教組代表として発表することが自己目的化し，「討議」という形で実践が検証され，共有化されることが少ない。

④「女のからだ」について女教師が語っていない。

⑤ 個としての言葉をもった体験で語るレポートが軽視される雰囲気がある。

⑥ 助言者による不適切な助言や訂正要求がある。

教師や助言者の発言や討議に，不適切さや不充分さがあることを指摘し，女子生徒に対しては，同性の指導者が語ることによって，「女の性」の悩みや疑問を共有することを求めた。一方奥山は，女子の閉塞的状況の報告を受け，自立のための労働を教えることを以下のように確認している。

> 今年の分科会でも，東京の高校から参加した男教師は，女子生徒の非行化問題にふれながら，「どうせ私たちは，もう何年かしたらつまらない女房稼業なんだから，今のうちにうんと楽しまなくちゃ損よ」と，まったく自分の人生に未来の展望がなく，閉塞的 になっていることが，女生徒の非行化の一因であることを指摘し，彼女らの未来への展望を開かせるために，自立のための力を育てることの重要性を報告している。自立のための労働を教えるにも，学年の違いによって扱いが異なってくるのは当然である。 (3-⑦，1981，p.18)

自分の人生に未来の展望がなく，閉塞的になっていることが，女子生徒の非行化の一因であるという指摘を受けて，「女は家庭」の固定観念をなくし，女子に人間としての発達権を保障するという立場から，自立の力を育てる，とりわけ経済的自立のための労働を教えることが課題であることを強調した。そして，実体としての男女平等の達成を重視する。女子生徒が抱く「女の生」の閉塞感の除去には，性別役割分業の解消による公的私的生活での男女平等の達成というあまりにも大きな課題が横たわっている。当時の生徒指導（**表 3-1**，1986

年）もその根拠となる青年心理学も性役割の早期修得を奨励していた*49。これまでの発達課題論を見直すことが必要であったのである。

高校女子研における先の熊本の教師のレポートにも，「これまでの活動は，自己変革のための理論構築や教壇実践にとどまり，私たちの手からこぼれていく生徒一人一人の問題と深くかかわり，変革を促していくという方向性が欠けていた」*50と自省をつづっている。教壇実践の届かない「教師の手からこぼれていく生徒一人一人」の問題には，学校及び社会のジェンダー関係や大人の性文化の反映があり*51，それへの対応には，教師や学校の限界があった。「女性の生」をめぐる閉塞感や性教育等の欠如という問題の他に，虐待や暴力の問題が存在したことも考えられるのである。

経済的自立・生活的自立・精神的自立の三つの自立の確立を実践課題として5年目を迎えた「女子教育もんだい」分科会の担当村田泰彦は，教師や助言者の「実践研究のもどかしさ」の指摘を受けて次のように振り返っている。

「新しい知識を導入することで，今まで見えなかった矛盾がはっきり見えてきたことから，その理論を万能薬だと思いがちだったが，さまざまな問題が複雑に絡み合う現実を一夜にして変える万能薬などあり得ようはずがないことに気づくのに5年の歳月が必要だった」と述べ，「新しい理論も前のように効能がうすれたなと気づき出したところで，はじめて自前の理論を調合する必要性が痛感され，自分自身の模索が始まる」*52，とした。

その2年後の1983年には，村田は，性の学習について，現行の教育課程の問題，性の学習の視点，最低必要な学習要素を明確にしている。現行の教育課程では，性の学習は，理科，保健体育，家庭科等で断片的に扱われ非系統的であること，教育課程が不適切であるために，生徒はその知識をさまざまな情報源から獲得し，問題行動が起きても不思議ではないこと，このようなおとなの責任回避から生じる子どもの問題行動は，非行として扱うべきではない，と述べている。そして，学習指導要領では，女子のみの高校家庭一般「母性の健康・乳幼児の保育」で愛と性，妊娠・出産等が扱われるが，父性不在の「母性と保育」であり，父性のかかわりを明示し男子の学習を可能にする必要がある，として「私たちの全体構想を固める必要がある」と提起している。「性は人間性に由来し，自立をめざす男女の人間関係に基礎をおく」「人間の性の特性について，生理的，心理的，社会的な視点から扱う」そのためには，愛と性すなわち性的関係の人間化，性の自立，両性の共同責任などについても学習要素を整理しなければならないことを明確にした。こうして，「性非行」問題は，実は教育課程問題であったことが指摘されたのである。

(4)「性教育」と「性の自立」教育の捉え方

性教育の必要性がいわれるようになり，文部省『性に関する指導関係資料』(1984年)も出されるようになると，女子教育もんだい分科会にも性教育の実践報告が急増した。

> 性教育だけに偏したレポートや教育実践を私たちはいやというほど見る
> (1-⑮，1993，p.94)

> たんに「性教育」というのはからだ教育だと私は思っているんです。ところが，いつまでもその段階からぬけきれない。だから多くの場合，「女子教育もんだいでなぜ性か」の視点が欠落しているんですね。いつも繰り返していうことですが—。(略)からだ論といったほうがみんなにわかりいいと思うので—つまり男女のからだ上の違いや構造や機能だけに固執した性教育でなく，人間そのものを追究するあり方というものが，もうちょっと増えてこないかなと期待しているのですけど……。
> (1-⑮，1993，p.94)

性的問題行動への注目から必要とされた性教育は，子どもはどうして生まれるかから，生命の尊重へと性非行防止，被害防止のねらいをもった実践レポートが多数持ち込まれるようになってきた。奥山は，性教育という領域だけで女子教育もんだい研究が捉えられていく危機感を抱いた。性はセックスや生殖だけではない。人間そのものである性は，セックス，ジェンダー，セクシュアリティーの三つの区分で捉えられる。女子教育もんだいとしての「性の自立を育てる」とは，体の性の違う男女の対等平等の関係を育てることであり，そのためにはつくられてきた性「ジェンダー」をどう教えるかが重要だ，という。

1985年奥山は，女子教育もんだい分科会で次のように助言している。

男性，女性という生まれたときからの不変的な性，これはからだの問題としての性のしくみや機能，それからさらに生命の尊厳まで包含される。一方，人間性として高めていけるジェンダー，あるいはセクシュアリティーといわれる心理的・社会的・歴史的側面から変えることのできる性がある。後者が女子教育問題のになう課題である。これまで，いわゆる「第二の性」として差別されてきた女性の性を，対等な性へ高めるために，小学校で，中学校で，高校でそれぞれどうとりくむかを今後の課題としたい。
(6-③，1985，p.126)

この助言によって，日教組教研集会記録を見る限りでは，教員運動の中に初めて「ジェンダー」と「セクシュアリティー」という言葉が導入されている。日教組教研集会で最初に「ジェンダー」の概念が示されたのは，1980年家庭科教育分科会の助言者である村田泰彦によるものである。村田は，分科会の最後に次のように付け加えた。

「生徒の性差について補足しておきたい。性差には男女の生物学的差異に基づくものと，社会的・文化的環境によってつくられるものとがあるが，共学の授業では，つくられた性差よりも個人差に指導上の問題があると指摘されている(埼玉，三重など)。この点については，今後とも多種多様な教材で実証的な研究をつづけていただきたい。」

村田は，環境によって「つくられるもの」，「つくられた性差」ということを説明した。奥山えみ子は，初めて「ジェンダー」，「セクシュアリティー」という言葉を紹介し，これを「つくりかえられるもの」「高めていけるもの」と捉えた。当時，ジェンダーやセクシュアリティという言葉は一般的ではなく，教育研究者の間でも同様であった。日本教育社会学会が1989年に大会課題研究テーマに「教育とジェンダー」を設定したのが比較的早いといえる。1985年の学会誌では「女性と教育」を特集したもののジェンダーという言葉はまだ使用されていない。

奥山による教育運動へのこれらの言葉の導入は，教師たちに生物学的な性だけではない性の捉え方があることを示す必要に迫られたからであるが，社会的文化的につくられてきた性であるジェンダーを可変的な性・高めていける性と説明し，対等な性へ高める努力を強調するという傾向があったことも指摘できる。

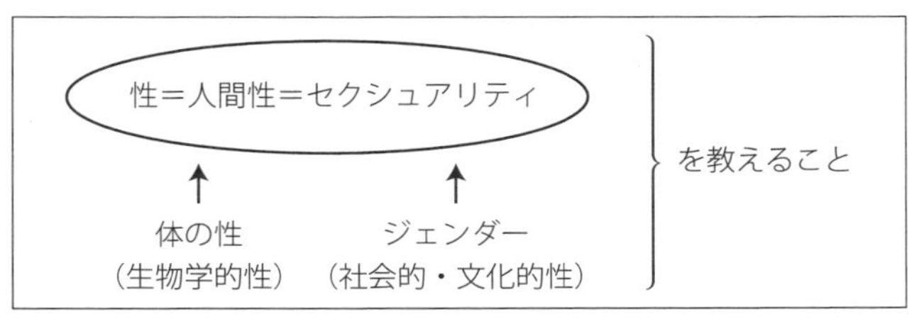

図3－7 「性の自立を育てる」とは

奥山は，「性」とは「人間性」そのものであり，「性の自立」は，「女性・男性の性をもった人間の自立」のことである。それを成り立たせるのが，精神的自立，経済的自立，生活的自立の三つの自立であるとして三つの自立の柱の考え方（**図3－3**）は変えていない。また，「ジェンダー」も自立の基軸である労働の教育を通して考えさせようとしている。そして，女子教育問題の視点に立って教科書を見直し，教材を開発し，カリキュラムを自主編成していくことを呼びかけた。

しかし，「性の自立を育てる」レポートが少ない原因について奥山は，以下のように述べている。

> 適合した教材というものをあまりみつけきれていないんじゃないかと思うんです，一般的にね。だからてっとり早いところ，文部省も認めている性教育で，性行為の問題とか，赤ちゃんはどこから生まれるか，そして生まれてきた赤ちゃんの命が尊い，にすぐぱっと結びついちゃう。（1-⑮，1993，p.94）

文部省の性教育に対する立場については，今日まで以下のような批判が続いている。

青木やよひは，「純潔教育で枠づけした性器教育の範囲でお茶をにごしているかぎり，これから人生をはじめようという少女たちの真剣な思いにけっして答えることにはならない」*[53]（1983年）といい，樋口けい子は，「以前の純潔教育と違うところは，科学的といういわれ方で，性のタブーを取り払って生殖の仕組みを教えている。性差別を温存したまま，性のタブーだけを取り払った形になっている」*[54]（1993年）という。田代美江子は，「純潔教育を踏襲したもので，性差と性別役割分業を強調したうえで，性道徳がその中心にある。性道徳の教育こそが性教育だとする立場は，現在にいたるまで基本的には持ち越されたままだ」*55（2006年）としている。以上のような指摘は，1980年代当時から続いている。

性的問題行動が低年齢化して，金八先生のドラマがあったでしょ。中学生妊娠の。そして命の大事さにいく。産まれたら大事じゃ，あの中学生はどうなるの。あのドラマは逆効果。むしろ危惧したわ。分科会は自立心に結びつけたかった。問題行動のブレーキではない。でもブレーキ役みたいにとった人もいた。レポートの2/3位まで性器教育・性教育の方へ曲がっていった。だから軌道修正が必要になった。教える側の教師や親たちの「性の自立」認識をそろえる必要がある。それが大きな当面する課題だった。（インタビュー，8-③，2006）

奥山は，「性的自立」と「性の自立」を使い分け，「性的自立」ではなく，「性の自立」であるという。

いま思うに，スウェーデン方式の4つの自立みたいに誤解された面が相当あると思う。つまり，私たちは精神的自立，経済的自立，生活的自立といってきたにもかかわらず，性的自立という問題がでてきて，3つの自立と並ぶものとして受け止められた向きがあったと思うのね。性的というときは，「性の」と置き換えられるような範疇で提起はされたんだけど，本当は人間性そのもの，つまりセクシュアリティですよね。いつも繰り返しいうのですが，3つの自立が完全にできあがると，人間としての自立が成り立つわけだから，それは結局，女性の性をもった人間の自立なんだと。（1-⑮，1993，p.103）

人としての自立を目標として，それを実現する柱が三つの自立である。すなわち，精神的な面から，経済的な面から，生活的な面から自立の力を育てていく。この三つの自立と並ぶものとして性的な面から自立の力を育てるのではない，とする。**図3−7**が示すように「性の自立」とは，自立の力の一側面ではなく，人間の性的欲求や性行動をも含めた人間性全体としての自立であるとする。三つの自立を柱と考えて，その上に「性の自立」「女性の性をもった人間の自立」が成り立つという関係は変わらないとした。

しかし，それに対して青木やよひが述べるような「これまで言われてきた労働の自立や生活の自立にしても，その向こうにある真に重要な問題は産む性の位置づけではないだろうか」*[56]（1983年）という疑問も指摘されていた。

(5) リプロダクティブ・ヘルス／ライツの導入

では，三つの自立の力を育てることで「人間としての自立」「性の自立」がおのずと成立していくのであろうか。「性の自立」の育成も，不断の個別課題であることを指摘したのが，1994年の国際人口・開発会議で承認されたリプロダクティブ・ヘルス／ライツ（性と生殖に関する健康／権利）の主張である。これは，女性が「身体的，精神的，社会的に良好な状態」で，「安全で満足な性生活を営めること，子どもを産むかどうか，産むならばいつ，何人産むかを決定する自由をもつ」ことと定義されている*[57]。これは，「妊娠・出産に限定されない，女性の生涯を通じた，女性自身の体と性」についてその健康と自己決定，自己選択，自己管理の権利があると捉えることができる。その健康と権利が維持できることが「性の自立」であり，「性の自立」の育成も，不断の課題であることが明確にされたのである。

３つの自立ができれば，「性の自立」もできると考えていた。甘かった。「性の自立」も柱として育成していかなければ，産む産まないの決定を女性が権利として行使できない。識字率の低い発展途上国の女性は，自分の望まない妊娠・出産を繰り返している。どこの国だってこの権利は必要。リプロダクティブ・ヘルス／ライツが出てきたけれど，その視点が「性の自立」の課題ね。４つの自立が研究会で合意された。「性の自立」は後から加わったの。（インタビュー，8-③，2006）

リプロダクティブ・ヘルス／ライツの導入によって，「性の自立」教育すなわちセクシュアリティ教育は，生涯を通じて，学校などの公的な場でも，日常的な場面でも，その両面から提供されるべきものとなった。性的自己決定は人権であり，セクシュアリティ教育は権利となったのである。これは，長いフェミニスト運動の成果である。M・ミースは，「自立」という概念は，西欧のフェミニストの運動概念であり，女性の抑圧と搾取が最も具体的に経験される領域である身体の政治学の文脈で出てきたものである，という。身体の中には，当然ながら性も含まれる。女性の産む性としての身体について，例えば妊娠か避妊か，出産か中絶か等について女性自身が選択し決定する権利を，男性からも専門家集団からも，さらには国家権力からも制限されることなく行使できることが大命題であった。

80年代の奥山は，「体の性」に留まっている性教育を批判したが，教師たちにとってはまず性を語る言葉，児童・生徒と共有できる言葉が必要であった。その状況は90年代に入っても変わらず，性教育を受けてこなかった教師一人一人に必要な作業であったといえる。

我が国と比較して例えばスウェーデンをみると，ビヤネール多美子が述べていたように，70年代にはすでに約50年の性教育の歴史があり，2・3世代に渡って「性」を語ることが可能になっていた。1977年からはセクシュアリティ教育が強調されている。このようなスウェーデンの取組みの長さから比較すると，奥山の期待は早急に過ぎた面もあったといえる。一番ヶ瀬が1982年に指摘した「女性同士の連帯」，「"性"そのものへの正しい教育」とは，正しい情報に基づいた性を語る言葉を女性たちが共有し，「女性の必要」「女性の権利」の主張と維持を可能にするために必要だったのである。しかし，我が国の「女性同士の連帯」は，例えば低用量経口避妊薬（ピル）認可の遅滞に顕著に現れたように，諸外国に比較し遅れていたことが今日指摘されている（**図3−8**）。

フェミニズムは，女性が強制や従属・依存から解放され，自立（主体性と自由）して生きることを求めた。特に女性の身体と生への強制（最も強い強制が暴力）である強制的性行為や望まない妊娠・出産から自由であること，すなわち避妊や中絶が自己決定できることを求めた。女性自身の身体について国家や宗教や男性が決定するのではなく，正確かつ充分な情報を得て女性自身が決定することを求めたのである。それがリプロダクティブ・ライツとして国際的に認められたが，国内的な合意に達するのは未だ多くの国で困難があり，**図3−8**が示すように我が国も例外ではない。

子どもたちが具体的に身に付けるべき性の自立のためのスキルとして以下の指摘がある。

性教育の遅れ
性を語る言葉を奪われてきた女性
語ることを忌避（恥）
↓
自分の体（性器）さえ呼べない
女性間・母娘間で情報交換できない
正しい情報不足（英語圏外の日本）

→ 男性医師や各種審議会の「専門家」に依存・従属

→ 女性の主張や
運動の弱さ →

政策決定過程

←「女性の必要」の軽視
←「女性の権利」の無理解

日本の経口避妊薬ピル認可（1999年）の遅れ30年
WHOピルの有効性・安全性認可（1967年）
女性の自己決定（避妊・中絶）をよしとしない文化

図3−8　性を語り合う言葉をもたなかった女性たち

（出所）「国際シンポジウム リプロダクティブ・ライツ政策の国際比較：米・韓・日・東欧」より作成，JAWS（Japan America Women Political Scientist Symposium）他共催 2006 年 7 月 13 日

第1に，性に関する知識を基礎に，性に対する肯定的な態度を獲得すること。

第2に，商業的・性差別的な性情報や劣悪な性的環境に対して，批判的な見方，考え方ができること。

第3に，避妊や性感染症予防など，自分の選択した行動の結果を予測し，責任ある自己の決断に基づいた行動ができること。

第4に，人権感覚，価値観に基づき，自己を率直に表現し，性別や年齢やそのセクシュアリティにかかわらず対等平等な関係をつくること。

これらは，学校教育の課題ともなる。

村瀬が指摘するように，女性自身の体と性の健康と権利が保障されるためには，両性の対等平等性が生活のすみずみにまで貫かれていなければならない *58。経済的にも精神的にも生活的にも対等平等性が貫かれた時に，望ましい関係の中で女性の性の自己決定が可能となる。しかし，「特性論」と「男らしさ」「女らしさ」は，教科書の中にも教師の言葉の中にも依然として存在し，男女の権力関係は，生徒間関係においても教師間関係においても，男性を前面にあるいは上部に位置づけている傾向に大きな変化はない。教職員にも生徒にも根強い男性中心の社会観がある中で，奥山は，以下のように述べている。

女子教育もんだいが，10何年間教研で取り上げられながら，実態としてあまり進展がない。(略) 少しずつは前進していると思いたいけれど，その階段の上がり方は大きな螺旋で，また後戻りも大きい。 (1-⑮，1993，pp.110-111)

さらにこの10年後の2000年代初頭には，「ジェンダー」という言葉の使用をめぐってバッシングが発生している。

第3節 『季刊 女子教育もんだい』の発行とフェミニズム理論の導入

1.『季刊 女子教育もんだい』の創刊と社会主義女性解放論

(1)『季刊 女子教育もんだい』の創刊

1979年10月，『季刊 女子教育もんだい』(第3章末，資料1) が創刊された。奥山えみ子を代表に，一番ヶ瀬康子（当時 日本女子大学教授）・村田泰彦（当時 神奈川大学教授）・星野安三郎（当時 東京学芸大学教授）・佐藤洋子が編集委員となっている。奥山らは巻頭言で，以下のように述べている。

これからの女子教育に求められているのは，“お嫁さんづくり教育”ではなく，自分で自分の生き方を選択し，社会に主体的に生きることのできる力を，どう育てるかにあるのではないでしょうか。 (3-①，1979，p.1)

第1号から日本の「近代女子教育史」を連載し，第5号から「世界の女子教育」を連載している。第1回の特集はA.ベーベルの「婦人論」を取り上げた。倉田稔がベーベルの『婦人と社会主義』(1879) を紹介している。「婦人の解放と社会主義国家」についてドイツ社会主義運動・婦人運動にたずさわったベーベルから今に生きる理論を学ぶことができると考えられたのであろう。倉田は，『婦人と社会主義』は，1962年においても東ベルリンから第60版が出るぐらいにベスト・セラーでロング・セラーだという。ベーベルは社会主義社会の成立によって階級支配は永久におわりを告げ，それとともにまた婦人にたいする男子の支配もおわりを告げる。社会主義運動が婦人を獲得すべきこと，婦人の解放のために努力すること，を説き，そして，男性の援助とともに，婦人たちが自らの力でその解放を勝ちとるよう訴える。同じく特集「私にとってのベーベル」の中で，嶋津千利世（当時 群馬大学教授）は，ベーベルの「婦人論」は，エンゲルスの『家族，私有財産および国家の起源』*59とともに，「婦人問題の唯一の教科書」と表現し，それが「婦人解放の道すじ」であるという。白井厚（当時 慶應義塾大学教授）は，社会主義諸国の諸問題の露呈に触れ，「ベーベルの掲げた高い理想をわれわれは再び思い浮かべるべきであろう。社会主義は，“官僚と男性のもの”ではなかったはずだから。」と結んだ。

女子教育運動の指導者たちにとって，女性解放の道筋は社会主義社会に向かうことである，ということは疑いのないことであった。

奥山は1979年モスクワでの日ソ婦人セミナーに参加した際，工場で働く多数の女性労働者の様子を見て，社会主義の優位性について『季刊 女子教育もんだい』No.3（1980）の中で次のように報告している。

> 国が，人権としての労働権をすべての婦人に完全に保障するために，種々の配慮を怠らず，そのことに守られながら，一人一人の婦人が，自分の労働の役割を完全に果たすことができているという，ソビエト婦人の誇る社会主義の優位性を痛感させられたのであった。（3-③，1980，p.178）

同じく編集委員の一人である星野安三郎も，『季刊 女子教育もんだい』No.1の中で，「差別を発生させた私有財産制度や，性差別を温存させている現代資本主義社会における資本の要望」を重視した。そして，駒沢喜美・小西綾らがいう「男性が女性を支配する仕掛けとしての男女のダブル・スタンダード装置」という考え方を物足りないものとして批判している。男女間の問題ではなく，社会体制の問題であるというのである。女性解放を阻んでいるのは資本主義であり，社会主義の実現によって女性は解放されると考える。創刊の初期から，女性学やフェミニズムという言葉は単語としてあらわれているが，主とする論調は，社会主義女性解放論であった。

その『季刊 女子教育もんだい』も，No.9（1981）から徐々に書評や資料という部分から，単語としてではなくフェミニズム理論の内容が紹介されるようになる。しかし，「ジェンダー」という言葉は，まだ80年代前半には登場しない。

なお，奥山の在任中に出版した『季刊 女子教育もんだい』の各号特集論文の題目を章末資料（**表3−5**）に示した。

(2) 社会主義女性解放論への疑問

『季刊 女子教育もんだい』を創刊した奥山・一番ヶ瀬・村田・星野らにとっても，ベーベルの『婦人と社会主義』(1879) やエンゲルスの『家族，私有財産および国家の起源』(1884) は，「婦人問題の唯一の教科書」であり，「婦人解放の道すじ」を示すものと考えられた。しかし，当時，こうしたマルクス主義による女性解放論に対して明確な批判ではないが疑問が提示されていた。

水田珠枝は，1973 年『女性解放思想の歩み』(岩波新書) の中で，女性解放の条件としてエンゲルスがあげている経済単位としての家族の解消は，はたしてどういう歴史法則に基づいて行われるのか，またベーベルは，女性問題の複雑性を直視しようとせず，すべてを社会主義革命に結びつける結果となっていないかということを指摘した。水田は，マルクス主義が，変革の理論と変革の主体を発見し，人間解放の可能性を開いたが，これを女性が女性解放の問題としてどう受け止めるべきか，は解決されていない*60，と述べた。

水田は，「婦人」という言葉は使わず，一貫して「女性」と表現している。そして，女性問題は，労働と性の矛盾の問題であり，家族制度と階級社会の問題であると捉えた。そして，労働のみを基軸とする社会主義論は，労働と性の二つの基軸をもつ女性問題を無視してしまったばかりか，男女の性的分業にささえられ，育児や家事を女性の無償奉仕にする家族を提示した*61，と結論づけた。

公的・私的生活での性的分業を女性問題と捉えるフェミニズム理論の萌芽が現れている。

(3) フェミニズムによるベーベル批判

『季刊 女子教育もんだい』が，その第 1 回の特集にベーベルの「婦人論」を取り上げ，社会主義婦人解放論を確認している頃，ドイツでは M・ミースが，フェミニズムの立場からベーベルらを批判し始めている。ミースは，「ベーベルは性別分業を変化させることも男性による家事の分担も考えていなかった。彼は女性を母としてしか見ず，将来彼女の役割が変化することを予想しなかった」という。ベーベルは，労働者階層において専業的な主婦・母のいる本物の家庭が営まれることを主張した。母親が子どもの教育にもっと時間が割けるように女性の雇用を減らしたいとも考えていた。彼はプロレタリアの家庭が破壊されることを憂慮し，女性に二重労働を強いている。ミースは，ベーベルの次の文を引用してそれを示した。

「妻は家にいて，ぶつぶつ不平を言いながら，駄馬のように働かなければならない……こうして不和が生じる。けれどももし妻に責任感がなく，疲れて帰ったのちに，自分の気晴らしのために外に出かけるならば，家庭の質は低下し，家政はめちゃめちゃになり，窮乏は倍加する。」

ミースは，労働者階層にブルジョア的核家族をつくりだし，プロレタリア女性をも主婦化するこの過程はドイツだけのものではなく，産業化し「文明化」したすべての国で見ることができる，という。このプロセスはブルジョア階級と国家によって推進されただけではなく，労働者階層の「最も進んだ部分」によっても推進された。このプロセスは特に社会主義者にとっては，基本的な矛盾を示すものであった。それは社会主義国でもまだ解決されていない矛盾である*62，と続けている。

ミースの指摘が日本に紹介されるのは，90年代後半である。

2. フェミニズム理論の導入

社会主義女性解放論への疑問は，ウーマン・リブ運動とそれを契機としたフェミニズム理論の進展によって徐々に明確になっていく。フェミニズムは，これまで関心を向けられなかった家族や家庭に注目し，女性をめぐる問題を理論化するようになってきた。日本の女性問題研究家が精力的に欧米の研究を紹介するようになり，『季刊 女子教育もんだい』は，それを資料や書評として徐々に紹介し始めた。奥山らが主として対象としていた女性も，これまでの教師や母親，子どもから，主婦，多様な雇用形態で働く女性，高齢者等へと広がり，したがって扱われる内容も教育から主婦論，労働，年金等へと拡大した。

女子教育を考えるうえで，「主婦とは何か」について考察を避けることができず，『季刊 女子教育もんだい』No.3（1980）は，「主婦」を特集した。アメリカではベティー・フリーダン『新しい女の創造』（*The Feminine Mystique*, 1963）がベストセラーになって以来，専業主婦を主体とする運動が起き，「専業主婦にとっての家庭とは，人間らしさを奪う収容所にすぎない。女性らしさを賛美するわなにかかって，家事を職業と考えたなら，空虚さしか残されていない」と主張していた。我が国では，1955年石垣綾子の「主婦第二職業論」に始まる第一期主婦論争，1960年の磯野富士子の「主婦の家事労働価値生産説」に始まる第二期主婦論争，その後も主婦に関する調査・論文は続く。

資料や書評から徐々に紹介され始めたフェミニズム理論であったが，1981年『季刊 女子教育もんだい』No.9は，その特集「転機にたつ家族と家庭」の中でマルクス主義の家族理論批判を行った。高良留美子は，これまでのマルクス主義家族理論が，社会と家庭を分断し，家庭の変化や女性の状況をくわしく分析する方法と言語をもたず，ただ，大挙して女性が社会的生産に参加すれば，自動的に家庭や女性の状況が変革される，といいつづけてきた*63，と批判した。ラディカル・フェミニズムや家庭内暴力（ドメスティック・バイオレンス，当時日本では子が親にふるう暴力をこう呼んでいた）研究について紹介したのが三宅義子（女性問題研究者）である。特集「転機にたつ家族と家庭」の中に資料として，三宅の「家族の位置―フェミニズムとマルクス主義」（『思想の科学』1981年7月号）が紹介された。三宅は，60年代後半から高度に発達した資本主義国に台頭した女性解放運動の意見の不一致をラディカル・フェミニストと抽象的社会主義者とに分けたジュリエット・ミッチェルの分類（『女性論』1971）を図式的に説明したのである。その説明を図示すると**表3−2**のようになる。三宅は，両者の立場がどちらも一方だけでは不充分で，統合して初めて女性解放の正しいプログラムは出てくるだろう，という。ミッチェルは，「フェミニスト的問いを問い，マルクス主義的答えを得るよう努める」という。

日教組運動に関わる多くの進歩的知識人が社会主義ユートピアを託した中国・ソ連の実像も徐々に書評等に表れるようになってくる。『季刊 女子教育も

表3－2 三宅義子が紹介した女性解放運動論の比較

ラディカル・フェミニスト	抽象的社会主義者
・ケイト・ミレット『性の政治学』(1970年) ・シュラミス・ファイアストーン『性の弁証法』(1971年)	・エンゲルス『家族・私有財産および国家の起源』
・抑圧者は男である。	・抑圧者は男性ではなく，体制である。
・これまでのすべての社会は男性至上主義である。	・資本主義が女性を抑圧している。
・女性抑圧は心理的権力闘争とともに始まり，その闘争に男性が勝った。	・女性抑圧は私有財産とともに始まる。
・社会主義はわれわれに与えるものをなにももたない。	・われわれは，社会主義との「われわれの関係」を発見しなければならない。
・社会主義諸国は，女性を抑圧している。	・社会主義諸国の状況は女性にとって非常によいとはいえないが，それは女性の解放が革命闘争の一部ではなかったからだ。
・われわれの求めることは，すべての女性が男性にたいして，また男性に支配される社会にたいして，団結することだ。	・男性にわれわれの闘争の重要性を納得させることが，最も必要だ。男性もまた自分の役割によって抑圧されている。
・われわれは男性の抑圧から女性を解放したい。	・すべての人びとは資本主義の下で疎外されている。われわれはすべての者を「全的人間」となるよう解放することを求める。

(出所)『季刊 女子教育もんだい』No.9 (1981)，特集「転機にたつ家族と家庭」の中の資料：三宅義子「家族の位置—フェミニズムとマルクス主義」(『思想の科学』1981年7月号) より筆者作成

んだい』No.7 (1981) は，松井やよりの『人民の沈黙—わたしの中国記』を書評に載せた。社会主義建設の中で家事・育児の社会化によって，女性の経済的自立が保障されたが，現実的には家庭内での男と女の関係を見直す家庭革命が最も困難であることは中国人の誰もが認めるところである，という。

『季刊 女子教育もんだい』No.14 (1983) では，ソ連社会への疑問を示す文章を掲載している。1979年に創刊されたソ連で初のフェミニズム運動誌『女性とロシア』*64がソ連の今まで語られることのなかった裏側の世界を告発したものであることを紹介した。社会的労働に従事することが，男女を問わず国民の義務であるが，家事や育児はやはり女性が負担しなければならないというソ連社会の現実があったのである。この社会主義国における女性解放の挫折とい

う認識が，ラディカル・フェミニズムの主張の前提にある。すなわち，三宅がいう「社会主義は公的産業での男女平等や母性保護の権利の社会的保障は実現したが，男女の分業観までは手をつけず，家族の中での女の位置はあいまいで，そのことが公的産業の男女平等を形式的なものにしている」という現状認識が前提となっている。

『季刊 女子教育もんだい』No.9（1981）は，植木とみ子（長崎大学講師）のエリ・ザレツキィ他著『資本主義・家族・個人生活』（1973）の書評を掲載し，フェミニズムからの批判を受け入れたマルクス主義からの女性解放論を紹介した。

女性によって担われている無償の家事労働は，資本の剰余価値を生み出す欠くことのできない源泉であり，主婦の家事労働に賃金を与えよという運動を展開すれば，資本に対して有効な闘争手段になりうると述べるマリアローザ・デラ・コスタの「女性のパワーと社会の変革」（1972），現代の社会主義社会に存する性差別は前体制の遺物にしかすぎず，早晩除去されるべきものとするイザベル・ラーギアとジョン・デュモリンの「女性労働の条件の諸局面」を紹介している。

さらに1984年の『季刊 女子教育もんだい』No.18は，階級的な女性解放論にたつマルクス主義理論を批判する竹中恵美子編『女子労働論』（1983）を紹介した。紹介したのは女性差別を資本主義の問題と捉えて女性労働について『季刊 女子教育もんだい』上で原稿を連載してきた柴山恵美子である。柴山は，これまで企業の論理が優先される資本主義社会の中では，労働運動こそが男女平等を実現すると主張していた。それに対して，竹中は，女性差別は性的差異に根ざした男性による女性支配の関係によるものであること，それを維持・再生産してきた組織が「家族」であるとした。そして，これまでの階級的な女性解放論にたつマルクス主義理論は，性的差異や家族の問題を検討対象として主にとりあげてはこず，女性抑圧からの解放は，階級抑圧からの解放に従属するものであり，したがって階級の解放や人間の解放をその主たる命題として追究してきている。そのためマルクス主義は，60年代以降フェミニズム理論が提示した資本主義社会下の性差別の分析に成功していないとする。

労働に関してのフェミニズム理論がここで紹介されたのである。

3. 労働組合がもつ男性性

(1) 女性の要求への軽視

『季刊 女子教育もんだい』は，女性たちの情報交換の場となり，率直な疑問が出される中で，労働運動や男性活動家への幻想があったことが意見交換されている。

No.3（1980）座談会「女が働きつづけるとき」の中で，柳原久美子（総評婦人局書記）は，「総評本部にも，女性差別がないとはいえないんですが，それをいってはおしまいでしょ（笑い）。（略）繊維労連のように，婦人労働者が80％くらいいるところだったら，婦人労働者の要求は労働組合全体の要求になるんですね。他のところですと，本当に婦人の要求を入れること自体が大変なんです。そういう意味では，労働組合というのは，ふつうの男性よりも意識は高いんじゃないかと思っていたんですが，じっさいには，労働組合の幹部ほど古いものはないというくらい大変な感じですね」「何を発言するかではなくて，女で発言するということに違和感があるんですね」と語った。

司会の星野安三郎（当時 東京学芸大学教授）は，「労働組合の春闘のスローガンに『お母ちゃんが内職をしなくてもすむだけの大幅賃上げを』というのがあったが，おかしいじゃないかと考えた。男も基本的には，妻が家庭にいて衣食住の世話をしてくれるのを望んでいるのかな，ということを思った」という。

後年，奥山は，日本の労働組合への女性参加率の低さについて聞かれ，原因の一つに運動の欠陥をあげている。

> 労働組合の側から女性の雇用という問題を女性部まかせでなしに，一個の人間として雇用のあり方を考えるべきだったんです。それが，労働組合全体が男社会であるために，ものの考え方が基幹労働力は男性という考えを労働組合ももっているわけです。だから「あの人は出産のため辞めたんだってね」という程度にしか女の人の労働をみてないのです。ですから，そういう意味で運動の欠陥があったと思います。
> （1-⑯，1995，p.116）

「女性の労働権確立」に対する労働組合の軽視を，奥山は「運動の欠陥」と表現している。さらに，労働組合による「女性の保護」の強調に対する問題の指摘が国際女性学の立場から起きていた。

(2) 労働組合の「保護と平等」の問題

日教組を含む労働組合は，我が国に特徴的だった生理休暇要求をはじめとして「保護」を強調していった。戦後すぐの1946年，労働組合の全国組織が工作されている。約85万の労働者を結集した「日本労働組合総同盟」は，日本社会党と表裏一体のもので，当面の闘争目標として，「同一労働同一賃金」を，他20項目とともに打ち出した。一方の産別会議（全日本産業別労働組合会議）は日本共産党の指導によるもので，その綱領には，「婦人・少年労働者の完全なる保護」が掲げられた。

1947年には全労連が結成され，日教組の代表が常任幹事となっている。そして，1950年，全国組織である日本労働組合総評議会（総評）が結成され，日教組を含む約320万人を組織した。基本綱領には，「社会主義社会を実現しようとする政党と自主的に協力する」とし，当面の行動綱領に，「同一労働同一賃金制の確立」と，「婦人・少年労働者の完全保護」が入れられている。

労働組合の全国組織結成経過の中で，「同一労働同一賃金の原則」は掲げられてきたが，「男女同一賃金の原則」が掲げられることはなかった。むしろ，「婦人の完全保護」が入ったのである。当時，労働組合は，女性の結婚退職制や出産退職制を当然と考え，労働協約としているところも多く，「女性の労働権」という考え方はなかったといえる。育児休暇など女性の労働権運動は，統一的要求とならず進展しなかった。したがって，女性に関する主な総評の労働運動・婦人運動としては，生理休暇取得を中心とした母性保護運動であったのである。

総評は，「生理休暇取得強調月間」を設定し，日教組に対して取得率向上を求めている。しかし，学級を担任する女性教員にとっては必ずしも歓迎できる運動ではなかった。この運動の具体的な内容は，「女性が生理休暇を願い出る」ことであり，実際には職場の反感は女性に向かっていかざるを得なかった。

そのようななか，1974年，労働基準法研究会（1969年設置，会長代理有泉亨）の報告，第二小委員会の「医学的・専門的立場からみた女子の特質」は，月経時就労の苦痛は将来の母性機能に影響を与えるという学問的根拠はない，としたのである。これによって労働基準法改定，女性保護解消の方向へ布石がうたれた。この時の事務局責任者は，労働省婦人労働課長 赤松良子であった。1978年，労働基準法研究会は労働基準法の女子に関する規定の大幅改訂の「報告」を発表した。雇用における男女平等の確立，男女差別を規制するため新立法が必要であることを提言する一方で，女子に対する保護は基本的に解消すべきであるとした。この考えをもとに，部分的には保護が厚くなった点はあるが(多胎妊娠の産前休暇延長，産後休暇の延長—6週間を8週間へなど)，時間外労働，休日労働，深夜業の規制を解消して男性なみにする，生理休暇については本来廃止すべきであるなど，男女が同じ基盤に立って就労することの必要性が全面に出て，保護条項はほとんど改められた。

この報告書が発表されると，総評，同盟はただちに反対声明を発表した。労働組合は，「男女平等を口実に，経営者団体の要望を入れ，婦人労働者の母性保護の縮小をし，労働者全体の労働条件を悪くする」と受け止めたのである。労働組合の大反対にあい，労働基準法改定は凍結された。この経緯を見ていた赤松良子は，既に住友セメント事件や三井造船事件を通して知らされたように，労働組合が決して女子労働者の利益を守るものと甘く信じてはならないことを確信した。

夜間労働などを女性にだけ一方的に禁じている保護規定を改正しようという世界的な潮流に反対する日本の労働組合について，1978年，女性学の立場から批判が出ている。国際女性学会東京会議で，レナーテ・ヘロルドは「労働市場における女性の諸問題」を発表し，「日本では労働組合が今だに女性の主要な役割は主婦と母親役割であるという観点にたって労基法改正に抵抗を示している。加えて日本の労働組合は，法の下での保護の原則が女性にだけでなく男性にも及ぶようにさせる労基法の改正の仕方もあるという点に全く眼を向けていない」という問題を指摘した。

同様に，労働組合は，労働者階級の男性的立場を強調し，「婦人・少年労働者の完全保護」を入れた行動綱領の中に，女や子どもの保護者的パターナリズムを示した*65，とスコットは指摘する。保護を必要とする女および子どもを副次的で依存的な地位に置くことによるジェンダーのヒエラルキー的構造が，労働組合の中にはあったのである。

ここね，本当に日教組運動が盛んな頃が一番強かった。「俺についてこい」式なね。
（インタビュー，8-③，2006）

労働組合は，女性の「母性」を強調し，「母性」にとって「労働は悪」と設定し，労働時間及び労働条件に関して，女性の保護を主張したが，それが女性労働者を劣った労働者とし，女性教師を二流教師と印象づけることとなった面があったといえる。

4. 編集後記にみる奥山の自覚

女性の自立を促し，「女は家庭」政策に反対する奥山には，もう一つの理由があった。それは自身の戦争体験からきている。

私たちは，「女は家庭」政策の中で夫を，息子を，恋人を戦場にとられ，銃後の守りを求められた経験をもっている。今こそ女たちが，人類の平和な未来に，大きな声を出せるような「自立」を。
（奥山えみ子「編集後記」『季刊 女子教育もんだい』No.5，1980，p.164）

26歳で夫と死別した後，1歳にならない1人娘とも離れ，教職員組合婦人部運動に関わるようになり，生涯をそれにかけた奥山の根底にあるのが戦争体験である。戦時中の教師役割・女性役割を果たした後に待っていたのは，結局は誤った戦争のために夫を失い，娘と離れた戦後の生活だった。奥山の編集後記には，論文や報告書とは違う短い文章の中に自らの体験からにじむ言葉が記される。自身の戦争体験と悔恨は，同様の体験者への深い共感を生んでいる。奥山を強く動かしたのが，徴兵逃れを母に通告された三国連太郎の体験である。それについて，やはり編集後記で次のように語っている。

昨年 12 月上旬，A 新聞が一週間にわたって“女も戦争を担った？”という特集記事を連載した。あのむごたらしい戦争の経験をもつ世代の一人として，私はどの記事も胸が痛く，読むたびに涙がこみ上げてきた。とくに，初日に取り上げられていた俳優　三国連太郎さんの実話は，あの赤紙（召集令状）一枚で，男の人達が戦場へかりたてられていた時代を知っている者にとって，今さらのように，教育のもつ大きさと恐ろしさを思わずにはいられなかった。息子（三国さん本人）の徴兵逃れを軍に通告したという実母の選択に，戦後もずっと苦しみ続けてきたであろう彼は，いまになってようやく結着を得た。「女性とは生来，平和を愛し，命をはぐくむことに喜びを見いだすはずのもの，その感覚を狂わせたのは，明治以来の政治や教育だ。母はむしろかわいそうな女だった」。「しかし，これから，ぼくのおふくろと同じような母親が出てくるとしたら……それはとても怖ろしいことです」と。今また，防衛力増強，憲法改正，愛国教育等々，わが国の右旋回への動きの中で，教育がねらわれ，おびやかされている。加えて，家庭基盤充実策などという，「女は家庭をしっかり守れ」の方針が，女子のみに家庭科をという文教政策とともに，おしつけられようとしている。女の自立を育て，主体性を培うこと，それは，日本民族の未来にかかわる重大なことなのである。

（奥山えみ子「編集後記」『季刊 女子教育もんだい』No.7，1981，p.156）

三国連太郎の体験は，戦前の国定教科書の中の「水兵の母」に酷似している。「水兵の母」は，格別の働きをしていない息子に忠君愛国を説き，国家のために自分を犠牲にすることを勧めた母であり，その手紙を大尉が賞賛する話である。「軍国の母」教育は，学校教育や婦人会を通して強力にすすめられた。

愛国婦人会で，タスキをかけさせられること自体，何ら問題だと感じていなかったんですものね。

（3-⑨，1982）

奥山は，戦争という国家からの強制に対しても自立することを考えた。扇動されたとはいえ女性たちの誤った行動が，夫や息子をいかに傷つけ，また命を奪ったかを考えた時，奥山にとって次世代の自立の力を育てることが急務と感じられたのであろう。

「戦争は突然起こるのではなく，日常生活に潜む軍事化のプロセスが具現化したものであり，軍事化を支える柱は，家父長制のなかの女性性，男性性である」とし，軍事主義の検討にジェンダーの視点が欠かせないことをシンシア・エンロー（Enloe, C.）*66 は指摘しているが，そのことを奥山は体験から得ていた。

第 4 節　国際的な女子教育への注目

アメリカで始まったウーマン・リブ運動の各国への波及と問題提起，国際婦人年（1975 年）を契機とした国際的・国内的な女性運動の連携と，女性に関する国際会議の国内開催等により，これまでにない情報がすばやく大量に入ってくるようになった。これらはすべて女子差別撤廃条約の批准に向けての運動に繋がっていくが，しかし，そこには，日本の教育課程上にある男女差（技術・家庭科や高校女子のみ必修家庭科）が，抵触する問題の一つとしてあった。

女性運動の盛り上がりの中で，我が国の教育について教職員運動はどのように進められていったのか奥山を追ってみていく。

1．国際的・国内的な運動からの刺激

(1) アメリカでの教育改革

女子教育への注目は，例えばアメリカでは，「教育施設あるいは教育計画から，いかなる形の差別も受けることはゆるされない」とした「教育法修正条項第 9 編」（1972 年）の制定，アメリカ下院議会「教育・労働委員会機会均等小分科会」公聴会における公立小学校教科書特別専門委員会報告書（1973 年）が示す教科書の点検活動として表れている。同報告書は，「子どもたちが，毎日教科書で見る大人は，これらの教科書に出てくる子どもたちと同様，性によってステレオタイプ化されている。男性はほとんどあらゆる職業についている人間として描かれているが，女性は伝統的な女性の職業にのみたずさわっている。母として妻として女性は伝統を守るように求められている」と語る*67。また，1975 年には，同「教育・労働委員会」主催「職業教育における性差別と因習」に関する公聴会は，女性を「職業選択のできる多能な賃金労働者」として養成する道として，「教材では従来男子の仕事や役割と思われたものには女子の絵を，女子の仕事と役割と伝統的に見られたものには男子の絵をいれるべきである」と勧告している*68。出版社もガイドラインを作成した。大手教科書会社マックミラン社の『教育関係図書のためのガイドライン』（1975）はその前書き

に，大切な仕事をしている男子と側で立って見ているだけの女子という挿絵を例にあげ，「子どもたちが教科書から社会の特定のグループに対する意識をも学習し，性別や人種によって人間の価値が異なるのだ，と結論づけてしまう可能性を懸念し，教科書会社の社会的責任」を示した*69。

このような教科書に関わるアメリカの動向を，奥山らが紹介したのは1982年であり，女子教育分科会による教科書点検結果をも紹介している。

カナダでも同じ取組みが始まっている。オンタリオ州教育省は，女子生徒に対して積極的な進路指導を行うこと（1974年教育政策覚え書き），女性教員の校長等管理職への積極的任用を行うこと（1976年教育政策覚え書き）とし，カリキュラム基本方針通達（circular, 1975）は，男女の性役割に関する固定観念（sex-role stereotyping）を除去する政策を進め，ガイドラインの一つとして，第11～13学年の家庭科は，女子だけでなく男子にとっても価値あるものであって，女子のみに限ることは適当ではない*70，としている。

(2) 「国際婦人年日本大会」の開催

奥山は，1975年を契機とする国際的な運動について次のように述べている。

> 75年からの動きというのは，国際的にも，国内的にも，それまでの動きと大きく視点が違う動きになっているというとらえ方をしなくてはならない。つまり，運動が日教組の中だけにとどまらなくなった。世界的に連帯する。その中で，運動もまた従来の枠を越えたのだと思います。世界的に女性差別撤廃条約ともかかわるけれども。75年の国際女性年があったことによって，ILOも刺激されたし，WCOTPも刺激されているわけです。刺激を受けてILOが156号条約を出した。そこから，家庭責任は両性にという立場が明確に提起された。それから教育のほうでいうと，教育における女性の問題・認識の転換というのが始まったわけですね。
> （4-②，2002，p.72）

我が国における女性運動史上はじめて，全国組織の民間女性団体及び労組女性組織41を結集して1975年，「国際婦人年日本大会」が，国連NGO国内婦人委員会の呼びかけで開催されている。約1年間にわたり「政治」「教育」「労働」「家庭」「福祉」の5分野について，国際婦人年世界行動計画の線に沿って討議された。

労組と民間団体が足並みを揃えることができた背景には総評の参加がある。国連 NGO 国内婦人委員会幹事山口みつ子は，この経緯を「特に印象的だったこと」として述べている。総評幹事山本まき子は，時を同じくして開催された ILO60 回総会に出席し，ILO 総会でも世界行動計画が採択され，国際婦人年とタイアップして運動を展開してゆく必要を痛感したという*[71]。奥山と山本との連携は長く，1964 年には世界労連からの参加要請にこたえ，山本を団長に，奥山は事務局長として，第 2 回世界婦人労働者会議（ブカレスト）に参加している。各県総評の婦人部長も，毎年 20 数県で県教組の婦人部長が兼ねているくらい総評婦人局と日教組婦人部とは深い繋がりをもっていた。

このようにこの大会が，保守，革新，主婦，女性労働者を問わず結集できたのは，イデオロギー，思想，信条を越えて一致するものがあったからであり，各団体が，それぞれの国際組織との関係を通じて国際婦人年の動きを受け止め，行動計画の具体化に踏み出す必要があったからであろう。山本を変えたのは ILO であり，奥山を刺激したのは WCOTP と ILO および国内市民団体による教育改革運動である。

(3) 国内のウーマン・リブ運動からの刺激

1975 年 11 月，政府は国際婦人年に関連して，国連の国際婦人年事務局長シピラ女史を招き，「男女平等と婦人の参加」をテーマに国際婦人年日本婦人問題会議を開催した。奥山は，各階層婦人代表によるフォーラムに労働代表として出席し，婦人に生き方の選択を与え，男女平等を実現していくために，女子教育のあり方を変える必要があることを強調している。

この時，一部のウーマン・リブ運動家は，この会議に天皇・皇后が臨席していることに対して抗議のビラまきをしている*[72]。天皇制を批判しさらに性の問題を公共空間に持ち出してくるリブ運動は反感を招いていたが，当時の奥山にも「とびはねた」行動にみえた*[73]。

一方，男性のつくった組合組織の中での婦人部運動や，既成のピラミッド型組織の婦人団体の有り様はウーマン・リブの批判の的となった*[74]。1960 年代後半からの国内のウーマン・リブの登場は，それまでのマルクス主義に依拠した女性解放論とは異なる視野を女性たちに提示し，運動のスタイルも異なるものであった。

奥山らの『季刊 女子教育もんだい』は，これらの諸々の情報を交換するうちに，ウーマン・リブ運動に対する捉え方を変えていった。『季刊 女子教育もんだい』No.3（1980）は，佐多稲子の次のようなコメントを掲載している。

「女自身の問題を女が問題にしていったという，そういうふうにせざるをえなかったものがあるんだとおもいますね。わたしたちが若いときには，階級的に，つまり階級社会を変革していってプロレタリアが解放されれば女性も解放されるというふうに理解してきたわけですね。ところがなかなかそうはいかないということですね。たとえばプロレタリアが解放されても，女性はまだそこでは解放されないことがあるということを教えてくれたりする力はウーマン・リブにはありましたよ。」*75

佐多稲子のコメントは，日教組婦人部の運動論・女性解放論のゆらぎをそのまま示すものであったといえる。

(4)「女性のための教育等に関する国際セミナー」の開催

1980年には女子教育に関し，我が国で大きな国際会議「婦人のための教育・訓練・雇用に関する国際セミナー」が開催されている。目的は先進工業国の女性が当面する諸課題，とくに女性の雇用に関して，再就職や転職を容易にするための教育・訓練の機会や方策を生涯教育の観点から探ろうとするためのもので，12カ国から14名の代表が参加，国連専門機関であるILO，WHO（世界保健機構），国際NGOであるWCOTP，FISE，国際有職婦人クラブ，世界労働組合連盟，国際自由労連，国際民主婦人連合，国際大学婦人連盟の代表が参加している。この会議に参加した山本和代（日本女子大学女子教育研究所）の報告では，各国に共通してみられる現象として，職業生活を志向する女性が増加してきたこと，これは経済的理由からだけでなく，自分自身の能力をいかし，人間として自立していくためといった観点から職業が捉えられるようになったこと，問題点として，女性の仕事が伝統的な分野にまだ限定されがちであること，女性が職業をもつ場合には職業人として家庭人としての二重の役割をになうことになり負担が重いこと，これは性別役割分業観に深く根ざしていることがあげられた。日本からの報告もほぼ同様である。

スウェーデンからの教育実践報告が注目された。9年間の初等教育の中ですべての生徒に最低6週間の職業生活を実地に経験させるカリキュラムが実施されていること，多くの学校で，男子生徒には看護婦・保母などのように女性のほうが優位であると考えられていた職種を，女子生徒には従来から男性の仕事と考えられていた自動車修理などの職種を実習させ，その体験を文章に綴ったり話し合いの機会をもったりして学習を深めているという。

2. 国際教職員組織による女子教育への注目

(1) 1960年代の婦人部の鎖国化

1952年結成のWCOTPは，50年代においては，団体の基礎的な性格を明らかにし共通理解を図ってきた。WCOTPの性格（労働団体か職能団体か等）や，共産圏の教員団体FISEとの関係，教員憲章，教職員の賃金等の勤務条件などについてである。しかし，その間にも，「教師と両親との連携」「教育と社会福祉」等をテーマに議論を進めてきた。60年代に入って，「教育の質を高めるための教師の勤務条件」「国連教育を通じての国際理解の増進」等をテーマにしてきた。

1965年，テーマを「教育を通しての機会均等」とし，教育における不平等の問題を扱っている。日教組報告書によると，WCOTP会長サー・ロナルド・グールドは，「あなた方は，文化的はく奪の影響を弱めるためにあらゆる可能な手段をとっているか。もしそうでなければ，緩和しようと思えばできるいくつかの不平等がそのまま存続することを許しているのである。研究結果によれば，女子は，学校の低学年において男子に劣らない成績を示すが，高学年になるにしたがって，とくに数学において劣ってくる。これはなぜか。これは生物学的理由によるものではない。なぜなら，思春期は，学業成績の低下とは無関係であるから。その理由は，両親が，女子はアカデミックな学問では男子に劣ると信じ，終生仕事に従事するわけではなく，いずれ結婚するのであるから，女子にとって教育は男子ほど重要ではないと考えているためである。要するに，女子の教育に対する動機づけはより薄弱である。教師は，人間的に可能なあらゆる手段で，女子が男子と同じアカデミックな水準に到達でき，また到達すべきであることを彼女たちに説得することによって，動機づけを改善しなければならない」と演説した。1965年には既に，「女子の教育に対する動機づけを改善しなければならない」という働きかけが，国際教職員組織の中で行われたのであるが，この呼びかけに対する具体的検討は日教組内ではみられない。代表団4名中女性がゼロであったことも関係している。

60年代はWCOTPへの女性の参加は，1966年韓国ソウルで開催された時の3名を例外として常にゼロであった。奥山は，初めての海外出張として1964年の第2回世界婦人労働者会議に参加しているが，これは，世界労連から総評への参加要請に応えたもので，このような総評婦人対策部を通して日教組婦人部に参加要請がきた会議以外は参加していない。WCOTPが，女子の教育や女性教員の勤務条件に注目した1960年代に，日教組からの女性の参加はほとんどなかった。当時の状況をインタビューによって知ることができた。

国際会議への派遣は，3役が人選するんだけど女性の派遣は念頭になかったと思う。WCOTPの内容や議題がわからないから，こちらから「行かせて」とも言わなかった。各県の代表者の派遣は教文部が担当していた。情報は国際部がもっている。しかし，ILOにしてもWCOTPにしても報告がないか，ずっと後になっていた。私がWCOTPに参加する前年の1975年に女性が一人行っているんだけれど，女性問題の報告はなかった。国際会議が生かされていなかった。

（インタビュー，8-③，2006）

派遣者を決定する担当部に「女性の参加」という認識がなかったこと，各担当部と婦人部との繋がりがないために情報が届かなかったことが，婦人部の鎖国状況を招いていたと考えられる。

(2) 1970年代のWCOTPと奥山えみ子との関わり

1974年のWCOTP総会は，各国で起きている保育所要求・女子の教育機会

第25回WCOTPワシントン総会（1976年）での奥山えみ子（右）

の要求・ウーマン・リブ等からの教育に関する多様な圧力を受け止め，分析し対応しようとしている点で注目される。テーマを「教育改革への圧力」とし，事前にこのような圧力に関し各国の状況について報告を求めている。ヘレン・ワイズ博士は，それらの報告から，各国団体のすべてが，「変化への圧力を警戒しており，対応しようと試みている。しかし，中には教員団体がコントロールできないものもある」と総括し，各国の状況を紹介した。

スコットランド教育協会からは，「保育所教育拡充に対する圧力の多くが，両親から来るもので，彼らの多くは，保育所をもっと設けさせるための圧力団体を組織している」こと，第三世界からは，女子の充分な教育機会についての圧力が高まっていること，などである。

アメリカNEAは，人種的，民族的少数者や差別の対象になってきたグループからの二カ国語／二文化教育計画を求める圧力を積極的に受けとめていること，また，ウーマン・リブの圧力を歓迎し，NEAは，「女性を看護婦，秘書，小学校の先生あるいは主婦と定式化する性差別的な考えはなくなりつつある。『ウーマン・リブ』による圧力によって，アメリカ人は，人々の無駄なつかいかたからはなれて，人の力の積極的な利用へと大きな一歩を生み出している。これは女性にも男性にも同様に歓迎される変化である。NEAは，女性が社会のあらゆる局面において，男性と同等の機会を与えられるべきであると主張している」と紹介した。

奥山が，初めてWCOTPに参加したのは，1976年の第25回ワシントン総会であり，テーマは「グローバル社会をめざす教育」であった。

奥山が参加したのは，WCOTP 内に「教育に対する婦人の参加に関する委員会」が発足したからであり，その第1回委員会に参加するためである。この委員会は総会への各国からの女性の参加を促すことをねらったもので，総会の直前に開催されている。日本を含めたA・A 諸国などの多くの国で，女性を代議員として出席させることがないことへの対応策でもある。前年 1975 年に，第 24 回定期総会における「婦人に関する一般決議」が行われたことに端を発している。この決議は，各国団体に次の勧告を行った。

① 女性の地位に関する条件の調査・報告
② 女性の教育機会やその他の伝統的障害物に関する現状の点検・分析
③ 女性が利用できるあらゆる機会の利用奨励キャンペーンの実施
④ 女性の教育機会推進プログラムの実施
⑤ 女性に関する行動プログラムの情報交換
⑥ 教科書・教育課程・職業選択における教育実践検討
⑦ 代議員団への男女の均衡のとれた選出

1975 年，「工業社会における女性の役割りに関する WCOTP セミナー」も開催されている。翌年の第 26 回定期総会で，「教育における婦人に関する委員会」と名称を改めている。奥山はこの委員会の性格について，「いわば日教組の女子教育研究の国際版とでもいえるような，教育による男女平等の人間形成を求めることを課題とする委員会」(2-⑫，1979，p.25) と報告している。WCOTP の中の「教育における女性委員会」のあり方をみることは，日教組の中の女性部のあり方を再考することにもつながった。「教育における女性委員会」は，女性が教育へ参加することを具体的に手がけることを強調した。すなわち，女性が教職員組合の指導者となるようその養成の機会に積極的に参加すること，また学校管理職へ進出することを勧告した。この委員会は3カ年の討議を経て「教育における女性に関する綱領」(第3章末，資料 2) を作成することを計画していた。「綱領の意図」は，「男女間の不平等是正教育プログラムを，原則と実践の両面から支持することを宣言する」ことである。綱領は「教員団体の役割」と「個々の教員の役割」を示し，両者ともに特別プログラムを確立することを促している。ここで作成した勧告が，1978年，WCOTP総会で採択された。

この「教育における婦人委員会」は，目標達成のため代議員総会と執行委員会及び事務局長に対して勧告という形をとっている。「教育における婦人委員会」による綱領案作成過程に携わったことが，奥山にとって国際的な差別撤廃の気運に直接触れる機会となった。奥山は，1976年の第1回委員会で女子の自立を促すための女子教育運動としての教育や教科書の見直しの取組みについて発表した。しかし，奥山の発表は，「女児の識字率を高める取組みこそが急務」という途上国からのいくつかの発言でかき消された格好になった。女性の80%が文字を読めないという国もあったからである。各国の実情に大きな開きがあったのである。

参加国の実情を見ると，すでに労働事情をはじめ，家庭生活を含めてかなりなところまで，男女の平等を制度としても実現しつつあるスウェーデンのような国もあれば，発達した資本主義国の，文化国家と言われながら，未だあらゆる面で男女の不平等が存在し続けている日本やアメリカ等のような国，また現在なお発展途上にあって，婦人が教育へ参加することすらが，問題となっている国など，地球上の国々の，不均等な発展の状況をうきぼりにし，それぞれの立場の問題が，いずれも必要な討論課題として提起された。
(2-⑫，1979，p.26)

発表をきっかけに奥山にアジア地域代表になるよう委員会で話が出されたが，執行局への出席を考えると日教組婦人部の仕事上無理と考え辞退している。

翌年の第2回委員会の論議も，「まず識字率の向上」という意見が中心となった。

私は，日本における差別の現実や，昨今の女子教育問題の取りくみ，家庭科の男女共修等について述べながら，この委員会としても，さまざまな差別の状況やおくれの実態など，世界の実情を明らかにし合うことが重要であり，それらを共通に認識し合った上で，勧告なり，綱領なりをどのように組みたてるかについて，討議すべきではないかとの，議事進行意見を述べた。各国ともそれに同意見であった。
(2-⑫，1979，p.26)

1978年奥山は，WCOTP総会（ジャカルタ）全体会議の「テーマに関する基調報告に対しての補強意見」で「女子教育問題」の取組みを以下のように発表している。

> 総会テーマ「明日の世界における教職」の重要な課題の一つとして，男女平等の人間づくり教育を提起したい。少なくとも日本では，これまでの女の子の人間としての発達保障が十分であったとは云い難い。このことは，今までの教育の中に不足していた部分と云うことができると思う。日本では，第二次世界大戦の頃までは，男女のちがいは階級差別という思想が支配的であったし，それと同時に，『男は社会，女は家庭』という考え方が固定化してきている。（略）女の子も一人の人間として，自立して社会に生きることの出来る教育をすすめるために，婦人解放を目ざす女子教育の研究に，組織的にとりくんでいる。（7-②，1978，pp.58-59）

全体会議終了後開催された第3回「教育における婦人に関する委員会」は，全体総会に提起する「教育における婦人に関する綱領（案）」の検討を行っているが，奥山はここで「自立」の字句挿入を提起している。

> 私は，全文を通して，今私たちが女子教育の見直しのなかで重視している「自立」について，数カ所に挿入修正を提起した。しかし，機会均等が実現すれば自立はできるのではないかというブラジルやニュージーランドの意見と対立し，機会均等のための内実としての自立をどのように育てるかという意味について，全出席者の理解を得るために，かなりな時間を要した。（2-⑫，1979，p.26）

「自立か機会均等か」すなわち「自立か平等か」という議論が起きていたことがわかる。これは，「女性と開発」という概念と関わって国際会議では以後20年以上議論が続けられる*76。「内実としての自立を育てる」は，奥山の一貫した教育運動論であり，国際会議の場でも発揮されていた。それは晩年まで変わらない。

> 平等論を前面にもってきてはだめなの。形骸化するから。男性には常にアレルギーが働くしね。平等を実現するための柱を前面にもってくるの。その柱が自立。（インタビュー，8-③，2006）

平等論を形骸化させずに実質的な議論を進めるためには，機会均等の実現を目的とした特別措置・施策の策定や実施にいたる議論を行うことであるが，そのためには，女性が自己の責任ではない理由でハンデを背負った社会的弱者であり，構造的差別があるという共通認識が必要である。機会均等の実現を主張していたニュージーランドでは，1988 年，各省の長に雇用機会均等計画の作成と公表を義務づけた政府部門法を制定し，政府部門での女性雇用を促進させているが，我が国では機会均等実現の主張は弱かったといえる。

奥山は，この委員会において，これまで優勢だった「識字率の向上」から「教育の見直し」へと関心が向けられるようになったことに気づいた。ドイツ代表ワーグナーの「教育内容，特に教科書を見直していこう」という発言が，有名な音楽家と同じ名前をもつ代表者名とともに奥山の印象に刻まれている。

全体総会では，奥山は「教育における婦人に関する綱領」採択に当たって，次のように発言している。

> WCOTP が，「教育における婦人に関する委員会」を特設し，三ヵ年の討議を経て，本総会において「綱領」が採択されることは，全世界の人類の未来のために，重要な意味をもつものと思う。（略）今後は，この綱領がどのように各参加団体で具体的に生かされ，取りくまれているかについて，次回から総会の度に参加者の，男性を含む出来るだけ多くの人々による交流と討議が行われているように期待する。
>
> （7-②，1978，pp.59-60）

WCOTP 総会で採択された「教育における婦人に関する綱領」（**表 3−6**，p.270 に掲載）は，男性と女性の自立も機会の均等もいまだ世界的に達成されていないことを認識し，男性と女性の平等な機会の促進を意図して，教員団体及び個々の教員の役割を示したものである。教員団体の役割として「国内の組合と連合のあらゆるレベルで，婦人を責任あるポストにつけることを促進するために努力する」ことを示した。そして，「教育における婦人委員会」は進捗状況に関する加盟団体からの定期的報告を求めることを勧告した。

(3) WCOTP 参加者の国内報告

このWCOTP 総会に参加した岩手高教組婦人部長 渡辺令子は，分科会で次のように発言した。「分科会の冒頭でアメリカの方から婦人の地位向上に関する発言がありました。男女平等社会の実現のために，こうした男性からの積極的発言があったことを大変うれしく力強く感じました。社会のあらゆる分野で婦人が男子と対等に役割を担い，未来社会を築いていく前提は婦人の社会参加にあると思います」。また，渡辺は，WCOTP に参加した感想の中で，「今や社会のあらゆる場で婦人の役割と責任が問われています」と書いている。本総会は，国際婦人年以降，各国で関心が高まっている婦人の地位向上に関して活発に議論されていた。

しかし，参加した男性（福岡県教組法対部長　藪田泰章）は，「女性解放運動はいささか耳にタコが出来た」と同じ報告書に記している。藪田は 1984 年にも WCOTP 総会の代議員になっているが，その時の感想も「トーゴーでの九日間はホテルの設備もよく快適であった。特に準備万端であった水着が連日プールで活用の機会を得，バカンスを楽しむ美女連に交じり，アフリカの灼熱を思う存分に吸収することができたのはヒットだった」と記した。これでは，当時の WCOTP が女性参画を重要課題とした熱気は伝わってこない。代議員の選出は各ブロックに任されているため，WCOTP 参加は組合役員への報償旅行という一面も垣間見られる。参加者の関心によって報告の内容も異なってくることから，長年の女性代議員ゼロが及ぼした影響は大きいものと考えられる。

奥山と WCOTP の国際的な女性教員運動との関わりは，1976 年 WCOTP が「教育における女性委員会」を特設したことによって可能となった。このことは，「女性」と銘打った会議でない限り女性の派遣が積極的には行われなかったことを示す。WCOTP は，女性の代表者派遣での量的役割を重視した。女性が直面している問題が未解決なままにあるからである。特に女性の低識字率などの教育課題を抱える国ほど，女性教員の参加が少ない。国際会議への過少女性代表状況が女性教員運動の進展と連帯を遅らせていたといえる。女性を積極的に参加させ国際会議で可視的な存在にすることが，女性の国際連帯のために不可欠であったのである。

3. 国際会議での女性の過少代表性

(1) 1970年代，女性代表0から1・2名へ

「国際組織との関係は重要。一教員が国際組織とつながっているのよ」(8-①, 2003), 83歳の奥山は強調する。しかし，1950年代の高田なほ子・千葉千代世らの国際交流以後，60年代に入ると女性の国際会議参加はゼロになった。WCOTPへの参加者を各ブロックから募ると男性のみがまるで「コルクのように」*77 あがってくる。日教組はそれに対して対策をこうじなかったが，女子の識字率向上という緊急な課題をもつアジア・アフリカ等の国々も同様であったため，WCOTPは，女子の教育と同時に女性教員の参加促進をも課題とした。

1971年第20回WCOTP総会に男性のみ6名で代表団を組んで参加したが，この年のテーマ「農村教育」について論議され，その決議の中に「とくに女子と女性に対しては男子と男性と同様に，あらゆる形態の教育を受ける十分な便宜が保障されるべきである」が織り込まれ，女子や女性に対する教育が強調されるようになっていた。代表団はその報告書のあとがきの中で，これまでのWCOTPへの男女の参加状況を振り返り，「各国の代表団は，自組織の男女教師の構成を反映して，相当数の女教師が参加しており，この点，国際会議といえば男性だけが参加する日本側と対照的である。今後，WCOTP総会への日教組代表団の構成にあたっては，WCOTPにおける日教組の比重にみあう代表の確保と，さらに，女性教師の大幅な参加を考慮すべきことを痛感させられた」と記した。ここで「組織の男女構成を反映した参加」という考え方が生まれていたことがわかる。この参加に関する認識の変化は，「各国代表団との比較」からきているもので，女性の参加の意味や必要性は特に思考されていない。「組織の男女構成を反映した参加」という考え方は日教組内に定着しないが，翌年1972年から1981年の総会までの約10年間，WCOTP総会の代表団に女性を1・2名加えるという変化が生じている。奥山も，1976年WCOTP内に「教育における女性委員会」ができて初めて参加できるようになった。

(2) 1980年代，女性代表1・2名から2～3割へ

70年代の女性「1・2名」参加の時代から，「1～2割」参加への転換点は「国連婦人の十年世界会議」のあった1980年である。1980年以降は，WCOTP女性代表は，1・2名から2～3割へと変化したが，日教組の約半数が女性であることを考えると，これは均衡のとれた代表構成とはいえない。またこの年は，槙枝元文がWCOTPの会長でもある。槙枝は，1978年の総会で5代目の会長に選出されている。WCOTPでは国際的な女性運動と理論の興隆した時期であり，槙枝は会長としてその渦中に置かれているが，職能団体としての性格をもつWCOTPと槙枝が総評議長を務める労働組合の代表としての性格を強くもつ日教組とでは，女性に関する言動に違いが生じている。

1980年第28回WCOTP総会が「教育と開発」をテーマに開催された時，槙枝会長は次のように挨拶した。

「この総会が始まる直前まで，『国連婦人の十年世界会議』が開催されました。会議は以下のことを呼びかける行動計画を採択しました。

① 婦人問題を婦人だけの問題としている社会の認識の変革

表3−3　WCOTP総会，FISE会議，A･A会議，EI総会代表団中の女性数（女性数／全数）

年	会議	女／全	年	会議	女／全	年	会議	女／全
1952	第1回WCOTP	2／17	1968	第17回WCOTP	0／5	1980	第28回WCOTP	1／19
1953	第1回FISE	3／17	1969	第18回WCOTP	0／5	1981	第12回FISE	2／8
	（略）		1970	第19回WCOTP	0／7	1982	第29回WCOTP	5／21
1957	第2回FISE	1／15	1970	第5回FISE	0／3	1984	第30回WCOTP	4／21
	（略）		1971	第20回WCOTP	0／6	1986	第31回WCOTP	6／20
1960	第3回FISE	0／10	1972	第21回WCOTP	1／7	1988	第32回WCOTP	資料無
1960	第2回A･A会議	0／6	1973	第22回WCOTP	1／12	1990	第33回WCOTP	6／14
1963	第12回WCOTP	0／10	1974	第23回WCOTP	2／15	1993	第1回EI	8／21
1964	第13回WCOTP	0／8	1975	第24回WCOTP	1／17	1998	第2回EI	12／25
1965	第14回WCOTP	0／4	1975	第6回FISE	1／10	2001	第3回EI	派遣無
1965	第4回FISE	0／9	1976	第25回WCOTP	2／16	2004	第4回EI	7／17
1966	第15回WCOTP	3／17	1977	第26回WCOTP	2／19			
1967	第16回WCOTP	0／4	1978	第27回WCOTP	4／23			

（注）会議の正式名称は次のとおり WCOTP（World Confederation of Organizations of the Teaching Profession），FISE（Federation Internationale Syndicale de L'Enseignement）A･A（Asian-African Conference），EI（Education International）

（出所）日本教職員組合の各回の報告書（本書pp.291-292に掲載）より筆者作成
第1･15･26・32回WCOTP及び第2・3回EI参加者数は，日教組広報部より数値提供

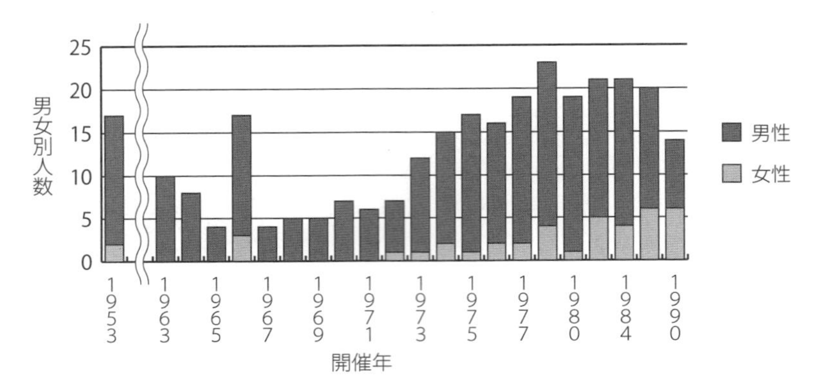

図3－9　WCOTP総会日教組代表団の男女別数の推移

（注）1960年代は女性の参加は0，1970年代に入り女性は1・2人，1980年代に入って全体の2～3割へ，1990年代に入って4割となっていく。

（出所）日本教職員組合の各回の報告書（本書 pp.291-292 に掲載）より筆者作成。第1・15・26・32回 WCOTP 参加者数は日教組広報部より数値提供

② 政府の婦人の地位向上への積極的な姿勢と意欲

③ 婦人の教育，訓練の充実

発達した国々では，婦人は，最後に雇用され，オートメーションが人間の労働にとってかわればまず解雇され，管理職への昇進の機会が閉ざされるといった事態があります。」

ここで，女性の「管理職への昇進」という言葉が入っていることが注目される。「女性の参加」から「管理職へ」という女性の組織内部での上昇移動を促すことを課題とする世界的潮流が生じていることが考えられるが，労働組合としての性格をもつ日教組は「女性の管理職への昇進」に向けて具体的に行動することには困難があった。槙枝会長の挨拶（WCOTP 総会）にもかかわらず，日教組にとっては不可能な運動であったのである。

この間は，国内的にも国際的にも女性労働者の数は増加の一途をたどり，我が国では，1984 年に女性の雇用労働者が家事専業者を上回っている。女性の雇用は，政治的・社会的な課題となってきたが，女性の昇進阻害（グラスシーリング）は，日教組をはじめとして労働組合の運動課題とはならなかった。

また，この総会では，「教育における婦人に関する決議」（ブラジリア勧告）を

採択している。その中で，「本総会は次の3側面において早急に行動する必要性を主張する」として，「A学校環境内」「B我々の団体内」「C社会の中で」について要請を示した。学校環境については次の通りである。

第28回WCOTP代議員総会「教育における婦人に関する決議」 1980年8月9日

序文 （略）

A 学校環境内

1. 男子と女子を型にはめない教科書（新しい，また以前のものに代わるもの）の選択
2. 女性に非伝統的な雇用への道をつける職業カウンセリング
3. 教員が全教育プログラムへ平等に近づくことを奨励する。
4. 学校教科課程内で少年及び少女に教える家庭生活教育を推進する。
5. 生徒が固定観念を区別し，分析できるように批判意識を教員が育てる。

B 我々の団体内 （略）

C 社会の中で （略）

（出所）日本教職員組合『第28回WCOTP代議員総会報告』1980，pp.70-73

ここで，平等の実現に向けた教育課程や教育の内容・教材の検討についてより具体的な決議を行っている。「我々の団体内」については，加盟団体にリーダーシップをとる能力を有する女性の名前の提出要請とWCOTP内部の委員会に男性及び女性の均衡のとれた代表構成の達成を決議した。WCOTPは，管理職，教職員団体を含めたあらゆるレベルでの女性の参画を勧めようと決議したが，日教組は，当時，役員への女性参画は進展せず，学校管理職への女性の参画についても沈黙の姿勢をとっている。女性管理職の積極的な登用に関しては，労働組合の性格をもつ日教組が運動することも，組合員の同意を得ることもまず不可能であった。信濃教育会もWCOTPに職能団体として加盟していたが，管理職への女性参画推進は消極的で，今日においても長野県の女性管理職率は，全国の最低レベルにあり，2004年では全都道府県中最下位となっている[*78]。

日教組は，このWCOTP「教育における婦人に関する決議」(1980年）以後，総会代議員の女性数を増やし，1982年には，それまで1・2名だった女性の参加を5名にし，その参加比率をそれまでの5%から24%に高めた。奥山にとっては，そこから得られる世界の動向についての情報が，女子教育問題研究を支

えるものとなっている。1980年,『教育評論』の文章を次のように結んでいる。

国連や,ILO・WCOTP・OECDをはじめ,少なくとも,世界の動向は,「男は社会,女は家庭」を見直し,人類の幸せな未来のため,男女平等実現へと,真っしぐらに向いている事実に力を得て。(2-⑮,1980,p.73)

槙枝はまた,WCOTPのアジア・南太平洋地域会議の会長でもあり,1981年「教員と地域社会」「教育団体における婦人の役割」をテーマとした第8回WCOTPアジア・南太平洋地域会議で次のようにあいさつした。

「1975年を国連婦人年と宣言し『婦人の10年』を発足させるまでに約30年,ほぼ一世紀の年月を要しました。以来,数多くの会議が婦人の権利をめぐって開催されてきました。その最もよく知られておりますのは,1975年にメキシコで,そして1980年コペンハーゲンでそれぞれ国連の主催のもとに開催された国際婦人年であります。」

また,日本の状況について,「日本の教育をになう婦人教師は年々増大し,1979年度の文部省統計からみても,小学校56.6%,中学校31.6%,高校17.6%となっています。男女役割分業が意図的に強められています。」と述べ,政府・自民党案の「家庭基盤の充実対策要綱(案)」及び「乳幼児の保育基本構想(案)」を,女を家庭にとじこめ男女差別を正当化しようとする動き,と表現した。

また,他の女性たちが確認できるような指導的ポストにおける女性が欠如していることから,男性と女性の両方から同数の指名がない場合,各種委員会の選挙は行わないこと,「WCOTPは,ブラジリア勧告の線にそって,又進歩を促進し,監視し,評価するために,婦人の問題をとり扱う婦人委員会を設置すること。WCOTPの会議に代表を送る教員団体は,その中に婦人が公正に派遣されるようにすること」を決議した。

翌1982年第29回WCOTP総会では,「教員教育—継続する過程」をテーマに論議を行い,現職教員教育について,男性と女性の両方に次の機会を与えることを決議している。

a. 新しい責任にこたえ,管理技能を身につけること

b. 選択的役割をめざす知識と教育を新しくすること

また,「教育における婦人に関する方針声明」の中で,婦人の参加達成のために行われつつある進捗状況の定期的な点検等を決議している。

槙枝が国際会議で示す女性参画推進姿勢は,国内では積極的には示されない。1980年代の日教組は,女性参画に関して内と外でその言動に違いがあり,婦人部内では不満もあったが,1986年婦人部長であった仁木冨美子は,WCOTPの派遣団について,「20名の参加者のうち6名女性が行けたということは,少しずつ日教組の派遣団もよくなっているわけです。(略)女性だけのコーカスもありましたが,全体会の中で『教育における女性の問題』というテーマで論議されました」*79と報告している。

(3) 代表性がもつ問題

WCOTPは,総会への女性の参画を長い間課題としてきた。女性の参画は国連においても同様の課題であり,1999年国連総会で採択された「平和の文化に関する行動計画」は,あらゆる国際文書の適用にあたってジェンダーの視点を織り込むことと同時に,「女性の意思決定のすべての段階における平等な代表参画(equal representation)」を明記した。参加(participation)と代表参画(representation)の違いは,権力作用の有無である。上野千鶴子は,リ－プレゼントは,「再－現前」であり,そこにある代表は,そこにない何ものかの代理で,「に代わって」という権力作用がある。アカウンタビリティ(説明責任)とかオーセンティシティ(真正性,ほんものらしさ)という問題がある*80,という。日本の教職員組織の代表は,女性が約半数構成しているという真正性をもたず,全く違った姿を再現前してきたのであり,このことは多くの教育組織も同様である。

逆に,代表による国際組織の動向についての国内報告の真正性も,その代表性によって異なってくる。1965年の「女子の教育に対する動機づけを改善しなければならない」というWCOTP会長の働きかけは,女性代表がゼロだったこともあって,国内では,具体的検討にはならない。また,女性の地位向上と参画を重要課題とした1976年の同じ会議の参加者でも,「今や社会のあらゆる場で婦人の役割と責任が問われています」と報告するか,「女性解放運動はいささか耳にタコが出来た」と報告するかでは，その国内への作用は異なる。1971年，「組織の男女構成を反映した参加」の必要性を報告しても，国内での関心はほとんどない。槇枝会長が，国際会議の場では女性の管理職進出を訴えても，国内での運動は不可能だった。国際動向を報告しても，国内では関心が向けられない，あるいは国内では不可能だという状況があったといえる。

(4) 今日の動向とジェンダー主流化 (gender mainstreaming)

1960年代後半から始まったアメリカの女性学も，1970年代から開始されたイギリスの女性学も大学院を中心に急速に普及し研究者を輩出した。その背景には，1975年の「国際婦人年」から始まる「国連婦人の十年」以後の各国の女性政策取組みによる，女性学（特に開発とジェンダー）専門家の需要拡大があるといわれる。アメリカ・イギリスで女性学を学ぶ海外からの留学生も多く，国際機関やNGOなどへの就職状況も良好であったという*81。これらの専門家によって国連をはじめとする国際機関のジェンダー主流化は推進されていったと考えられる。

今日，国際機関が重要課題とする教育問題の多くがジェンダー問題である。教育機会の普及（国連ミレニアム・レポート），児童労働，HIV/エイズ感染（国連「エイズ政治宣言」）等に見られるジェンダー問題の明確化とともに，EI（教育インターナショナル）も「2005年までに教育の男女格差解消」の実現を掲げている。このようなWCOTP及びEIにおいても会議への女性の「参画」は長い間課題となってきた。女性の代表性はどのように変化していったのだろうか。変化を起こす理論がどのように生まれ，どのように受け入れられていったのだろうか。ここでは1990年以降のEIと日教組の様相を概観する。

1990年WCOTP総会テーマ「社会正義と民主的自由の促進における教員団体の役割」に関する決議の内容7項目のうち，教員団体の行動として「教員団体は，とくに女性ならびに社会の恵まれない階層の人びとに影響を及ぼすあらゆる形の貧困，差別ならびに社会的不公平の除去に関して今後も引き続き重要な役割を果たすべきである」とし，職業的自由と労働組合権の擁護ならびに助長として，「性別は雇用における選考，任命あるいは身分確立に対する障害となってはならない」(ILO 第111号条約)，さらに，「より多くの女性が組合の役員になるべきである」が入れられている。この総会において「代議員の２分の１を女性とする」という画期的な決定がなされている。女性の参加促進はWCOTP初期からの課題とされてきたことである。さらにWCOTP結成以来初の女性会長を立てた。労働組合における女性リーダーの促進という運動方針によるものであるが，女性が国際組織のトップの座につくことは，組織内外の国際的な制度・政策決定の場に女性の参画を可能にしたという意味をもつ。

一方，1990年の日本の状況については総会前日の「女性コーカス」で日教組婦人部長上田京子が報告している。報告によると，当時日本の女性雇用労働者は全体の37%，労働組合員数の中に占める女性の割合も37.6%であるが，女性の役員は少なく専従はほとんどいないため，女性部も男性が担当しているという状況である。800万人といわれるパート労働者の85%を女性が占め，労働組合には属していない。教職員の女性の割合は小学校では57.5%，中学校では35.7%となっているが，小中学校における女性校長は2.5%，教頭は8%という低い数値である。

上田の報告にあるように，教職員に占める女性の構成率と比較して管理職率をみると，明らかな過少活用 (underutilization) 状況が存在するが，教職員組合としては女性の管理職問題に取り組むことはしない。上田が報告した取組みは，「全労働者に適用する育児休業成立に向けてのとりくみ」，「女子教育もんだい研究会の内容」，「憲法，平和教育を守る母と女教師の会の活動」「子どもの権利条約早期批准に向けてのとりくみ」等である。日本の雇用や労働組合，女性校長の登用などに問題がありながら，実質的な機会均等の実現には取り組んでいない報告に対して，諸外国から「日本におけるリーダーの研修や文部省との関係，採用時における男女差別などはどうなっているか」という質問が起きている。

当時，オーストラリアでは，教員組合 (女性会長) と文部省が一緒に行動計画をつくっていること，カナダでは，1918年の組合創立以来，女性の地位向上のための努力とその結果としての文部省や教育委員会への女性の参画が可能になったことなどが報告されている。また，オーストラリア・カナダ等はアファーマティブ・アクションの必要性を主張した。すなわち，女性の地位向上や参画に向けて教職員組合が文部省や教育委員会と連携したり，積極的措置を求めたりしているのである。

第3回 EI 総会（2001年）で，「EIは女性参加の面で大躍進を遂げた」と初めて宣言した*[82]。「代議員の半数を女性とする」という決議が実行されたからである。それまで WCOTP は女性参加促進のため，総会や地域会議に先だって女性コーカスを開催するという方策をとってきたが，ここでできたネットワークが女性活動家の資源となり，国連機関と関わってキャンペーン活動を押し進める推進力となっていた。

女性の参加に関しては，「人権理論と現実とのギャップを埋めるためには，人権に関して利害関係のあるすべてのアクターの完全な参加が必要である」*[83]（1999年）という国連人権高等弁務官 M. ロビンソンの言葉がある。この言葉は，1993年国連人権会議における行動プログラムがベースにあるが，"the full participation of all of the actors with a stake" に示されている利害関係の中には，組合内部における女性と男性のアクターとしての関係も含まれる。現代においても，男性が地位を占める傾向があることについて，EI「女性の地位委員会」議長 Damianova, K. は，「現代の世界は，女性が個人として成長することを可能にしているが，男性たちは権力の地位を支配し，自分たちの領分にしがみついている。この隔たりは，世論を決定するメディアによって維持されている。メディアはただ現実の反映であり，現実が変わらなければならない」と指摘する。

日教組は1992年の大会で「意思決定機関及び各種委員会などへの女性参画について2000年までに30％にする」ことを決定したが，2000年度定期大会の女性参画は23.8％，日教組中央執行委員の女性参画は23％，各単組の執行委員の女性参画は22.3％にとどまっている。「日教組専従女性役員は常に女性部，養教，幼稚園など女性4～6人という状況であり，男女平等の課題や女性の問題は女性だけが担う運動になっていたといっても過言ではない状況がつづいてきた」*[84]，と女性部は2002年に総括しているが，奥山が活動していた頃と変わらない表現であることに驚かされる。

4. ソビエト・モデルとスウェーデン・モデル

(1) 社会主義諸国との交流

日教組は，ソビエト・東ドイツを中心とする社会主義諸国の教員団体の国際組織である世界教員会議（FISE）にもオブザーバー参加を続けていた。ここでは，日教組は，問題を資本主義国の問題として報告するという傾向をみせている。例えば，1975年第6回世界教員会議が，「教育・職業・雇用」をテーマに開催された時，日教組は，「資本主義国における教育政策と訓練及びそれが勤労国民や教師に与える影響」と題して，高校多様化と男女別学の進行について，「能力差を理由として高校三原則（総合性・男女共学制・小学区制）を崩壊させ多様化，男女別学，大学区制の方向をうち出し，高校間に格差序列をつくり上げた」，と報告している。FISEは，1981年，世界労連の下部組織から脱して相互協力関係とすること，労働組合的内容に職能的色彩を加えること等の機構・運営改革を行った。その時のテーマ「教育と経済」に対する日教組報告を，橋口和子（日教組財政部長）団長が次のように発表した。

「私たちが，とりくみの重点と考えている女子教育の問題も，資本の支配する社会で男女差別の完全な撤廃は可能ではありませんが，しかし，人間個性の自由な発達の条件をつくりだすうえで重要な意味をもつ課題であると考えるのであります。このことは，私自身が一人の婦人であるから強調するのではなく，日本の社会的生産力と経済的諸条件の発展にいっそう大きな役割をはたすことになる将来の婦人労働者の人間個性の全面開花，即ち資本主義の下での人格の全面発達をめざす教育の民主的発展にとって重要な意義をもつ課題であるからであります。現在，私たちは，日本政府にたいして，『婦人の差別撤廃条約』の批准を要求していますが，政府は国籍法の差別問題，雇用の男女差別と教育課程の男女別学の問題が支障となって批准することを拒否しています。私たちは今まで述べてきた通り全面発達を保障する観点から，男女差のない教育の実現をめざし，『女子教育の自主的な研究』を進めると同時に政府に教育課程の改善を要求してたたかっています。『冒頭報告』の第二部の四一項が短い表現でしかし極めて正しく指摘しておりますように，資本主義制度のもとでは，教育は以前にもまして激しい階級闘争の主題であり，場であります。」（下線は筆者）。

FISE での日教組報告では，資本主義社会では女性差別撤廃は不可能であり，それゆえ階級闘争が主題であるとされ，WCOTP とは違って，女性参画を具体的な課題としていないことがわかる。

奥山も，1979 年ソビエト婦人委員会の招きで第 1 回日ソ婦人セミナー（モスクワ）に団長として参加した折に，日ソの子どもたちや女性たちの姿を比較し，それを社会主義の優位性と資本主義の矛盾として報告している。この時のソビエト婦人委員会の議長は，あの宇宙飛行士 V・ニコラエワ・テレシコワであった。奥山らを歓迎するテレシコワの姿も印象深い*85。

> ソビエト側からの報告や発言は，（略）自国の社会主義についての優位性に自信をもっているということであった。一方，わが国は，戦後，高度な資本主義国家として経済発展をする過程において，多くの矛盾が生じている。（略）私は，幾度かの訪ソのたびに，ソビエト婦人たちが，社会のあらゆる場において活躍し，ソビエト社会の中の“主役は私”と，胸を張って生きていることに感動するのであるが，今回は一段と大きな感銘を受けた。（3-③，1980，pp.177-178）

1981 年にはテレシコワら 5 名を日本に招き第 2 回日ソ婦人セミナーを開催した。奥山には，ソビエト女性たちの姿は，日本にとってソビエト・モデルがゆるぎないものであることを示しているように思えた。

> フフフ。そう思いましたよ。堂々としているしね。それに指導者が生まれている。指導者が結構いましたよ。運動にはね，モデルを示すことが必要なの。
> （インタビュー，8-③，2006）

(2) ソビエト社会の変化

奥山が再びモスクワを訪れたのは，1987 年 12 月，第 5 回日ソ婦人セミナーに参加するためで，この時も 10 名の代表団の団長であった。団長か団員かで，ホテルの部屋も対応も全く異なることには違和感を感じた。

1987 年は，ソビエトが社会主義革命 70 周年を迎えた年であったが，これまでになかったこととして，3 日間の会議中，「ペレストロイカ（再編・立て直し）」

という言葉を頻繁に耳にしたことがあげられる。討論の中でも，ソビエト女性が依然として多くの困難を抱えていることが出され，日本からの参加者には意外なことに思えた。帰国後まとめられた報告書の中で，「私たちからみると，ソビエトは女性にとって至れりつくせりの国のように思われますが，意外にも次のようなことが報告されました」として，ソビエト労組代表の報告を紹介している。女性の40%は低技能労働者であり，女性の平均賃金は男性の60%という格差があること，これを改善するために職業訓練制度がつくられているがほとんど利用されていないこと，その原因は，女性の妊娠・出産・育児の負担に対する行政や管理者の対応ができていないことであるという。また，女性の家事労働を含む労働時間の平均は，11～12時間で，家事労働時間は，男性の2.5倍になっている*86。

従来，生産労働に男女が平等に参加することを政策の重点としてきたソビエトであったが，家事労働は女性役割という伝統的な考え方は改められなかったため，女性たちは，生産労働と家事労働の二重労働を抱えてきたのである。1975年に採択された世界行動計画（国際婦人年世界会議）は，男女の役割分業の是正なしには男女平等は実現しないことを確認し，それは，79年に採択された「女子差別撤廃条約」にも明記されていた。

ソビエト社会の矛盾を外国の代表団に語るようになった背景には，前年モスクワで開催された世界女性大会でのゴルバチョフ書記長の発言がある。ゴルバチョフは開会式で，「わが国ではすべてがうまくいっているとの結論を出すことができるであろうか？　みなさんにまったく率直にいうが，ノーである」と発言し，女性の社会的負担が増大していること，家庭の健全化と精神的潜在力の向上が焦眉の社会的課題であること，ソビエト社会が変革の時期に直面していることを述べたのである*87。

奥山は，初めて「ペレストロイカ」という言葉を聞き，ソビエト社会が深刻な問題を抱えていたこと，ジェンダー関係にも問題があったことに気づいたのである。しかし，それでもなお，訪問する先々では日本では決して見られない女性の活躍ぶりに感動した。日本代表団のソビエト訪問は，プラウダ紙やイズベスチャー紙，「ソビエト婦人」誌に掲載され，テレビでも度々報道された。

奥山は帰国後，報告書作成の草稿の中に「ペレストロイカは何故始まったのか」と記入し，経済改革，グラスノースチ（情報公開），平和，とメモした。また，「女性のリーダーが多い」と記入し，労働評議会幹部，サナトリウム・リハビリテーション院長＝女性，紅茶工場長＝女性，託児幼稚園園長＝女性，とメモしている。

2年後の1989年11月に，ベルリンの壁が崩壊し，12月には，ブッシュ・ゴルバチョフ米ソ首脳会談で，冷戦終結が宣言された。さらにその2年後の1991年，ソ連共産党は解散し，ソ連は消滅した。

(3) スウェーデンへの注目

1970年代，ソビエトをモデルに示しながら発言し運動を続けていた奥山であったが，一緒に女子教育もんだい研究を始めた一番ヶ瀬康子は，スウェーデンに関心をいだくようになっていた。奥山は，1976年，WCOTPワシントン会議からの帰り，休暇を取ってスウェーデンに立ち寄っている。そこにはスウェーデンに注目するようになった一番ヶ瀬康子が社会福祉や教育・協同組合についての調査のため滞在していた。一番ヶ瀬は奥山の到着の日，労組役員約10名を集め懇談ができるよう待っていたが，それを知らない奥山は予定より遅れて到着し実現しなかった。まだ，我が国ではスウェーデンへの注目は低かったが，一番ヶ瀬は次のように述べている。

「私は，なぜスウェーデンへ行ったかということをよく人から聞かれるのでございますけれども，これは私自身の気持ちといいますか，研究者としての問題意識から申しますと，こういうことだったのでございます。（略）日本と同じ資本主義の仕組みの中にありながら，きわめて対照的に社会保障・社会福祉を推し進め，現在資本主義の国では，婦人の地位においても世界で最も高いと言われているのがこのスウェーデンでございます。（略）日本が一体いかなる生き方をこの中から学ぶか，かつまた，いまの社会の仕組みでやれることとやれないことをはっきりさせていくことが必要ではないだろうか。（略）歴史を創造する側から，どのような意見や活動が生まれてきているのか，あるいは運動が生まれてきているのか，ということを学びたい。こういう気持ちでスウェーデンにうかがったわけでございます。」*[88]。

研究と運動の両方に関わる一番ヶ瀬にとって，日本の女性運動と教育の方向を誤ってはならないという気持ちから，長い暗い北極圏で二冬を過ごすという研究生活に入ったのであろう。奥山は，1976年のこの時，ストックホルムに4泊し，一番ヶ瀬からの説明を聞きながら，純粋な社会主義でもなく，純粋な資本主義でもない第3の社会民主主義的な経済政策に依っている福祉国家スウェーデンへの関心をもつようになる。奥山にとっても，国際婦人年を契機とした国際レベルでの変化に「日本の労働運動の足並みを合わせていく」(5-③, 2002, p.64.) 責任がある，という自覚が，積極的に情報を集める姿勢を生んでいた。かつて労働省にいた田中寿美子も，「家族の理想の姿は，資本主義を修正し，その欠陥を補う社会保障や社会福祉を行うことで実現できるものだろうか？　資本主義の搾取制度をそのままにしておいて，はたして可能なのだろうか？」*[89]と問う。日本のモデルは，スウェーデンのような社会福祉国家なのか社会主義ソビエトなのか，模索が続いていた。

(4) 1970年代のスウェーデン

一番ヶ瀬によって日教組女子教育運動の中に，スウェーデンの自立教育が導入されることとなった。一番ヶ瀬を引きつけた1970年代のスウェーデンの魅力は何だったのだろうか。当時のスウェーデンについて概観する。

1940年，社会主義政党である社会民主労働党（以下社民党と呼ぶ）が初めて政権を獲得し，1944年，①完全雇用，②公正な分配と生活水準の向上，③生産効率の向上と産業生活におけるデモクラシーという三つの戦後プログラムを発表した。この時，多くの社会主義用語や理論は取り除かれ，福祉国家建設が目指されたといわれる*[90]。

1950年以降，社民党は，労働者からホワイトカラー・公務員・女性に支持を広げて一党優位の長期政権を築き，安定政権と福祉国家の基盤をつくり出したが，1973年の選挙で与野党同数となっている。以後，非社会主義諸政党はブルジョア連合ブロックとして社民党と政権を争うようになり，政権交代が頻繁に起こるようになった*[91]。

外交政策では，50年代末以降，経済・科学技術領域でのスウェーデンの西側（特にアメリカ）依存は急速に進み，経済的，軍事戦略的に西側陣営に実質的に統合されるという状況が生じている。スウェーデンは，政治的中立を標榜しながらも西側諸国と価値観を共有し，イデオロギー的には西側陣営に属している。中立政策の信憑性の問題が，東側諸国，とくにソ連との関係において生じてきたが，アメリカ政府のベトナム戦争政策へのパルメ首相の批判を契機として積極的中立政策へと転換していく*92。

社会言語学的には，「スウェーデン人は『自分の足で立つ』sta pa egna ben という表現をよく用い，自立を大切な価値とする」と，中山庸子が紹介している。また，もともと女言葉とか男言葉とかいうものはない言語であるが，70年代後半に女性が政治の世界に入り始めたころから役所の文書がわかりやすい言葉に変わった*93，という。

1960年代は，「黄金の時代」と呼ばれる高度成長期で，経済の好調を背景に福祉環境が整備され「スウェーデン・モデル」が世界中の注目を浴びるようになり，女性の社会参加も加速された。岡沢憲芙によると，60年代の扇動的・挑戦的な自立促進運動が女性の参加意識を刺激したという。女性たちは社会参加を通じて社会構造の不備・未成熟を認識し，代表者を意思決定過程に大量に送り込んで，さらに一層，女性環境の整備が推進された。「男性＝社会活動，女性＝家事労働」という伝統的・固定的な性役割二元論を克服して，職場・家庭・地域社会に女と男が共同参画し，役割と責任を分担できる環境を次第に整備していった。多くの国では，女性が結婚・出産・育児期に職場から一時的に離脱する傾向があるが，スウェーデンでは，すべての年齢層で女性就業率が高く，男女の賃金格差も小さい。男性を100とした製造業における女性の平均賃金は，1970年は80，1980年には90となり，主要な欧米・アジア・アフリカ諸国37カ国中1位である。我が国は最下位となっている。「黄金の60年代」が専業主婦を激減させ，さらに，後戻り防止策として1971年の税制改革があり，所得税が夫婦合算方式から個人別納税方式に変更され，すべての成人は男女を問わず独立した経済単位としての地位を与えられている。このような，女性の社会参加促進には，それを支援してきた伝統ある組織の存在も大きく，

1884年に結成されたフレドリカ・ブレーメル協会が長い間，女性の自立運動を先導してきたという。この協会は，一人でも多くの女性を議会に送り，議会政治の場で問題解決を図り，制度改革を進めるという議会優先主義の戦略をもち，それが成果を生んでいるといわれる。

女性の社会参加の促進には，男性の意識革命と男性が家庭内活動の時間を作り出せる労働環境が不可欠である。労働環境の整備と女性環境の整備が車の両輪のように並行して推進される必要があり，「短時間労働・残業無し」がスウェーデン流解決であったと岡沢は紹介している*94。

第５節 「自立」教育運動の意味

以上述べてきたように，我が国の女性教員運動の中で「自立」と「自立」教育概念は獲得・形成されていった。女子教育もんだい研究会は，「自立」とは何かの定義づけについて，次のように意思統一を行っている。

> “自立”とは，人間が主体的に生きることである。そのためには，精神的自立に経済的自立，みずからの生命を維持するにたる生活処理能力としての生活的自立との三つが固く結合されたものでなければならない，と。 (1-⑧，1982，p.165)

我が国の女性教員たちが「自立」を明確に自覚し始めたのは，1960年代の労働権運動の経験からであるといえる。さらにその背景には，1950年代に女性たちが確認し合った女性の生と身体への暴力的な強制の共通体験がある。早期退職勧告やセクシュアル・ハラスメント，さらに職を追われ娼婦として生きる女性や人身売買を日常的に見聞きした体験である。では，西欧フェミニズムが早くから目標化していた「自立」とは何だったのだろうか。

1．西欧フェミニズムによる「自立」概念の構築

1960年以降の第２波女性運動がかつての参政権を求めた女性運動と異なる点は，私的な生活を問題としたことである。公的領域だけでなく私的領域にも

焦点を当てたことにより，私的領域に押し込められてきた女性の経験は社会化され，政治的なものとなった。それを「身体の政治学」と呼んでいる。私的領域には，不平等や差別の問題だけではなく，セクシュアル・ハラスメントや暴力の問題があり，その個々の男性の私的な攻撃と，社会の主要な制度との間に体系的なつながりがあるのではないかと考えるようになったのである。さまざまな形態の男性の暴力は一部の男性の逸脱行為ではなく，家父長的支配システム全体の中で重要な部分を占めていることが認識され始めたのである。直接的な身体への暴力と間接的・構造的暴力がともに女性の行為を規制しあるいは強制し自立を奪い男性への従属を強いてきたと考えるのである*95。

M. ミースによると，「自立」という概念は，西欧のフェミニスト運動の運動概念として，女性の抑圧と搾取が最も具体的に経験される領域である身体の政治学の文脈で出てきたものである。自立は，「個人の独立」や「個々の自己決定」や「個人の選択権」と同一視できるものであり，分割できない人間である一人ひとりが，個人とその生に責任をもつ主体であるという要素がある。ミースは，自立とは，最も深い部分の主体性と自由の領域であり，人間は自立することがなければ本質的な人間性と尊厳をもてず，操り人形か単なる有機物となる*96，と述べる。

ミースは，また，「自立」は女性たちが男性支配の組織（例えば政党や労働組合）から離れ，自分たちの分析や計画・方法による自立した組織をつくることを示す闘争概念でもある，と述べる。女性たちが自立的な組織を強調したのは，伝統的な左派組織が，その組織，イデオロギー，プログラムはすべての「大衆行動」に優先するとつねに主張してきたからである。フェミニストの自立の主張は，女性の問題と女性の運動を他のより一般的な問題や運動よりも下位に置こうとするあらゆる動きを拒否することを意味した。女性の自立的な組織は，他の運動と質的に異なるフェミニスト運動の性格とアイデンティティを大切にしたいという願いの表明である*97，と指摘する。「自立」は，西洋フェミニズム運動の重要な目標であった。

2.「女子教育問題」研究の意味

既存の教育の変更あるいは新たな教育の導入は，カリキュラム改善によって具体化される。その一つの過程を，生徒の実態から浮かび上がってきた公教育の弱点や欠落点を受けとめ，理論と実践によって模索しながら課題解決を進めていく教育運動の中にみることができた。また，1970年代の性別役割分業解消をめぐる議論や1980年代の「性の自立」をめぐる議論を通して，これらに関するカリキュラムの形式と内容及び学校内や社会の権力（ジェンダー）関係，教師の捉え方や対峙を把握し，カリキュラムが特定の時代の特定の制度と集団がもつ文化の表現であることを確認できた。

「自立」という言葉に着目して我が国の学習指導要領をみると，それが初めて目標化・明文化されたのは，**表3−4**に示すように1989（平成元）年の「自立の基礎を養う」ための教科として小学校生活科が誕生した時であり，中学・高校家庭科の男女共学が始まった年でもある。「自立」の登場がこのように遅れたのは，その中に含まれる「経済的自立」に対する合意が必要であったからであり，女子の「自立」とりわけ「経済的自立」に対する警戒が長く存在したといえる。同様に，家庭科をめぐる教育課程改革が進まず，それは同時に自立教育を妨げることとなった。一教科の改訂にとどまる問題ではなかったのである。

「女子教育問題」研究が「性の自立」の概念の獲得に取り組んだ意味も大きい。背後には，戦後社会が初めて直面した10代生徒の性行動の変化がある。主に女子生徒らが受けた社会的非難と退学・学業停止という処分は，それまでの「純潔教育」「性（道徳）教育」「生徒指導」の限界と矛盾を露呈し，性に関わる系統的なカリキュラムが男女に用意される必要性を示す契機となった。「性的自己決定権」が不明確であった当時，経済的自立なくして「性の自立」はあり得ない，と考えられた。「体の性」教育に偏った実践が続いた1985年，奥山は，男女の「体の性」の違いに偏ることなく，ジェンダーとセクシュアリティも教えることを強調し，いち早く教育運動の中にこの言葉を導入したが，教師たちにとってはまず「体の性」を語る言葉，児童・生徒と共有できる言葉

表3−4　家庭科教育に関する『学習指導要領』（文部省・文部科学省）の変遷

年	小学校（家庭科）	中学校（技術・家庭）	高等学校（普通教科家庭）
1947	男女共に家庭科新設	職業科の家庭科編：「大多数の女子がこの科を選ぶと思うが，女子全部の必須科目ではない。」	職業科の家庭科編：「大多数の女子がこの科を選ぶと思うが，女子全部の必須科目ではない。」
1949		「職業科および家庭科は，男生徒および女生徒がその一方のみを学習すべきではなく，男女いずれの生徒にも適切と思う単元については両者を学習せしむるべきである。」	家庭科編：「男女にひとしく必要なことであるが，特に女子はその将来の生活の要求にもとづき，いっそう深い理解と能力を身につける必要があるので，家庭生活の一般に関する学習をすくなくとも 14 単位必修させることが望ましい。」
1951		職業・家庭科：男子向き課程・女子向き課程	
1956		職業・家庭科：「共通に学習すべき面をもつ。しかし，性別や環境などにより特色をもつものである。」	家庭科編：「女子については，家庭科の 4 単位を履修させることが望ましい。」
1958	家庭科学習指導の方針：「この段階の男女の児童の家庭生活における仕事の分担の違いや興味の違いなどの特性に応じ，無理のないようにする。」	技術・家庭：「生徒の現在および将来の生活が男女によって異なる点のあることを考慮して，「各学年の目標および内容」をの男子を対象とするものと女子を対象とするものとに分ける。」 男子向き・女子向き第 3 学年目標「保育では，幼児の衣食住に関する技術を総合的に習得させ，こどもを愛育する態度を養う。」	1960 年：「女子について「家庭一般」2 ないし 4 単位を履修させることが望ましい。」
1968	内容の取り扱い：「家庭生活における男女の児童の仕事の分担の違いや興味の違いなどを考慮し，無理のないように計画するよう配慮するものとする。」	1969 年：技術・家庭の男子向き・女子向きの 2 系列の目標と内容 目標：幼児向きと老人向きの献立の作成と調理	1970 年：「家庭一般は，すべての女子に履修させるものとし，その単位数は 4 単位を下らないようにすること。」食物 1 目標 (3) 家族の献立を作成し，調理する。保育目標 (2) 母親の責任を自覚
1977		1977 年：技術・家庭領域のうち「男子が履修するもの」と「女子が履修するもの」"相互乗入れ" 内容：幼児の衣生活や食生活	1978 年：家庭一般女子のみ必修・男子の選択履修も可
1989	生活科新設	技術・家庭男女同一の取扱い	家庭一般男女必修 人生と結婚：男女の豊かな愛と性の在り方 子供の人間形成と親の役割
1998	目標：「**自立への基礎**を養う。」	家庭分野の目標：「**生活の自立**」	1999 年：家庭科男女必修内容：ア「人の一生と発達課題」**青年期の課題である自立**や男女の平等と相互の協力について認識させる。

（出所）本表は，以下の文献資料を基に筆者が作成したものである。『小学校学習指導要領』昭和 33 年，43 年，52 年，平成元年，10 年。『中学校学習指導要領』昭和 33 年，44 年，52 年，平成元年，10 年。『高等学校学習指導要領』昭和 45 年，53 年，平成元年，11 年。村田泰彦他『共学家庭科の理論』光生館，1986，pp.147-165

が必要であった。

このような「女子教育問題」研究が，労働組合の性格を強くもつ日教組の中で，抵抗を受けながらも，その組織と運動，コンテクストにアイデンティティを失わなかったのは，『季刊 女子教育もんだい』の発行を通した情報収集・情報交換によって，社会主義婦人解放論を克服し，フェミニズムを取り入れていったことによるのではないかと考えられる。

奥山らの教育運動は，フェミニズム運動から出発したものではなく，また，「性の解放」を求めたわが国のウーマン・リブ運動（経済的自立が困難であった当時の女性たちにとって，男性への依存と性的関係のあり方がドメスティック・バイオレンスも含め深刻な問題だった）とも一線を画し，労働権確立や経済的自立に重点をおいていた。しかし，執行部等の反感や反論にかかわらず進めていった女子教育運動は，女性の自立を確立するためのカリキュラム改革を求めるフェミニズム運動であったといえるのではないだろうか。

さらに，第3章で明らかになった「自立」，特に「性の自立」の意味から導かれる今後の重要な検討事項として，「個としての自立」から，親密な「関係の中での自立」の教育を指摘することができると考える。

資料

表3－5 『季刊 女子教育もんだい』各号の特集と論文（19号以降は略）

女子教育もんだい編集委員会編，労働教育センター発行

No.	年	特集	論文・執筆者
1	1979 秋	現代に生きるベーベルの「婦人論」	「ベーベルと婦人の解放」倉田　稔 「婦人解放の道すじを学ぶ」嶋津千利世 「明るい未来を約束する希望の星」臼井　厚 「結婚制度の批判と『家庭台所廃止論』のゆくえ」中島通子 「社会主義者の残した大きな遺産」古川幸子 「『婦人論』との出合い」細川朝美
2	1980 冬	婦人の労働権の確立をめざして	「婦人の労働権と女子教育」塩沢美代子 「国際的に動いてきた最近の労働権の課題」大羽綾子 「労働権なくして婦人解放なし」柴山恵美子 「中学・高校における婦人労働権の教育」福原美江
3	1980 春	主婦＝その生き方への模索	「働く女性への挑戦―政府・自民党の婦人政策批判」小木美代子 「主婦にとって学習とは何か」室　俊司 「主婦と家事労働」暉峻淑子 「自立へ苦闘する主婦〈手記〉」田崎纓／山崎れい子／島田みよ子
4	1980 夏	女性の進路を考える	「女子の進路と大学―“学ぶ”とは何か」尾形　憲 「現代社会と女性の進路」布施晶子 「女子高校生の進路」伊藤靖子 「短大女子学生のこれからの人生」藤枝澪子 「四年制大学女子の進路」渡辺万里子 「女子大生の就職意識」室井明子 「働きはじめて〈手記〉」佐田弥穂子／高橋淑子／知野恵子
5	1980 秋	娘と父	「娘にとって父とは」渡辺恵子 「女性は父に何を学ぶか」税所百合子 「文学にみる娘と父」折目博子 「遠くて近い父と娘」斎藤次郎 「私にとっての父」松井やより
6	1981 冬	「差別撤廃条約」と日本の女たち	「『男女雇用平等法』実現のために」中島通子 「意識変革の根本は教育から」橋本紀子 「父母平等主義の国籍法は歴史的必然である」土井たか子 「世界の女子教育①タイの女子教育」桜井恵子 「世界の女子教育②東ドイツの女子教育」福田須美子
7	1981 春	いま女子教育に問われているもの	「女子教育問題への日教組の取組み」奥山えみ子 「現代史のなかの女子教育」村田泰彦 「ルポ・全国教研『女子教育もんだい』分科会『教師の衣こそ脱ぎすてよ』」宮淑子

8	1981夏	国際障害者年と女子教育	「国際障害者年と婦人解放」一番ヶ瀬康子 「障害児をもつ母親たち」藤本　隆 「養護学校における女子教育」長野秀子
9	1981秋	転機にたつ家族と家庭	「家庭はどこへ行くか」高良留美子 「異境の家族たち」ヤマグチフミコ 「子どもたちにあらわれた家庭の崩壊」ますのきよし 「私にとっての家庭」斉藤栄子
10	1982冬	戦争と女性	「男女平等の落し穴＝女性の軍隊進出をめぐって」星野安三郎 「教科書問題と平和教育」山住正巳 「軍国女性はどのようにつくられたか」高木葉子 「“戦争への道を許さない女たちの連絡会”この一年」吉武輝子
11	1982春	現代における母性と父性	「母性とは何か」村上益子 「父性とは何か」ささきみちお 「母子家庭にみる『父親』の役割」樋口恵子 「父子家庭にみる『母親』の役割」小室加代子 「アメリカの家庭にみる父親と母親」酒井はるみ 「近代社会の親と子」森田伸子
12	1982夏	女性問題としての少女非行	「女性解放と少女非行」一番ヶ瀬康子 「女子非行の歴史的変遷」西澤　稔 「スウェーデンの性教育と女子教育」ビヤネール多美子 「少女売春の実態と課題」兼松左知子 「おんなの性と人権」北沢杏子
13	1982秋	老いへの設計	「〈老い〉を支えるために」寺井美奈子 「女性の老後と生活保障」日下部禧代子 「老親介護と女が職場を去る日」沖藤典子 「老人の性・男と女」大工原秀子 「在宅介護にみるさまざまな問題」白川すみ子
14	1983冬	平和を求めて〈女の戦争体験から〉	「女たちの行動こそがゆく手を照らす」中島　誠 「ひき裂かれた世代の戦前・戦後」牧瀬菊枝 「独身女性の戦後」笠原　徳 「集団疎開学童とともに」平敷りつ子
15	1983春	人権・自立・住教育	「“住生活の貧困”と日本社会」早川和男 「人権としての住宅と住教育」田中恒子 「子どもの発達と住宅問題」林　知子 「持家取得と住宅ローン」加藤由利子 「新・長屋物語」瀬戸ふゆ子 「アンケート・私の中の住宅問題」編集部

16	1983夏	現代女子高校生の性意識	「女子教育にとっての性」青木やよひ 「病める現代家族」小中陽太郎 「非行少女の心理・和子の事例から」鎌原恵子 「少女まんがにみる愛と性の変遷」有川優 「現代女子高校生考」金子さとみ
17	1983秋	“余暇”と女子教育	「現代余暇問題の本質」吉野正治 「子どもの性差・遊び文化を中心に」斉藤次郎 「女生徒の生活リズムと余暇問題」大沢勝也 「映画にみる女性の余暇と生き方」林冬子
18	1984冬	職業選択と女子教育	「女性の自立と職業選択」天野正子 「女子の専攻分野と職業」木村敬子 「高校における職業選択指導」湯澤静江 「女子学生の職業選択と就職情報」竹信三恵子 「専修学校の職業教育」桜井陽子 「小・中学生の職業意識」藤原千賀

表3－6　WCOTP「教育における婦人に関する綱領」

第27回WCOTP総会採択1978年8月1日

序　WCOTPは，男性と女性の自立も機会の均等もいまだ世界的に達成されていないことを認識し，以下の表明を行う。

基本原則　すべての人は，生まれながらにして自由であり，尊厳と権利において平等であり，法律と実際の両面において平等な機会を与えられるべきである。教育プログラムは，この目標を達成するための主要な手段であるべきである。

綱領の意図　WCOTPは，教員の国際機構として，世界平和，国家の発展・社会の進歩・人類の確立と促進のすべての側面に深く関与している。したがって，WCOTPは，男性と女性の平等な機会の促進が，現存している不平等を是正するように組まれた教育プログラムに左右されることを認識し，そのような活動を，原則と実践の両面で支持するものであることを宣言する。

教員団体の役割

教員団体は，以上の認識にたった不平等を是正し，以下のことを通して，婦人の地位の向上と両性間の平等を達成するために働き，変革を促進するための主体として行動すべきである。

○地域社会の中でのその構成員間，また広く社会一般の中での構成員間に，教職における平等な権利の概念を促進すること。

○そのような権利を認める法律の制定について主導権をとること。

○婦人がその能力を認識するのを妨げる固定観念を取り除くために働くこと。

—指導者の養成と管理

—農村部における婦人のための特別プログラム
—交流プログラム
—固定観念を取り除くための行動をとる教員に対する奨励と援助を含む教育における婦人の地位向上のための効果的なプログラムを確立すること。
そのようなプログラムは，国民的な要求に対し，適合した状態にあるかどうかを見きわめるために，常時検討されるべきである。
○国内の組合と連合のあらゆるレベルで，婦人を責任あるポストにつけることを促進するために努力する。

個々の教員の役割

個々の教員は，全国組織の特別プログラムに対するWCOTPの綱領の拘束力を認め，以下のことのために努力するものとする。
○それぞれの加盟組織の方針の中で，男性と女性の平等な機会の発展を促進すること。
○どちらかの性の主要な役割あるいは，従属的な役割について，それぞれの学校で使用されているすべての教材を検討し，望ましくない強調をおくものは拒否すること。
○少年と少女の両方にあらゆる活動とプログラムを開放すること。
○どちらかの性がより望ましいとか，あるいは生まれつき優れているとかいう考え方を養うことに反対し，子どもたちが少女として，少年として，あるいは人間として，あるがままを享受するように奨励すること。
○学校の実践は，平等な機会についての考え方のモデルになるように努めること。

教育における婦人委員会は以下のことを勧告する。

1. 第27回代議員総会が，教育における婦人に関する綱領案を採択すること。
2. 第27回代議員総会は，執行委員会が，WCOTP方針の実施にむけての進捗状況に関する加盟団体からの定期的報告を求めるように指示すること。
3. 第27回代議員総会は，1975年7月，ドイツのカルーで開催された「工業社会における婦人の役割りに関するWCOTPセミナー」の報告書を執行委員会に参考にさせ，執行委員会が報告書と勧告の普及およびWCOTP綱領の関連事項を取り入れる手続きを検討するよう要請すること。
4. WCOTP事務局は，国連国際婦人年の事務局長に，国連婦人の10年の計画が，その目標達成のため，10年間の教育の重要性を強調していることに対する連合の関心を伝えるとともに，WCOTPは，国連がすべての婦人に対する教育の均等や婦人教員に対する職能上の平等に寄与する特別実践プログラムの実施に必要な非政府団体，特にWCOTPの経験や，専門の知識を認め，活用するよう勧告する。
5. 第27回代議員総会は，WCOTP執行委員会が，第28回代議員総会中に，教育における婦人を討論するための特別の会期を計画するよう要請する。

（出所）日本教職員組合『第27回WCOTP代議員総会報告』1978，pp.71-74

【註】

＊1　全国女子教育問題研究会『労働と愛と教育と』ドメス出版，1991，p.15.
＊2　奥山えみ子の語り。筆者によるインタビュー，2007年8月5日。
＊3　日本教職員組合婦人部『第2回全国婦人教員研究協議会報告扉をひらくもの』1953，pp.42-43.
＊4　安川悦子『フェミニズムの社会思想史』明石書店，2000，pp.133-141.
＊5　教育制度検討委員会・梅根悟編『日本の教育改革を求めて』勁草書房，1974，p.132.
＊6　村田泰彦「家庭科教育の問題性」一番ヶ瀬康子・奥山えみ子編『婦人解放と女子教育』勁草書房，1975，p.60.
＊7　同上論文，p.80.
＊8　古川 原「家庭科教育」日本教職員組合『教育評論』8月臨時増刊，1962.
＊9　文部省大臣官房「カリキュラムの履修機会 男女間の均等にはまだ遠い」『海外教育ニュース第5集（昭和57年）』MEJ 3-8304 教育調査・第107集，1983，pp.B37-B38参照。
＊10　半田たつ子「家庭科の男女共修運動は，女性解放に，どんな役割を果たしたか」日本婦人問題懇話会『会報No.45　特集　いま，女性の運動は』1986，pp.18-21参照。
＊11　村田泰彦・一番ヶ瀬康子・田結庄順子・福原美江『共学家庭科の理論』光生館，1986，p.229.
＊12　内閣総理大臣官房『婦人問題に関する有識者調査―概要―』昭和52年11月調査，1977，p.6.
＊13　駒野陽子「雇用の男女平等を求めて」日本婦人問題懇話会『会報No.45　特集いま，女性の運動は』1986，pp.27-44参照。
＊14　和田典子「男女共修の家庭科教育」一番ヶ瀬康子・奥山えみ子編『婦人解放と女子教育』勁草書房，1975，p.167参照。
＊15　一番ヶ瀬康子「スウェーデンに見る婦人たちの歩み」日教組女子教育もんだい研究会『女子教育もんだい研究』1977，pp.17-19.
＊16　奥山えみ子編著『対話　女子教育もんだい入門　自立を育てるために』労働教育教育センター，1993.
＊17　文部省『中学校・高等学校進路指導の手引き―個別指導編―』1980，pp.155-156.
＊18　奥山えみ子，前掲書＊16，p.15.
＊19　奥山えみ子「女子教育運動」奥山えみ子・藤井治枝編『女子教育 女の自立を求め て』労働教育センター，1982，p.161.
＊20　山科三郎・吉村玲子・三井きみ江「第4章　女子教育をめぐるイデオロギー問題」教育労働運動研究会編『婦人のための教職員組合読本』学習の友社，1979，p.165.
＊21　嶋津千利世「男女平等と母性保護論」嶋津千利世他編『現代の婦人労働　第2巻　男女平等と母性保護』労働旬報社，1978，pp.12-39参照。
＊22　Scott, J. W., *Gender and the Politics of History*, New York: Columbia University Press, 1988.［邦訳］スコット，J. W.著，荻野美穂訳『ジェンダーと歴史学』平凡社，1992，pp.109-110.
＊23　内閣総理大臣官房，前掲書＊12，p.4.
＊24　内閣府『男女共同参画社会に関する世論調査』2005年2月5日発表。全国の成人男女5千人を対象に2004年11-12月に実施。回収率70.0％。「夫が働き，妻は家庭」につ

いて男性の回答者では賛成49.8%，反対43.3%，女性は賛成41.3%，反対53.8%。世代別にみると60歳以上は賛成が多数を占めたが，これより若い世代はいずれも反対が賛成を上回った。『新潟日報』2005年2月6日参照。

＊25 藤井治枝「家庭基盤づくり対策と女子教育」『季刊 女子教育もんだい』No.3，労働教育センター，1980，p.9.

＊26 森戸辰男「婦人解放の意義について」『婦人の世紀』第1号，實業之日本社，1947，pp.1-15.

＊27 Thomsen, V. B., 'Frauenarbeit und Gewalt gegen Frauen', *Dokumentation: Kongre β "Zukunft der Frauenarbeit"*, Universität Bielefeld, 4.-6. November 1983, 1985.［邦訳］B.＝トムゼン，V.著，善本裕子訳「女性労働と暴力」ミース，M.・ヴェールホフ，C. V.・B.＝トムゼン，V.，古田睦美・善本裕子訳『世界システムと女性』藤原書店，1995，pp.210-223.

＊28 富山県教職員組合『県教組10年史』1957.

＊29 Thomsen, V. B., 'Why do housewives continue to be created in the third world too?', *Women: The Last Colony*, Zed Books, London, 1988.［邦訳］トムゼン，V. B.著，古田睦美訳「なぜ第三世界においても主婦がつくられ続けるのか」，前掲訳書＊27，pp.272-275参照。

＊30 Werlhof, C. V., 'Zum Verhältnis von "Staat" und "Kapital" und "Patriarchat"', *Beiträge zur feministischen Theorie und Praxis*, Nr.13, 1985.［邦訳］ヴェールホフ，C. V.著，善本裕子訳「『国家』と『資本』と『家父長制』の関係をめぐって」，前掲訳書＊27，pp.182-209参照。

＊31 Mies, M., *Patriarchy and Accumulation on a World Scale*, Zed Books Ltd, 1986.［邦訳］ミース，M.著，奥田暁子訳『国際分業と女性 進行する主婦化』日本経済評論社，1997，pp.311-312.

＊32 Scott, J.W.，前掲訳書＊22，pp.105-107参照。

＊33 木本喜美子『家族・ジェンダー・企業社会』ミネルヴァ書房，1995，pp.61-75.

＊34 芦谷薫「世界は動き，女は動く，どこに向かって？ 80年女の集会PART Ⅱに出席して」『季刊 女子教育もんだい』No.6，労働教育センター，1981，p.132.

＊35 喜多明人「女子の平等に教育をうける権利」国民教育研究所編『国民教育⑥ 女子教育読本』労働旬報社，1983，p.55.

＊36 村田泰彦「巻頭言」女子教育もんだい編集委員会『季刊 女子教育もんだい』No.11，労働教育センター，1982，p.1.

＊37 村田泰彦「第9分科会 家庭科教育 基調提案」日本教職員組合編『日本の教育 第31集』1982.

＊38 朴木佳緒留『ジェンダー文化と学習 理論と方法』明治図書，1996，p.121参照。

＊39 一番ヶ瀬康子「女性解放と少女非行—女子教育問題の視点から—」女子教育もんだい編集委員会『季刊 女子教育もんだい』No.12，労働教育センター，1982，pp.2-8.

＊40 ビヤネール多美子「スウェーデンの性教育と女子教育」女子教育もんだい編集委員会『季刊 女子教育もんだい』No.12，労働教育センター，1982，pp.17-25.

＊41 村瀬幸浩『SEXOLOGY NOTE セクソロジー・ノート』星雲社，2004，p.25.

＊42 永畑道子「つくられた"性"をこえるために」女子教育もんだい編集委員会『季刊 女

子教育もんだい』No.7，労働教育センター，1981，pp.2-9．宮淑子「教師の衣こそ脱ぎすてよ」『季刊 女子教育もんだい』No.7，労働教育センター，1981，pp.28-35.

*43 加藤隆勝・深谷昌志編『中学校生徒指導　非行の克服』教育出版，1983，pp.18-19．「女子少年が性的非行に走った動機を，『警察白書』（昭和 57 年版）によって見ると，『だまされて』（1.9%），『おどかされて』（0.8%）などはきわめて少なく，その多くは『みずからすすんで』（50.1%。うち『興味・好奇心から』25.8%，『遊ぶ金が欲しくて』3.2%）か，『誘われて』（46.5%。うち『興味・好奇心から』34.5%，『遊ぶ金が欲しくて』6.6%）であって，享楽的動機が大部分である。」

*44 文部省『生徒の問題行動に関する基礎資料（中学校・高等学校編）』大蔵省印刷局，1982，p.43．「昭和 52 年の性非行女子中学生・高校生の動機を，警察庁の『昭和 52 における少年の補導及び保護の状況』でみると，『自らすすんで』が全体の 48.6%を占め，『誘われて』が 46.9%となっており，『だまされて』とか『おどされて』というのはほとんどない。また，その内訳も，『興味（好奇心）から』が 81.7%とほとんどを占め，次いで『遊ぶ金が欲しくて』の 11.3%となっており，これらの非行が遊び型であることがわかる。」

*45 内藤和美「フェミニズムの立場からみた子どもの性的虐待」北山秋雄編『子どもの性的虐待—その理解と対応をもとめて—』大修館書店，1994，p.43.

*46 編集部「『女子教育』は広がり深まる 全国教研・女子教育もんだい分科会から」『季刊 女子教育もんだい』No.15，労働教育センター，1983，pp.47-48.

*47 永畑道子，前掲書*42，pp.2-9.

*48 宮淑子，前掲書*42，pp.28-35.

*49 柏木恵子「現代青年の性役割の習得」『現代青年の性意識〔現代青年心理学講座 5〕』金子書房，1973．「性役割の獲得は適応を左右する。男子では性役割行動が顕著であるものほど，社会的受容も高く不安は低い。異性関係や性的行動の成功・不成功は，当人が男性あるいは女性としての性役割行動や特徴をもっているかどうか，その確信の度合いにかかっている。性役割行動には，男性については女性に対してリーダーシップをもつこと，性的イニシアチブをとること，女性においては性的興奮の抑制や男女関係での受身な態度が，それぞれ主要な内容として含まれている。同性愛群は依存的で野心的でなく，男性的特性を著しく欠いている。性行動の異常は，幼時からの性役割発達の重要性を指摘している。」

*50 宮淑子，前掲書*42，p.33.

*51 神保信一・十東文男・永瀬純三編『小学校教育実践講座 2　問題行動の理解と指導』ぎょうせい，1979．当時の以下のような指摘がみられる。「売春行為をする側の女子中学生，高校生の実態のみが一部の興味本位なマスコミの報道によって大きく問題にされているが，女性の性を求め売春に応じた相手としての大人の側の問題は，なぜ厳しく批判を浴びないままで済んでいるのか」（p.71），「性の問題においては，社会における婦人問題とのつながり，さらに，大人の性文化の投影といった性格が端的に出ているともいえよう。」（p.72）

*52 村田泰彦「編集後記」女子教育もんだい編集委員会『季刊 女子教育もんだい』No.7，労働教育センター，1981，p.156.

*53 青木やよひ「女子教育にとっての性」女子教育もんだい編集委員会『季刊 女子教育

もんだい』No.16，労働教育センター，1983，p.9.

*54 樋口けい子・奥山えみ子「小学校でどう教えているか」奥山えみ子編著『対話女子教育もんだい入門』労働教育センター，1993，p.94.

*55 田代美江子「戦後どのような変化をたどってきたか」“人間と性”教育研究協議会編『性教育のあり方，展望』大月書店，2006，p.35.

*56 青木やよひ，前掲論文*53，p.9.

*57 井上洋子著者代表『ジェンダーの西洋史』法律文化社，1998，p.166.

*58 村瀬幸浩，前掲書*41，2004，pp.12-15.

*59 エンゲルスは，女性抑圧の起源に関して，前史における「女性の世界史的敗北」と称し，「母権制の転覆は，女性の世界史的な敗北であった。男性は家の中でも舵をにぎり，女性は品位をけがされ，隷属させられて，男性の情欲の奴隷，子供を産むたんなる道具となった」(エンゲルス『家族・私有財産・国家の起源』岩波文庫，pp.75-76)，とした。これに対してM・ミースは，エンゲルスは，どのように人類が前史から社会史へと飛躍したのかという問題にこたえることができない。彼は，私有財産，家族，国家が出現するまでは，進化の法則が支配していたと考え，女性と自然との相互作用を進化の領域に追いやっている，と述べている。ミース，M.著，古田睦美訳「性別分業の社会的起源」，前掲訳書*27，pp.143-147参照。

*60 水田珠枝『女性解放思想の歩み』岩波書店，1973，pp.176-177.

*61 同上書，pp.204-205.

*62 Mies, M.，前掲訳書*31，pp.163-165.

*63 高良留美子「家庭はどこへ行くか」女子教育もんだい編集委員会『季刊 女子教育もんだい』No.9，労働教育センター，1981，p.7参照。

*64 M.ミースも「二重経済のなかの女性」についての事例の一つとして注目し，次のように紹介している。「この『ロシアの女性』という年報（*Almanac: Women in Russia*, No.1, 1980）はソビエトの男女関係の状況についての情報を掲載した初のフェミニスト文書であった。家父長的関係にみられる鈍感さや残虐性について女性たちの怒り，苦痛，不信の叫びが記載されている。」Mies, M.，前掲訳書*31，pp.306-307.

*65 Scott, J. W.，前掲訳書*22，pp.82-83参照。

*66 Enloe, C., Why Do We Need to Take Women Seriously in Order to Explain Our Societies' Militarization?「女性・戦争・人権」学会国際シンポジウム「フェミニストがつくる平和 軍事主義を超える」2003年3月22日。

*67 伊東良徳・大脇雅子・紙子達子・吉岡睦子『教科書の中の男女差別』明石書店，1991，p.213.

*68 同上書，p.241.

*69 深尾凱子「女子教育・アメリカの場合」奥山えみ子・藤井治枝編『女子教育 女の自立を求めて』労働教育センター，1982，pp.142-145.

*70 文部省大臣官房「F-1 学校教育における性役割の固定観念の除去 オンタリオ州教育省のカリキュラムに関する指針」『海外教育ニュース』第3集（昭和55年）MEJ 3-8105，教育調査・第104集，1981，3月，pp.159-161参照。

*71 山口みつ子「民間婦人団体の動向」婦人問題懇話会『特集 国連婦人の十年に向けて』会報No.29，1978，p.19.

*72　日本教職員組合婦人部編『日教組婦人部三十年史』労働教育センター，1977，p.358.
*73　奥山えみ子の語り。筆者によるインタビュー，2003年12月25日。
*74　駒野陽子「雇用の男女平等を求めて」日本婦人問題懇話会『会報No.45 特集 いま，女性の運動は』1986，p.26参照。
*75　佐藤洋子「佐多稲子さんに聞く 男女平等を実のあるものに」『季刊 女子教育もんだい』No.3，労働教育センター，1980，p.54.
*76　2001年教育インターナショナル（EI）第3回世界総会女性委員会は，「女性と開発」という概念を「平等な機会と平等な開発」という幅広く総合的な概念に組み入れることについて話し合った。そして女性の発展とは，単に女性の自立能力を開発するだけではなく，方針と実践に持続可能な変革をもたらすことを目指してジェンダー間の関係（社会的，経済的，文化的レベルにおいて）の問題に積極的に取り組むことを意味するとの立場を明確にした。日本教職員組合国際部『教育インターナショナル 第3回世界総会報告書』2002，p.181.
*77　スウェーデン政府は，このような事態を「男性はコルクのようなもの。いつも上部に浮かぶ」と表現した。レグランド塚口淑子「〈スウェーデンからの報告〉調査資料に見るアンペイド・ワーク」川崎賢子・中村陽一編『アンペイド・ワークとは何か』藤原書店，2000，p.123参照。
*78　池木清「解説・ニュースの焦点」日本教育新聞社『週刊教育資料』No.882，2005年2月28日号，p.7.
*79　仁木ふみ子「基調報告」日本教職員組合婦人部『女子教育もんだい研究のために』資料No.7，1986，p.9.
*80　上野千鶴子・竹村和子「ジェンダー・トラブル」上野千鶴子編『ラディカルに語れば…』平凡社，2001，pp.232-233参照。
*81　井上輝子・國信潤子「イギリス諸大学の女性学教育―その構造と課題―」日本女性学会編集委員会『女性学』Vol.10，日本女性学会，2002，pp.156-157.
*82　日本教職員組合国際部『教育インターナショナル 第3回世界総会報告書』2002，p.11.
*83　Mary Robimson (UN High Commissioner for Human Rights), *Education International Quarterly*, Vol.5 No.3，1999，EIマガジン10月号，1999.
*84　日本教職員組合女性部『日教組女性部50年のあゆみ』2002，p.35.
*85　退職婦人教職員全国連絡協議会『扉をひらいた人』第一書林，1992，pp.222-223.
*86　浜崎サイ「討論にみるペレストロイカ」第5回日ソ婦人セミナー実行委員会『第5回日ソ婦人セミナー報告』1987，pp.14-15.
*87　同上論文，p.15.
*88　一番ヶ瀬康子，前掲書*15，pp.2-3.
*89　田中寿美子『新しい家庭の創造』岩波書店，1964，p.64.
*90　岡沢憲芙・木下淑恵「戦後政治と政党」岡沢憲芙・宮本太郎編『スウェーデンハンドブック第2版』早稲田大学出版部，2004，pp.85-99参照。
*91　小川有美「議会政治と選挙」岡沢憲芙・宮本太郎編，同上書，pp.71-84参照。
*92　塩屋保「外交政策」岡沢憲芙・宮本太郎編，同上書，pp.100-107参照。
*93　中山庸子「言語と文化」岡沢憲芙・宮本太郎編，同上書，pp.15-26参照。
*94　岡沢憲芙「女性環境―先駆ける男女共同参画社会」岡沢憲芙・宮本太郎編，同上書，

pp.215-231 参照。

*95 1980 年代，M・ミースや C. V・ヴェールホフ，V・B＝トムゼンらは公的・私的生活における性別役割分業と暴力の関係について述べている。Mies, M., 前掲訳書*31, pp.27-38 参照。

*96 同上訳書，pp.59-60.

*97 同上訳書，pp.60-61.

おわりに：成果と課題

学校や家庭，社会で男女が担う役割に関する考え方は，社会的に構築されたものであり，それがどのように変容していくのかについて，複合的な変容過程の一部を教職員運動にみることができた。ジェンダーに関する支配的な考え方に基づく学校制度や教育政策に基づく教師のさまざまな実践は，そうした考え方を再生産していくと同時に，時には変容させてもいく。その変容は，現実的な生きた経験による個々人の矛盾から生まれるが，リーダーを得ることによって共有・共感され，理想と方向が示され解決が模索される。その運動は，私的な体験から出発して全国レベルの争点からグローバルな共通課題にまで達していた。

教職員組合とその運動は，学校教育と教職員の問題を，集団的な研究と行動へ変換していく役割をもち，女性教員運動は，一貫して学校をめぐるジェンダー問題を扱っていた。戦後直後はもとより近年に至るまで女性の発言そのものが決して多いとは言えない時代であったことから，女性教員運動記録は当時を知る貴重な記録ともなっていた。その記録を再検討することにより，これまでの女性教員運動に対する母性保護イメージとは異なるものや見落とされてきたものが多々あることがわかったのである。

本書は運動組織の中でこれまで見えにくかった女性たちの状況とその運動を，そのリーダーの言動に沿って理解することを試みた。女性たちの状況とは，主に女性の経験から捉えることで明らかになったジェンダー関係のことであり，その運動とは，ジェンダー平等と望ましい教育を求める運動である。

従来の婦人問題を，階級や封建性の問題からジェンダー問題へ捉え直し，労働運動にフェミニズム運動を取り入れていった運動のリーダーが奥山えみ子である。彼女は女性の問題は，実はジェンダーとジェンダー関係の問題であることに教員運動の中でいち早く気づいた。奥山自身がそれをどのように理解し，新たな運動の仕方をどのように形成したのか，奥山をめぐる人々がジェンダーをどのように理解し，どのようにその変容に関わったのかを，1950年代から1980年代にわたる女性たちの教育研究運動の中から探ることができた。

戦後の女性教員運動の大きなテーマは，男女間の差別を無くすこと，出産や育児のために辞めることなく働き続けられるように労働権を確立することであった。そして多くの女性が労働に従事し労働運動に参入することにより社会変革が起こり，女性解放が実現すると信じられていた。しかし，労働権の確立は教員等一部の職種に限られていること，そのため女子生徒の多くが卒業後の展望をもてない状況があることを実感した時，この経済的自立をめぐって女子教育問題研究が始められた。しかし，それだけではなく新たに「性の自立」の必要性が浮かび上がってきたのが1980年代後半である。同時に，これまでの運動が関心を示してこなかった人身売買や買売春を含む女性に対する暴力の問題に目を向けるようになった。男女の権力関係とそれによって生み出される構造的暴力の問題があったのである。

「自立」教育が模索され，実践研究も蓄積されている。これらの成果を，自立育成の具体的な実践に生かすとともに，多様な人々が望ましい働き方のできる社会を作っていくことが，今求められている。

最後に，女性教員が労働権を求め，ILOが「両性による家庭責任」を提起してから40年を経た今日，学校教員の働き方やジェンダー関係は改善しただろうか。OECDが2014年に公表した『国際教員指導環境調査（TALIS2013）』によると，中学校教員の1週間の勤務時間は日本が最も長く53.9時間で，加盟国平均38.3時間の1.4倍となっている。特に課外活動の時間が7.7時間と長く，加盟国平均2.1時間の3.7倍である。一方，女性校長比率は6.0％と最も低く，加盟国平均の49.4％と比較すると8分の1である。気になるのは，他の多くの国々とは反対に，女性教員の自己効力感や満足度が男性教員より低いことである。

学校だけでなく日本の多くの職場で，働き方やジェンダー関係について，同じような課題を抱え，「家庭責任は女性」としたままで，男性の長時間労働が続いているのではないだろうか。

すべての人が自己効力感や満足度を高めることのできる働き方に変えていくために，これまでの議論を振り返るとともに，課題を共有し，働き方の改善を加速させていくことが課題である。

あとがき

本書は，2006年に完成した博士論文をもとにしており，出版までに10年を経てしまった。大変遅くなったが，本書の完成を待って，奥山えみ子さん（96歳）に届けられることが，大きな喜びである。

言い訳になるが，出版に向けた再吟味の途中で，山形大学男女共同参画推進室の業務に携わることになり，この間，女性研究者比率を高めるための意識改革や支援制度構築などの環境整備に従事した。日本の女性研究者比率は14.4%（2013年）とOECD加盟国中最も低く，改善に向けた努力が続けられている。文部科学省や科学技術振興機構の後押しを受けて，女性支援を行えたこと，女性が活躍できる大学環境の整備に関わることができたのは幸せなことだった。何より，大学のトップの積極的な姿勢は心地良いものだった。

業務に追われたことも確かではあるが，公表することの責任の重さがのしかかっていたことも大きくあった。しかし，いつまでも時間があるわけではない。奥山さんの業績に敬意を表し，協力に感謝し，そして少しでも関心をもっていただいた方からの率直な批判を受けるべく，ここに公表することとした。

博士論文作成に向けて，ご指導ご助言をくださった西穣司先生，荻原克男先生，若井彌一先生，安藤知子先生，研究活動を支えてくださった黒羽正見先生に深く感謝したい。また，出版に当たっては，細心の注意を払って仕上げてくださった学文社の落合絵理氏に，篤くお礼を申し上げるとともに，これまでお力添えをいただいた多くの方々と私の家族に感謝したい。

2017年　春

木村　松子

奥山えみ子さん（83歳）（右）と筆者
（2003年12月鹿児島にて）

主要参考文献

【和文献】

赤松良子『解説女子労働判例』学陽書房，1976.
赤松良子『赤松良子 志は高く』日本図書センター，2001.
芦谷薫「世界は動き，女は動く，どこに向かって？　80年女の集会PART Ⅱに出席して」女子教育もんだい編集委員会『季刊 女子教育もんだい』No.6，労働教育センター，1981，pp.130-133.
天野正子「問われる性役割」朝尾直弘他編『岩波講座 日本通史 現代2』第21巻，岩波書店，1995，pp.185-220.
天野正子・木村涼子編『ジェンダーで学ぶ教育』世界思想社，2003.
荒巻久美子「家庭責任にどう対処しているか」奥山えみ子編『双書／婦人教育労働者Ⅰ 共働きのもんだい』明治図書，1971，pp.15-42.
伊地知フサ「すべての働く人に育児休業を」宮崎県教職員組合婦人部・宮崎県高等学校教職員組合婦人部『子どもと母と女教師と』1985，pp.94-98.
一番ヶ瀬康子「スウェーデンに見る婦人たちの歩み」日教組女子教育もんだい研究会『女子教育もんだい研究』1977，pp.2-20.
一番ヶ瀬康子「婦人差別撤廃条約の意義と課題」国民教育研究所編『別冊　国民教育⑥女子教育読本』労働旬報社，1983，pp.4-11.
伊藤康子「現代社会と女性」脇田晴子・林玲子・永原和子編『日本女性史』吉川弘文館，1987，pp.274-292.
伊東良徳・大脇雅子・紙子達子・吉岡睦子『教科書の中の男女差別』明石書店，1991.
岩本美砂子「女のいない政治過程 日本の55年体制における政策決定を中心に」日本女性学会『女性学』新水社，Vol.5, 1997，pp.8-39.
上野千鶴子「女性史は歴史の枠組みを変える」第7回全国女性史研究交流のつどい実行委員会『新ミレニアムへの伝言』ドメス出版，1999.
上野千鶴子編『ラディカルに語れば…』平凡社，2001.
上野千鶴子「市民権とジェンダー──公私の領域の解体と再編―」『思想』No.955，岩波書店，2003，pp.10-34.
上原専禄「封建制度概念の多様性」『思想』1950年2月号，pp.1-11.
上原専禄『歴史学序説』大明堂，1958.
江藤恭二・篠田弘・鈴木正幸編『子どもの教育の歴史―その生活と社会背景をみつめて―』名古屋大学出版会，1992.
大河内一男・松尾洋『日本労働組合物語戦後編［上］』筑摩書房，1969.
大脇雅子発言「パネル・デスカッション テーマ…平和をまもり，差別をなくすために再び“あやまち”をくりかえさない」第26回はたらく婦人の中央集会実行委員会『第26回はたらく婦人の中央集会報告書』1981.
金井淑子「ウーマンリブ登場から80年代論争まで」別冊宝島編集部編『わかりたいあなたのためのフェミニズム・入門』JICC出版局，1990，pp.52-61.

鹿野政直『婦人・女性・おんな』岩波新書，1989.
鹿野政直『現代日本女性史』有斐閣，2004.
加納実紀代「『新しい女』の誕生から戦後までの軌跡」別冊宝島編集部編『わかりたいあなたのためのフェミニズム・入門』JICC 出版局，1990，pp.42-51.
亀田温子「教育装置のつくりかえ―社会を見る眼を奪い，心理主義化をすすめる教育改革とは―」日本女性学会学会誌 11 号編集委員会編『女性学』(2003) Vol.11，新水社，2004，pp.20-27.
河上婦志子『二十世紀の女性教師―周辺化圧力に抗して―』御茶の水書房，2014.
関西女の労働問題研究会・竹中恵美子ゼミ編集委員会『竹中恵美子が語る労働とジェンダー』ドメス出版，2004.
神田道子他「『女性と教育』研究の動向」日本教育社会学会編『教育社会学研究』第 40 集，東洋館出版社，1985，pp.87-107.
木内キヤウ『教育一路』学芸図書出版，1953.
木内キヤウ『伝記叢書 65 教育一路／汎太平洋婦人会議に列して』大空社，1989.
喜多明人「女子の平等に教育をうける権利」国民教育研究所編『別冊国民教育⑥ 女子教育読本』労働旬報社，1983，pp.44-64.
木村松子「戦後教師における封建残滓説の生成とその性格」上越教育経営研究会『教育経営研究』第 7 号，2001，pp.45-53.
木村松子「『新教育指針』序論（文部省 1946）の再検討」日本学校教育学会編『学校教育研究』第 16 号，教育開発研究所，2001，pp.142-155.
木村松子「公務員制度確立期の教育職賃金観に関する一考察　ジェンダーの視点による再検討」日本学校教育学会編『学校教育研究』第 17 号，教育開発研究所，2002，pp.86-101.
木村松子「1970 年代の『自立』教育運動に関する一考察―『経済的自立』を中心として―」日本学校教育学会編『学校教育研究』第 21 号，教育開発研究所，2006，pp.124-137.
木村松子「『性の自立』の認識過程に関する研究―1980 年代のカリキュラム改善運動に焦点を当てて―」カリキュラム学会編『カリキュラム研究』第 16 号，2007，pp.57-70.
木本喜美子『家族・ジェンダー・企業社会』ミネルヴァ書房，1995.
木本喜美子「現代日本の女性」後藤道夫編『日本の時代史 28 岐路に立つ日本』吉川弘文館，2004，pp.162-194.
教育史学会大会シンポジウム「教育史における女性　ジェンダーの視点から教育史を問い直す」教育史学会『日本の教育史学　教育史学会紀要』第 38 集，1995，pp.332-360.
教育制度検討委員会・梅根悟編『日本の教育改革を求めて』勁草書房，1974.
教育労働運動研究会編『婦人のための教職員組合読本』学習の友社，1979.
厚生労働省労使関係担当参事官室編『第 2 版　日本の労働組合 歴史と組織』日本労働研究機構，2002.
駒野陽子「雇用の男女平等を求めて」日本婦人問題懇話会『会報 No.45　特集　いま，女性の運動は』1986，pp.27-44.
佐藤洋子「佐多稲子さんに聞く 男女平等を実のあるものに」『季刊 女子教育もんだい』No.3，労働教育センター，1980，pp.46-55.
坂本辰郎『アメリカ教育史の中の女性たち―ジェンダー，高等教育，フェミニズム―』東信堂，2002.

塩田咲子「現代フェミニズムと日本の社会政策」井上輝子・上野千鶴子・江原由美子編 『日本のフェミニズム④ 権力と労働』岩波書店，1994，pp.113-133.
嶋津千利世「男女平等と母性保護論」嶋津千利世他編『現代の婦人労働第2巻 男女平等と母性保護』労働旬報社，1978，pp.11-39.
柴山恵美子『欧州諸国における労働力の「女性化」と出生率動向調査』全国勤労者福祉振興協会，1992.
女子教育もんだい編集部「『女子教育』は広がり深まる 全国教研・女子教育もんだい分科会から」『季刊 女子教育もんだい』No.15，労働教育センター，1983，pp.47-53.
辛淑玉「ふてぶてしい女は組織の資産」日本教職員組合『教育評論「母と女性教職員の会」50年』2003，pp.28-29.
新福祐子『女子師範学校の全容』家政教育社，2000.
全国女子教育問題研究会『労働と愛と教育と』ドメス出版，1991.
退職婦人教職員全国連絡協議会編『美しき生涯を 退婦教20年のあゆみ』ドメス出版，1987.
退職婦人教職員全国連絡協議会編『扉をひらいた人』第一書林，1992.
高島昌二『スウェーデンの家族・福祉・国家』ミネルヴァ書房，1997.
高田なほ子「はじめに」日本教職員組合婦人部『日教組婦人部三十年史』労働教育センター，1977，pp.iii-vi.
高田なほ子『雑草のごとく』ドメス出版，1981.
高野良子『女性校長の登用とキャリアに関する研究』風間書房，2006.
高橋史郎・杉原誠四郎『戦後教育改革通史』明星大学戦後教育研究センター，1993.
多賀太「大人の『男』と『女』は変わらない？―成人期のジェンダー意識の変容―」天野正子・木村涼子編『ジェンダーで学ぶ教育』世界思想社，2003，pp.245-261.
武内清「女子の生徒文化の特質」日本教育社会学会編『教育社会学研究』第40集，東洋館出版社，1985，pp.23-34.
田中かず子「危機を好機とするために」『女性学』Vol.7，新水社，1999，pp.112-130.
田中寿美子『新しい家庭の創造』岩波書店，1964.
辻村みよ子「男女共同参画社会基本法後の動向と課題―男女共同参画とポジティブ・アクションの理念をめぐって」『Jurist 特集ジェンダーと法』No.1237，有斐閣，2003，pp.2-10.
徳武靖「Ⅲ章 女教師と他の職業との比較」重松敬一・丸岡秀子編『女教師の家庭と職業』明治図書出版，1967，pp.93-118.
外崎光広「山川菊栄論 社会主義女性解放論の泰斗」『季刊 女子教育もんだい』No.9，労働教育センター，1981，pp.108-115.
内閣総理大臣官房『婦人問題に関する有識者調査―概要―』昭和52年11月調査，1977.
中西祐子・堀健志「『ジェンダーと教育』研究の動向と課題」日本教育社会学会編『教育社会学研究』第61集，東洋館出版社，1997，pp.77-100.
中野卓・桜井厚編『ライフヒストリーの社会学』弘文堂，1995.
永畑道子「つくられた“性”をこえるために」『季刊 女子教育もんだい』No.7，労働教育センター，1981，pp.2-9.
仁木ふみ子「基調報告」日本教職員組合婦人部『女子教育もんだい研究のために』資料No.7，1986，pp.3-11.
日本教育社会学会編『教育社会学研究』第40集，東洋館出版社，1985.

日本教育社会学会編『教育社会学研究』第61集，東洋館出版社，1997.
日本教育社会学会編『教育社会学研究』第62集，東洋館出版社，1998.
半田たつ子「家庭科の男女共修運動は，女性解放に，どんな役割を果たしたか」日本婦人問題懇話会『会報No.45　特集 いま，女性の運動は』1986.
平井貴美代「15章 歴史研究」『教育経営研究の理論と軌跡』日本教育経営学会，2000，pp.238-251.
深尾凱子「女子教育・アメリカの場合」奥山えみ子・藤井治枝編『女子教育―女の自立を求めて―』労働教育センター，1982，pp.142-151.
深谷昌志『女性教師論』有斐閣新書，1980.
藤井治枝「家庭基盤づくり対策と女子教育」『季刊 女子教育もんだい』No.3，労働教育センター，1980，pp.6-13.
婦人問題懇話会（代表田中寿美子）『婦人問題懇話会会報』No.39，1983.
古川　原「家庭科教育」日本教職員組合『教育評論』8月臨時増刊，1962，pp.36-37.
古橋エツ子「スウェーデンの育児休暇と介護休暇制度」婦人労働研究会『女性労働』2004.
朴木佳緒留『ジェンダー文化と学習―理論と方法―』明治図書，1996.
槙枝元文「高田なほ子さんとの出合い」退職婦人教職員全国連絡協議会編『扉をひらいた人』第一書林，1992，pp.19-23.
槙枝元文「戦後労働運動を生きる　槙枝元文」月刊労働組合編集部編『戦後労働運動を生きる』労働大学，1995，pp.153-169.
増井三夫「シンポジウム『歴史研究における社会的・文化的秩序の変容―教育史研究の対象と方法の多様性・複合性―』シンポジウムの趣旨」教育史学会紀要，2002.
丸尾直美・塩野谷祐一編『スウェーデン』東京大学出版会，1999.
三谷直紀「女性雇用と男女雇用機会均等法」猪木武徳・樋口美雄編『日本の雇用システムと労働市場』日本経済新聞社，1995，pp.201-227.
宮本英子「全国婦人教員研究協議会の研究」『日本教育史研究』第16号，1997，pp.77-102.
松田佐和「婦人教師の参加をすすめるために」日本教職員組合編『日本の教育 第4集』国土社，1955，pp.614-616.
望月宗明『日本の婦人教師　その変革の歩み』労働旬報社，1968.
文部省『学校教員調査報告』昭和25年4月30日現在，1950.
文部省調査局『各国の教員組合』1959.
文部省初等中等教育局地方課『教職員の組織する職員団体の概況』昭和38年6月1日現在，1963.
文部省大臣官房「F-1 学校教育における性役割の固定観念の除去　オンタリオ州教育省のカリキュラムに関する指針」『海外教育ニュース 第3集（昭和55年）』MEJ 3-8105, 教育調査・第104集，1981.
文部省大臣官房「カリキュラムの履修機会 男女間の均等にはまだ遠い」『海外教育ニュース第5集（昭和57年）』MEJ 3-8304 教育調査・第107集，1983.
文部省教育助成局地方課『教育委員会月報』平成11年12月号（No.599），第一法規出版，1999.
安川悦子『フェミニズムの社会思想史』明石書店，2000.
山口みつ子「民間婦人団体の動向」『婦人問題懇話会会報　特集　国連婦人の十年に向けて』

No.29, 1978, pp.19-23.
山科三郎・吉村玲子・三井きみ江「第4章　女子教育をめぐるイデオロギー問題」教育労働運動研究会編『婦人のための教職員組合読本』学習の友社, 1979, pp.144-176.
脇田晴子・林玲子・永原和子編『日本女性史』吉川弘文館, 1987.
和田典子「男女共修の家庭科教育」一番ヶ瀬康子・奥山えみ子編『婦人解放と女子教育』1975, pp.162-209.

【翻訳文献】

Apple, M. W., *Ideology and Curriculum,* Routledge & Kegan Paul Ltd., 1979. ［邦訳］アップル, M. W., 角倉正美他訳『学校幻想とカリキュラム』日本エディタースクール出版部, 1986.
Foucault, M., *L'ARCHEOLOGIE DU SAVOIR*, Gallimard, Paris, 1969. ［邦訳］フーコー, M., 中村雄二郎訳『知の考古学』河出書房, 1970.
Mies, M., *Patriarchy and Accumulation on a World Scale*, Zed Books Ltd., 1986. ［邦訳］ミース, M., 奥田暁子訳『国際分業と女性―進行する主婦化―』日本経済評論社, 1997.
Mies, M., Veronika Benholdt-Thomsen and Claudia von Werlhof, *WOMEN: THE LAST COLONY*, Zed Books Ltd., 1988. ［邦訳］ミース, M.・ヴェールホフ, C. V.・B＝トムゼン, V., 古田睦美・善本裕子訳『世界システムと女性』藤原書店, 1955.
Perrot, M., *Une Histoire Des Femmes Est-Elle Possible?*, Editions Rivages, 1984. ［邦訳］ペロー, M. 編, 杉村和子・志賀亮一監訳『女性史は可能か』藤原書店, 1992.
Scott, J. W., *Gender and the Politics of History*, New York: Columbia University Press, 1988. ［邦訳］スコット, J. W., 荻野美穂訳『ジェンダーと歴史学』平凡社, 1922.
Whitworth, S., *FEMINISM AND INTERNATIONAL RELATIONS*, Macmillan Press Limited, 1994. ［邦訳］ウィットワース, S., 武者小路公秀他監訳『国際ジェンダー関係論―批判理論的政治経済学に向けて―』藤原書店, 2000.

【欧文献】

Whitehead, S. M. and Barrett, F. J., *The Masculinities Reader*, Polity Press, 2001.
Scott, D. and Usher, R., *Understanding Educational Research*, Routledge, 1996.
Skelton, C., *Schooling the Boys*, Open University Press, 2001.
Mills, M., *Challenging Violence in Schools,* Open University Press, 2001.
Mills, M., Martino,W. and Lingard, B., Attracting, recruiting and retaining male teachers: policy issues in the male teacher debate, *British Journal of Sociology of Education*, Vol.25, No.3, 2004.

【分析対象・参考資料　奥山えみ子関係】

奥山えみ子「母親大会と女教師の役割」『教育評論』1962年8月, pp.54-55.
奥山えみ子・三原大乗「ILO87号条約批准闘争をめぐって」『教育評論』1963年4月, pp.50-57.
奥山えみ子・大町多喜子・遠藤幸子・坂巻貢・北岡照子「誌上討論・育児休職制度をめぐって」『教育評論』1966年2月, pp.54-65.

奥山えみ子「婦人教職員の育児休暇制度について」『労働経済旬報』649，1966年6月．
奥山えみ子他「特集，婦人教育労働者の権利確立のたたかいと展望」『教育評論』1969年7月，pp.12-66.
奥山えみ子「教育労働者としての婦人教師」『教育評論』1969年7月，pp.17-19.
奥山えみ子『双書／婦人教育労働者1　共働きのもんだい』明治図書出版，1971.
奥山えみ子「退職年令引上げのたたかい」『教育評論』1973年6月，pp.30-32.
奥山えみ子「育児時間・育児休暇制へのとりくみ」『季刊教育法』9, 1973年9月．
奥山えみ子・藤田恭平・千葉千代世・伊藤文子・橋口和子「今日の教育の問題と婦人」日本教職員組合婦人部『母と女教師の会20周年記念中央集会報告』1973，pp.4-38.
奥山えみ子「女子教育と女教師」一番ヶ瀬康子・奥山えみ子『婦人解放と女子教育』勁草書房，1975，pp.134-160.
奥山えみ子「国際婦人年を迎えて　改めて，婦人部活動のあり方を問う」『教育評論』1975年8月，pp.26-29.
奥山えみ子「あとがき」退職婦人教職員全国連絡協議会編『美しき生涯を　退婦教十年のあゆみ』1976，pp.153-156.
奥山えみ子「母と女教師の会　民主教育確立の原動力に」『教育評論』1976年9月，pp.55-58.
奥山えみ子「あとがき」日教組婦人部『日教組婦人部三十年史』1977，pp.553-556.
奥山えみ子司会「座談会　日教組婦人部30年の歴史の上に」『教育評論』1977年7月，pp.26-35.
奥山えみ子「いまなぜ女子教育を」『教育評論』1978年5月，pp.20-25.
奥山えみ子「第27回WCOTP総会テーマ『明日の世界における教職』発言要旨」日本教職員組合第27回WCOTP総会報告書，1978，pp.58-59.
奥山えみ子「日常実践のなかから積み上げを」『教育評論』1979年1月，pp.31-32.
奥山えみ子「WCOTP『教育における婦人に関する綱領』の意義と私たちの課題」『教育評論』1979年2月，pp.25-29.
奥山えみ子他「つらい日曜日―婦人教師の生活時間調査から―」『教育評論』1979年2月，pp.35-44.
奥山えみ子「分科会報告　第18分科会人権教育・同和教育・女子教育問題成果と課題」『教育評論』1979年3月臨時増刊，p.146.
奥山えみ子・村田康彦・佐藤洋子・一番ヶ瀬康子・星野安三郎「これからの女子教育のために」『季刊 女子教育もんだい』No.1，労働教育センター，1979，p.1.
奥山えみ子「女子教育問題研究推進のために1.入門講座」日教組女子教育もんだい研究会『女子教育もんだい研究』資料No.3，労働教育センター，1980，pp.3-17.
奥山えみ子「巻頭言　女子教育が求めるもの」『季刊 女子教育もんだい』No.2，労働教育センター，1980，p.5.
奥山えみ子「日ソ婦人セミナーに出席して」『季刊 女子教育もんだい』No.3，労働教育センター，1980，pp.177-178.
奥山えみ子「日教組第29次教研―女子教育分科会」『季刊 女子教育もんだい』No.4，労働教育センター，1980，pp.167-171.
奥山えみ子「女子教育の課題　全国教研女子教育分科会の記録から」阿部欣一編集『月刊ホー

ムルーム』8月号，学事出版，1980，pp.6-15.
奥山えみ子他「第25分科会　女子教育問題」日本教職員組合編『日本の教育 第29集』一ツ橋書房，1980，pp.553-568.
奥山えみ子「深まる『女子教育問題』の実践」『教育評論』1980年11月臨時増刊，pp.71-73.
奥山えみ子「女子教育問題への日教組の取組み」『季刊 女子教育もんだい』No.7，労働教育センター，1981，pp.15-20.
奥山えみ子「私の教育実践　全国教研レポートから 女子教育もんだい 紹介にあたって」『教育評論』1981年5月，pp.81-82.
奥山えみ子（司会）・星野安三郎・永畑道子・大脇雅子「平和をまもり，差別をなくすために再び“あやまち”をくりかえさない」第26回はたらく婦人の中央集会実行委員会『第26回はたらく婦人の中央集会報告集』1981，pp.12-68.
奥山えみ子「ILO第67回総会に出席して」『季刊 女子教育もんだい』No.9，労働教育センター，1981，pp.89-91.
奥山えみ子司会「座談会　沖縄・ベトナムと女たち」『季刊 女子教育もんだい』No.10，労働教育センター，1982，pp.44-51.
奥山えみ子「女子教育運動」奥山えみ子・藤井治枝編『女子教育　女の自立を求めて』現代婦人問題研究会，労働教育センター，1982，pp.155-213.
奥山えみ子「巻頭言　時代の後戻りを許さない」『季刊 女子教育もんだい』No.12，1982，p.1.
奥山えみ子司会「座談会　職場のいまと婦人教職員」『教育評論』1982年11月，pp.24-33.
奥山えみ子「婦人差別撤廃条約と女子教育の課題」国民教育研究所編『別冊　国民教育⑥　女子教育読本　婦人差別撤廃条約を中心として』労働旬報社，1983，pp.1-3.
奥山えみ子「婦人労働者と女子教育」国民教育研究所編『別冊　国民教育⑥　女子教育読本　婦人差別撤廃条約を中心として』労働旬報社，1983，pp.65-75.
奥山えみ子・藤井治枝他「第20分科会　女子教育問題」日本教職員組合編『日本の教育 第32集』国土社，1983，pp.469-486.
奥山えみ子「巻頭言　労働権の確立を」『季刊 女子教育もんだい』No.18，労働教育センター，1984，p.1.
奥山えみ子・暉峻淑子・日下部禧代子・重石美代子・三浦和子・山崎公江「家庭科の男女共学を実現するために」日教組女子教育もんだい推進委員会『女子教育もんだい研究のために』資料No.5，労働教育センター，1984，pp.48-92.
奥山えみ子「退職女教師との座談会の中から」全国退婦教第三次訪中団編集『連帯の誓いあらたに　全国退婦教第三次訪中報告書』1984，pp.50-55.
奥山えみ子・佐藤洋子・中嶌邦「戦後40年と女子教育（鼎談）」日本教職員組合婦人部『女子教育もんだい研究のために』資料No.6，労働教育センター，1985，pp.74-105.
奥山えみ子「基調報告　21世紀をめざす婦人の課題　平和・平等達成のために」第4回日ソ婦人セミナーと交流の会実行委員会『第4回日ソ婦人セミナーと交流会報告』1985，pp.17-24.
奥山えみ子「第34次教研『女子教育問題』分科会報告」日本教職員組合婦人部『女子教育もんだい研究のために』資料No.6，労働教育センター，1985，pp.117-132.
奥山えみ子「あとがき」退職婦人教職員全国連絡協議会編『美しき生涯を 退婦教20年のあ

ゆみ』ドメス出版，1987，pp.316-318.
奥山えみ子「第5回日ソ婦人セミナー報告」pp.7-12.,「基調報告　社会・経済・生活・平和運動における婦人の役割」pp.19-25．第5回日ソ婦人セミナー実行委員会『第5回日ソ婦人セミナー報告』1987.
奥山えみ子編著『対話　女子教育もんだい入門　自立を育てるために』労働教育センター，1993.
奥山えみ子「女性の働く権利確立をめざして」月刊労働組合編集部編『戦後労働運動を生きる』労働大学，1995，pp.103-119.
斉藤茂男「歴史をジェンダーで読む③　奥山えみ子さんに聞く　日教組婦人部のたたかい」季刊「女も男も」編集委員会『季刊 女も男も』(『季刊 女子教育もんだい』改題 No.77.) 1998，労働教育センター，pp.52-56.
斉藤茂男「歴史をジェンダーで読む④　奥山えみ子さんに聞く　日教組・婦人部（女性部）のたたかい②」季刊「女も男も」編集委員会『季刊 女も男も』No.78，労働教育センター，1999，pp.46-50.
奥山えみ子他「座談会　女性部のたたかいの原点とこれから」日本教職員組合女性部『日教組女性部 50 年のあゆみ』2002，pp.64-77.
奥山えみ子「元日教組婦人部長奥山えみ子さんに聞く　結成 50 年のあゆみ」日本教職員組合『日教組教育新聞』2003 年 7 月 22 日付.
奥山えみ子「50 周年記念行事　母女 50 年のあゆみ」日本教職員組合女性部『母と女性教職員の会　全国集会報告書 2003 年・50 周年記念』アドバンテージサーバー，2003，pp.44-67.
奥山えみ子「インタビュー　奥山えみ子元婦人部長に聞く『母女』の足跡をふりかえって」『教育評論』2003，Aug，pp.18-21.
奥山えみ子「台湾の味，豚肉のデンブ」平凡社＋未来社編『新編　十代に何を食べたか』平凡社，2004，pp.265-270.
奥山えみ子講演「日教組女性部学習会『21 世紀教育労働者の課題と役割 ～戦後の女性労働運動に学ぶ～』」日本教職員組合，2004 年 10 月 22 日。
奥山えみ子（談）「男女同一労働同一賃金実現へ，血のにじむ努力」『女も男も』No.104，2005，p.13.
奥山えみ子「身の毛のよだつような恐怖感」がんばれ社民党・支える鹿児島の会『戦争体験記―非戦・77 人の証言』アート印刷，2005，pp.196-198.
奥山えみ子インタビュー①（筆者による），2003 年 12 月 25 日 10:00 ～ 12:00，13:00 ～ 17:00，12 月 26 日 10:00 ～ 12:00，13:00 ～ 15:00　場所：ホテルウエルビューかごしま（鹿児島県鹿児島市与次郎）
奥山えみ子インタビュー②（筆者による），2005 年 8 月 27 日 10:00 ～ 12:00，13:00 ～ 17:00，8 月 28 日 10:00 ～ 12:00，13:00 ～ 15:00　場所：奥山えみ子自宅（鹿児島県鹿児島市小川町）
奥山えみ子インタビュー③（筆者による），2006 年 4 月 29 日 11:30 ～ 12:30，13:00 ～ 18:00，4 月 30 日 10:00 ～ 13:00，14:00 ～ 15:00　場所：奥山えみ子自宅（鹿児島県鹿児島市小川町）
奥山えみ子インタビュー④（筆者による），2007 年 8 月 3 日 16:00 ～ 18:00，8 月 5 日　10:00 ～ 13:00，15:30 ～ 17:30　場所：奥山えみ子自宅（鹿児島県鹿児島市小川町）

【分析対象・参考資料　教職員組合・国際教職員団体 関係】

1. 日教組婦人部資料

日本教職員組婦人部編『日教組婦人部三十年史』労働教育センター，1977.
日本教職員組合女性部『日教組女性部50年のあゆみ』2002.

2. 日教組資料

日本教職員組合編『日教組10年史 1947-1957』1958.
日本教職員組合編『日教組20年史』労働旬報社，1967.
日教組50年史編纂委員会『日教組50年史』日本教職員組合，1997.

3. 婦人教員研究協議会報告書

日本教職員組合婦人部『真実を求めて』1952.
日本教職員組合婦人部『扉をひらくもの 第2回全国婦人教員研究協議会報告』1953.
日本教職員組合『第3回婦人教員研究協議会』国土社，1954.

4. 全国教育研究集会報告書

日本教職員組合編『教育評論　第1回教育研究大会報告書』1952.
日本教職員組合編『第2回教育研究大会報告書』岩波書店，1953.
日本教職員組合編『日本の教育 第3集 第3回教育研究全国大会報告』国土社，1954.
日本教職員組合編『日本の教育 第4集 第4次教育研究全国集会報告』国土社，1955.
日本教職員組合編『日本の教育 第5集 第5次教育研究全国集会報告』国土社，1956.
日本教職員組合編『日本の教育 第6集 第6次教育研究全国集会報告』国土社，1957.
日本教職員組合編『日本の教育 第7集 第7次教育研究全国集会報告』国土社，1958.
日本教職員組合編『日本の教育 第8集 第8次教育研究全国集会報告』国土社，1959.
日本教職員組合編『日本の教育 第9集 第9次教育研究全国集会報告』国土社，1960.
日本教職員組合編『日本の教育 第10集 第10次教育研究全国集会報告』国土社，1961.
日本教職員組合編『日本の教育 第11集 第11次教育研究全国集会報告』国土社，1962.
日本教職員組合編『日本の教育 第12集 第12次教育研究全国集会報告』国土社，1963.
日本教職員組合編『日本の教育 第13集 第13次教育研究全国集会報告』国土社，1964.
日本教職員組合編『日本の教育 第14集 第14次教育研究全国集会報告』国土社，1965.
日本教職員組合編『日本の教育 第15集 第15次教育研究全国集会報告』国土社，1966.
日本教職員組合編『日本の教育 第16集 第16次教育研究全国集会報告』国土社，1967.
日本教職員組合編『日本の教育 第17集 第17次教育研究全国集会報告』一ッ橋書房，1968.
日本教職員組合編『日本の教育 第18集 第18次教育研究全国集会報告』一ッ橋書房，1969.
日本教職員組合編『日本の教育 第19集 第19次教育研究全国集会報告』労働旬報社，1970.
日本教職員組合編『日本の教育 第20集 第20次教育研究全国集会報告』日本教職員組合，1971.
日本教職員組合編『日本の教育 第21集 第21次教育研究全国集会報告』日本教職員組合，1972.
日本教職員組合編『日本の教育 第22集 第22次教育研究全国集会報告』日本教職員組合，1973.
日本教職員組合編『日本の教育 第23集 第23次教育研究全国集会報告』日本教職員組合，1974.
日本教職員組合編『日本の教育 第24集 第24次教育研究全国集会報告』一ッ橋書房，1975.

日本教職員組合編『日本の教育 第25集 第25次教育研究全国集会報告』一ッ橋書房，1976.
日本教職員組合編『日本の教育 第26集 第26次教育研究全国集会報告』国土社，1977.
日本教職員組合編『日本の教育 第27集 第27次教育研究全国集会報告』一ッ橋書房，1978.
日本教職員組合編『日本の教育 第28集 第28次教育研究全国集会報告』一ッ橋書房，1979.
日本教職員組合編『日本の教育 第29集 第29次教育研究全国集会報告』一ッ橋書房，1980.
日本教職員組合編『日本の教育 第30集 第30次教育研究全国集会報告』一ッ橋書房，1981.
日本教職員組合編『日本の教育 第31集 第31次教育研究全国集会報告』一ッ橋書房，1982.
日本教職員組合編『日本の教育 第32集 第32次教育研究全国集会報告』国土社，1983.
日教組女子教育もんだい研究会『女子教育もんだい研究』資料 No.1，1977.
日教組女子教育もんだい研究会『女子教育もんだい研究』資料 No.2，1978.
日教組女子教育もんだい研究会『女子教育もんだい研究』資料 No.3，1980.
日本教職員組合婦人部『女子教育もんだい研究のために』資料 No.4，1983.
日教組女子教育もんだい推進委員会『女子教育もんだい研究のために』資料 No.5，1984.
日本教職員組合婦人部『女子教育もんだい研究のために』資料 No.6，1985.
日本教職員組合婦人部『女子教育もんだい研究のために』資料 No.7，1986.

5. 県教組婦人部資料

千葉県教職員組合婦人部『婦人教師の歴史と現状　婦人部結成20周年記念号』1967.
都教組合婦人部25年史編集委員会編『都教組婦人部25年のあゆみ　炎のように』1972.
神奈川県教職員組合婦人部30年のあゆみ編集委員会『神教組婦人部30年のあゆみ』神奈川県教職員組合婦人部，1980.
宮崎県教職員組合婦人部・宮崎県高等学校教職員婦人部『子どもと母と女教師と』1985.

6. 県教組資料

鹿児島県教職員組合『10年のあゆみ』1957.
富山県教職員組合『県教組10年史』1957.
島根県教職員組合『島根県教組10年史』1959.
青森県教職員組合『青森県教組30年史』1986.

7. 国際教職員団体総会報告書

日本教職員組合『第1回世界教員会議報告書』1953.
日本教職員組合『日本教育の現状に関する一般報告書』1953.
日本教職員組合『第5回 WCOTP 総会報告書』1956.
日本教職員組合『国際会議報告書 国際自由教員組合連合（IFFTU），国際教育者団体連合（IFTA），世界教員団体総連合（WCOTP）』1956.
日本教職員組合『1956年 IFFTU 総会書記長報告』1956.
日本教職員組合『国際会議報告 国際自由教員組合連合（IFFTU），国際教育者団体連合（IFTA），世界教員団体総連合（WCOTP）』1957.
日本教職員組合代表団『海外視察報告書―世界教員会議を中心に―』1957.
第2回アジア・アフリカ諸国民連帯会議日本準備委員会『コナクリ会議報告書』1960.
日本教職員組合『第3回世界教員会議報告書』1962.
日本教職員組合代表団『世界教育者団体総連合（WCOTP）第12回総会報告書』1963.
日本教職員組合代表団『世界教育者団体総連合（WCOTP）第13回総会報告書』1964.
日本教職員組合『第4回世界教員会議報告書』1965.

日本教職員組合代表団『1966年度WCOTP（世界教職員団体総連合）総会報告書』1966.
日本教職員組合『第16回WCOTP総会報告書』1967.
日本教職員組合『第18回WCOTP総会報告書』1969.
日本教職員組合『第19回WCOTP総会報告書』1970.
日本教職員組合『日教組第4次東南アジア教育交流団報告書』1970.
日本教職員組合『第5回世界教員会議報告書　FISE主催』1970.
日本教職員組合『第20回WCOTP総会報告書』1971.
日本教職員組合『第21回WCOTP総会報告書』1972.
日本教職員組合『第22回WCOTP総会報告書』1973.
日本教職員組合『第23回WCOTP総会報告書』1974.
日本教職員組合『第24回WCOTP総会報告書』1975.
日本教職員組合『第5回世界教員会議報告書』1975.
日本教職員組合『第25回WCOTP総会報告書』1976.
日本教職員組合『第27回WCOTP代議員総会報告書』1978.
日本教職員組合『第7回WCOTPアジア地域会議報告書』1979.
日本教職員組合『第28回WCOTP代議員総会報告書』1980.
日本教職員組合『FISE（世界教員組合連盟）第12回定期大会，第6回世界教員会議報告書』1981.
日本教職員組合『第8回WCOTPアジア・南太平洋地域会議報告書』1981.
日本教職員組合『第29回WCOTP代議員総会報告書』1982.
日本教職員組合『第30回WCOTP代議員総会報告書』1984.
日本教職員組合『第31回WCOTP代議員総会報告書』1986.
日本教職員組合『第32回WCOTP代議員総会報告書』1988.
日本教職員組合『1990年度日教組国際会議派遣団報告』1991.
日本教職員組合『世界教職員団体総連合（WCOTP）と国際自由教員組合連盟（IFFTU）の執行委員会の間における合意文書』1992.
日本教職員組合『1992年度国際部派遣団報告　EI（教育インターナショナル）結成総会報告』1993.
日本教職員組合編『EI（教育インターナショナル）第1回世界総会関係資料集』1995.
日本教職員組合『教育インターナショナル（EI）第2回世界総会』1998.
日本教職員組合『教育インターナショナル（EI）第3回世界総会』2001.
日本教職員組合国際部『教育インターナショナル 第3回アジア太平洋地域会議報告書』2001.
日本教職員組合国際部『教育インターナショナル第3回世界総会報告書』2002.
日本教職員組合国際部『教育インターナショナル 第4回アジア太平洋地域会議報告書』2003.
日本教職員組合『2004年度海外派遣団報告　第4回EI世界総会　第7回東アジア教育フォーラム』C.D.2004.

8. 教育インターナショナル（EI）機関誌

Jayasundera, D., “THE STATUS OF WOMEN”, The Education International First Regional Conference for Asia and Pacific , *EI in Asia-Pacific-The Dynamics of Change*, 1994, pp.49-55.

Education International, "Violence in Schools", *The Education International Magazine*, September, 1996, pp.11-22 .
Scarpato, M., "The Gender Perspective", *The Education International Magazine*, December, 1997, p.23.
Jouen, E., "Building Coalitions for Reform", *The Education International Magazine,* June, 1998, p.29.
Scarpato, M., "Visibility and Vigilance", *The Education International Magazine*, June, 1998, p.30.
Damianova, K., "Women in the media", *The Education International Magazine*, June, 1998, p.32.
Scarpato, M., "INDIGENOUS PEOPLES Women's rights", *The Education International Magazine,* April, 1999, p.22.
Scarpato, M., "EQUALITY", *The Education International Magazine*, October, 1999, pp.4-5.
Scarpato, M., "Beijing:five years later", *The Education International Magazine*, March, 2000, pp.3-4.
Scarpato, M., "Commission on the Status of Women", *The Education International Magazine*, June, 2000, p.25.
Education International, "THE GIRL CHILD", *The Education International Magazine*, June, 2000.
Education International Asia Pacific Newsletter, Volume7, March, 2001.

9. 日本労働組合総評議会（総評）

日本労働組合総評議会第 61 回定期大会『1980 年度総評運動方針（案)』1980.
日本労働組合総評議会『月刊　総評　婦人問題特集号』1989 年 5 月.

索　引

あ　行

か　行

さ　行

た　行

な　行

は　行

ま　行

や　行

ら　行

著者略歴

木村　松子（きむら　まつこ）

1977 年　東京学芸大学教育学部卒業
2000 年　上越教育大学大学院学校教育専攻（修士課程）修了
2006 年　兵庫教育大学大学院連合学校教育学研究科（博士課程）単位取得退学
2008 年　兵庫教育大学大学院連合学校教育学学位取得　博士（学校教育学）
1977 ～ 2007 年　新潟県公立小学校教員
2009 ～ 2017 年 3 月　山形大学学術研究院准教授（男女共同参画推進室）

主論文

『教育社会とジェンダー』（分担執筆，学文社，2014）
「自尊心の高い『社会人』の育成に関する検討課題」『学校教育研究』第 28 号（日本学校教育学会，2013）
『自立と平等へのあゆみ―「女子教育もんだい」運動と奥山えみ子―』（労働教育センター編集部，2009）
「『性の自立』の認識過程に関する研究―1980 年代のカリキュラム改善運動に焦点を当てて―」『カリキュラム研究』第 16 号（日本カリキュラム学会，2007）

戦後日本の女性教員運動と「自立」教育の誕生
――奥山えみ子に焦点をあてて

2017年3月31日　第 1 版第 1 刷発行

著　者　木村　松子

発行者　田中　千津子
発行所　株式会社　学 文 社
〒153-0064　東京都目黒区下目黒3-6-1
電話　03（3715）1501 ㈹
FAX　03（3715）2012
http://www.gakubunsha.com

乱丁・落丁の場合は本社でお取替えします。　　印刷　新灯印刷
定価は売上カード，カバーに表示。

ISBN 978-4-7620-2682-9